MUT UND MELANCHOLIE

NORBERT BICHER

MUT UND MELANCHOLIE

HEINRICH BÖLL, WILLY BRANDT UND DIE SPD
EINE BEZIEHUNG IN BRIEFEN, TEXTEN, DOKUMENTEN

Bibliografische Information der Deutschen Nationalbibliothek

Die Deutsche Nationalbibliothek verzeichnet
diese Publikation in der Deutschen Nationalbibliografie;
detaillierte bibliografische Daten sind im Internet
über *http://dnb.dnb.de* abrufbar.

ISBN 978-3-8012-0512-6

Copyright © 2017 by
Verlag J.H.W. Dietz Nachf. GmbH
Dreizehnmorgenweg 24, 53175 Bonn

Umschlag: Antje Haack | Lichten, Hamburg
Satz: Jens Marquardt, Bonn
Druck und Verarbeitung: CPI books, Leck

Alle Rechte vorbehalten
Printed in Germany 2017

Besuchen Sie uns im Internet: *www.dietz-verlag.de*

FÜR KATHARINA BLUM

INHALT

RESIGNIEREN SOLLTEN SIE NICHT, ICH HABE ES AUCH NICHT GETAN 11

BRIEFE, TEXTE, DOKUMENTE

1. Böll an Brandt [7. 6. 1961] 57
2. Böll an Ehmke [26. 4. 1968] 57
3. Böll an Brandt [23. 5. 1968] 59
4. Brandt an Böll [31. 5. 1968] 61
5. Böll an Brandt [20. 6. 1968] 62
6. Offener Brief an eine deutsche Frau [25. 7. 1969] 62
7. Brandt an Böll [1. 3. 1971] 74
8. Böll an Brandt [23. 4. 1971] 75
9. Brandt an Böll [5. 9. 1971] 76
10. Soviel Liebe auf einmal [10. 1. 1972] 79
11. Schwarzer Mittwoch beim ZDF [30. 1. 1972] 89
12. Böll an Brandt [25. 1. 1972] 94
13. Verfolgt war nicht nur Paulus [31. 1. 1972] 95
14. Brandt an Böll [29. 1. 1972] 99
15. Leserbrief an die Süddeutsche Zeitung [6. 2. 1972] 101
16. Böll an Brandt [20. 5. 1972] 106
17. Essay: Über Willy Brandt [undatiert (1972)] 107
18. Brandt an Böll [26. 5. 1972] 116
19. Böll an Grass [2. 6. 1972] 117
20. Böll an Genscher [5. 6. 1972] 121
21. Grass an Brandt [6. 6. 1972] 123
22. Grass an Böll [6. 6. 1972] 123
23. Böll an Grass [10. 6. 1972] 125
24. Böll an Brandt [10. 6. 1972] 128
25. Erklärung Bölls [undatiert] 129
26. Wehner an Lotte [18. 6. 1972] 135

27. Heinemann an Böll [16. 6. 1972] ... 138
28. Genscher an Böll [21. 6. 1972] ... 139
29. Böll an Wehner [22. 6. 1972] ... 143
30. Böll an Genscher [5. 7. 1972] ... 144
31. Genscher an Wehner [6. 7. 1972] ... 146
32. Böll an Brandt [15. 9. 1972] ... 146
33. Wahlrede Bölls in Kleve [3. 10. 1972] ... 147
34. Rede Bölls auf SPD-Bundesparteitag [12. 10. 1972] ... 154
35. Wahlkampf-Rede Brandts in Köln [14. 11. 1972] ... 159
36. Böll vor der SPD-Bundestagsfraktion [13. 3. 1974] ... 161
37. Schmidt an Böll [22. 5. 1974] ... 166
38. Böll zum Abschied Heinemanns [28. 5. 1974] ... 167
39. Böll zum 70. Geburtstag Wehners [11. 6. 1974] ... 170
40. Schmidt an Böll [14. 1. 1977] ... 182
41. Böll an Schmidt [25. 1. 1977] ... 184
42. Böll an Brandt [16. 2. 1977] ... 185
43. Brandt an Böll [6. 10. 1977] ... 186
44. Böll an Brandt [18. 10. 1977] ... 187
45. Böll an Brandt [11. 12. 1977] ... 187
46. Brandt an Böll [14. 12. 1977] ... 189
47. Schmidt an Böll [21. 12. 1977] ... 192
48. Wehner an Böll [21. 12. 1977] ... 193
49. Lattmann zum 60. Geburtstag von Böll [22. 12. 1977] ... 195
50. Böll an Brandt [14. 1. 1978] ... 198
51. Wehner an Böll [30. 5. 1978] ... 200
52. Böll an Wehner [undatiert] ... 201
53. SPD-Bundestagsfraktion zum BGH-Urteil Böll / SFB [1. 6. 1978] ... 201
54. Brandt an Böll [1. 6. 1978] ... 205
55. Brandt an Böll [22. 1. 1980] ... 207
56. Böll an Brandt [16. 5. 1980] ... 207
57. Böll an Schmidt [5. 3. 1981] ... 208
58. Schmidt an Böll [16. 4. 1981] ... 211
59. Böll an Brandt [5. 3. 1982] ... 212
60. Böll an Schmidt [17. 9. 1982] ... 214
61. Schmidt an Böll [28. 9. 1982] ... 214

62. Büro Brandt an Viktor Böll [17. 5. 1982] 215
63. Brief Brandts zu Bölls 65. Geburtstag [21. 12. 1982] 216
64. Brandt im Vorwärts zu Bölls 65. Geburtstag [21. 12. 1982] 218
65. Böll an Brandt [27. 5. 1985] 223
66. Böll an Gorbatschow [27. 5. 1985] 223
67. Brandt an Böll [25. 6. 1985] 225
68. Erklärung Brandts zum Tod von Böll [16. 7. 1985] 225
69. Willy Brandt über Heinrich Böll [Dezember 1985] 226
70. Grass: Als Heinrich Böll beerdigt wurde [20. 5. 2009] 235

ANHANG

Literaturverzeichnis 243

Über den Autor 244

Quellenverzeichnis 245

Rechtenachweis 246

Bildnachweis 247

RESIGNIEREN SOLLTEN SIE NICHT, ICH HABE ES AUCH NICHT GETAN...

Ein Bild, das große Harmonie ausstrahlt. Nachdenklich schaut der eine den anderen an. Der lächelt, wie immer ein wenig traurig, in sich gekehrt. Sein Betrachter, älter zwar, fast auf den Tag genau vier Jahre, wirkt trotz der Fältchen um die Augen und auf den Wangen gestrafft und wach. Das Gesicht des anderen ist durchzogen von tiefen Falten und trotz des Lächelns um den Mund beherrscht von einer sentimentalen Müdigkeit. Ein Paar, das mit sich selbst im Reinen wirkt, sich ungekünstelt zugewandt zu sein scheint.

Heinrich Böll und Willy Brandt, im September 1980 von Jupp Darchinger im Büro des SPD-Vorsitzenden im Bonner Erich-Ollenhauer-Haus aufgenommen. Eine Momentaufnahme, ein Foto, das beide, der eine mehr, der andere vielleicht ein bisschen weniger, nach Gesprächsterminen über sich ergehen lassen mussten. Routine eben. Oder doch mehr?

Immerhin ein Foto, das Freunden und Kennern der beiden eindringlich und von Bedeutung schien; es fand sowohl in einem Bildband über Willy Brandt als auch in einer Edition über Heinrich Böll seinen Platz.

Böll und Brandt. Zwei Menschen, die von ihrer Herkunft einander so fremd waren und die dennoch gemeinsam, jeder auf seine Art, die junge Bundesrepublik aus der Adenauer'schen Erstarrung erlöst und ihr zu einem Ruf als »Land der guten Nachbarn« verholfen haben.

Brandt und Böll, die beide von deutschen Konservativen verunglimpft wurden, der eine als ewiger Emigrant, der andere als literarischer Nestbeschmutzer, erreichten fast gleichzeitig den Gipfel ihres internationalen Erfolgs; durch den Friedensnobelpreis 1971 und den Literaturnobelpreis 1972.

Für ihre Kritiker kein Anlass zur Anerkennung, nur Häme: Die beiden seien von einer Internationale des Sozialismus geadelt worden, so ihr abschätziges Urteil.

Der nordisch-sozialistisch geprägte Brandt, 1913 in Lübeck geboren, und der rheinische Katholik Böll, 1917 in Köln zur Welt gekommen. Der uneheliche Sohn einer Verkäuferin und der Sohn einer kleinbürgerlichen Familie. Der Emigrant, der von Norwegen aus die »Hitlerei« bekämpfte, und der Wehrmachtsoldat, der nach dem Abitur in den Krieg ziehen musste und zeitlebens von der Sinnlosigkeit des Soldatseins geprägt blieb.

Zeitgenossen, mehr nicht? Oder Gefährten, die die junge Bundesrepublik geprägt haben? So unterschiedlich sie auch waren, ihnen war der Wille gemeinsam, dem Land ein neues Gesicht zu geben, es endlich von den Folgen der Nazidiktatur zu befreien und in eine streitbare Demokratie zu verwandeln. »Mehr Demokratie wagen«, das war für den Politiker und den Schriftsteller ein fordernder Anspruch. Ein Anspruch, an dem beide schwer trugen und der sie manchmal zu überfordern drohte. Und in dem sie sich auf anrührende Weise Mut zusprachen.

Veröffentlichungen und ihre Korrespondenz zeugen von einer Zugewandtheit, die über Jahrzehnte getragen war von gegenseitiger Hochachtung, gar Bewunderung. Getragen auch von Sorge, die beide füreinander aufbrachten, wenn es galt, den anderen vor Angriffen des konservativen Hasses zu schützen. Und getragen von der Befürchtung, der jeweils andere könnte resignieren und sich aus der ihm gestellten Verantwortung zurückziehen.

Sowohl Brandt als auch Böll sahen sich durch rechte Propaganda und Verhetzung verfolgt. Beide wehrten sich in zahllosen und endlos langen Prozessen, beiden gingen diese Angriffe unter die Haut. Bisweilen mehr, als sie sich eingestehen mochten. Weder der eine noch der andere fand emotional die Kraft, die Angriffe als bloße Hetze an sich abprallen zu lassen. Von Phasen tiefer Melancholie waren beide befallen, räumten, wie Günter Grass einmal über Brandt sagte, ihr immer bereitwillig Termine ein. Und vielleicht war es auch diese Melancholie, das »Recht auf Trauer, fast sogar die Pflicht dazu«, wie Böll in seinen letzten Lebensjahren formulierte, die ihre Zugewandtheit verstärkte.

Heinrich Böll und Willy Brandt waren Hoffnungsträger für viele Menschen jenseits des Eisernen Vorhangs. Bölls frühe Romane hatten sich schon in Hunderttausender-Auflage in den fünfziger und sechziger Jahren in den Ländern des Warschauer Pakts verbreitet. Bereits 1956 wurden in der Sowjetunion seine Erzählungen »Die Waage der Baleks« und »Die Postkarte« verlegt: die eine als willkommener Beleg für Bölls Antikapitalismus, die andere als Ausweis seines Antimilitarismus. Als er 1962 erstmals nach Moskau reiste, waren dort alle seine Romane veröffentlicht. Er wurde vor allem von den Regimegegnern verehrt und früh als Ansprechpartner, als Unterstützer ihrer Interessen in Anspruch genommen. Umgekehrt sah er sich selbst in die Pflicht genommen.

Brandts spätere Ostpolitik der Annäherung hatte Böll in Teilen durch sein offenes Ohr für hilfesuchende Künstler schon in den sechziger Jahren vollzogen. Das Ziel war beiden ein Anliegen, die Vorstellung von Tempo und Intensität dieser Annäherung aber nicht immer deckungsgleich. Brandt berief sich stets auf die kleinen Schritte, mit denen er seine Politik realisieren wollte. Böll war wie viele seiner Schriftstellerkollegen fordernder, nicht immer mit den kleinen Schritten einverstanden. Als Mitherausgeber der Literaturzeitschrift *L'80* – neben Günter Grass und der Publizistin Carola Stern – gab er später Regimekritikern und Dissidenten eine im Westen viel beachtete und im Osten Europas von den Regierungen kritisch zur Kenntnis genommene Stimme.

Brandt und Böll, noch eine Parallelität: Willy Brandt war für die bundesrepublikanische Jugend der sechziger Jahre eine Identifikationsfigur. Hunderttausende wurden durch ihn politisiert, entschieden sich seinetwegen, der Sozialdemokratie beizutreten oder deren Politik zu unterstützen. Er wurde zum Idol, zu einem politischen Heroen der Nachkriegszeit. Verehrt, geliebt – Tausende von Parteibüchern der SPD waren mit seinem Namen gezeichnet.

Ein gutes Jahrzehnt später war es Heinrich Böll, der die Jugend für sich einnahm, der sie begeisterte als Blockierer vor dem US-Pershing-Depot in Mutlangen, bei den Friedensdemonstrationen im Bonner Hofgarten. Auch Böll war plötzlich Identifikationsfigur, so etwas wie ein neuer Brandt. Einer, der unverbrauchter schien, in keine parteipolitischen Zwänge eingebunden. Die Willy-Wähler der siebziger Jahre hatten sich teils in der SPD eingerichtet, waren auf dem Marsch durch die Institutionen, an der eigenen Karriere interessiert oder hatten sich abgewandt von der Sozialdemokratie zu den aufkommenden Grünen. Ein Jahrzehnt nach dem grandiosen Sieg Brandts (»Willy wählen«) von 1972, in der Friedensbewegung der achtziger Jahre, war es die Stimme Heinrich Bölls, die die Jugend elektrisierte. Der jüngere von beiden war es, der die Riege der »Zornigen alten Männer« gegen den NATO-Doppelbeschluss des Kanzlers Helmut Schmidt und seines Nachfolgers Helmut Kohl mit anführte. Anders als der SPD-Vorsitzende musste er keine Rücksicht nehmen auf Regierungspolitik und eine Partei, die von der Friedensbewegung in eine Zerreißprobe gedrängt worden war.

Für Brandt mag es eine Enttäuschung gewesen sein, dass Böll in der letzten Phase seines Lebens bei der Bundestagswahl 1983 zur Wahl der Grünen aufrief. Zwar betonte der Schriftsteller, dass sich dieses Votum nicht gegen die SPD richte, dass er ein Bündnis von SPD und Grünen gegen die »geistig moralische Wende« Helmut Kohls und Hans-Dietrich Genschers wünsche. Aber das schützte ihn nicht davor, von der neuen Grünen-Bewegung vereinnahmt zu werden. Diese Vereinnahmung hat Brandt nicht Böll vorgeworfen, sondern den Grünen als unzulässig angekreidet.

Gleich an zwei Stellen hat er diesen Punkt nach dem Tode Bölls fast wortgleich aufgegriffen. In einem kurzen Nachruf des SPD-Pressediensts an Bölls Todestag, dem 16. Juli 1985, und in einer längeren Würdigung des Schriftstellers in der Zeitschrift für Literatur und Politik *L'80*.

Dort schrieb er im Dezember 1985, dass Böll zeitlebens auf seine Unabhängigkeit Wert gelegt habe, dass er jeden Versuch, »ihn zu vereinnahmen, sich mit aller Milde, mit aller Höflichkeit verbeten hätte«. Und weiter, nahezu anklagend in die Richtung der Grünen: »Das Verbot hält an, über den Tod hinaus. Gerade die, die sich nicht schwer taten, schon zu seinen Lebzeiten in Böll den bedeutenden deutschen Schriftsteller zu erkennen, und nicht etwa einen bedeutenden Schriftsteller irgendeiner Gruppierung, werden nicht in Versuchung kommen, es zu mißachten.«

Unschwer zu erkennen, dass Brandt mit der Formulierung »gerade die« vor allem sich selbst meinte, der nie auf die Idee gekommen wäre, Böll für die SPD zu reklamieren. »Ich hoffe, ich weiß:«, heißt es einige Zeilen später, »Heinrich Böll gehört keiner politischen Fraktion, sondern Deutschland, der deutschen Kultur und der Weltliteratur.« Lediglich soweit würde er gehen, Böll als Linken zu charakterisieren. Ob als Linken der CDU des Ahlener Programms, als Linken der FDP des Freiburger Programms, der SPD oder der alternativen Friedens- und Umweltbewegung, »gleichwohl wo man sich am ehesten heimisch fühlt«.

Jenseits dieser Enttäuschung gibt der Text Zeugnis von der großen Hochachtung, die der SPD-Vorsitzende für Böll hegte. Mehr noch, mitunter wirkt es, als schreibe Brandt, wenn er die Befindlichkeit des anderen skizziert, über eigene Erfahrungen und Gefühle. So, wenn er formuliert:

»Sie suchten ihn als geistigen Urheber des Terrorismus zu verleumden, und sein Jackett gefiel ihnen nicht. Seine Würde vermochte das nie anzukratzen. Aber das Leben wird ihm oft sauer geworden sein. Ihm, der anderen Hoffnung machte, war die Melancholie nur zu vertraut. ... Bölls Melancholie hätte auf das Übermaß an dummer Zumutung wahrlich verzichten können. ... Aber man kam ihm nicht nur dumm. Wer wurde so geliebt wie er?«

Geliebt, verehrt wurde in gleichem Maße auch Brandt. Und gab es nur Bölls Melancholie, die auf die dummen Zumutungen hätte verzichten können, oder war diese Melancholie nicht eben auch bei Brandt durch konservative, zum Teil rechtsradikale Verleumder befördert worden?

Ihm sei »von seinen Gegnern so viel zugemutet worden, dass ihm die Galle hochkam«, schreibt Horst Ehmke in seiner Autobiographie »Mittendrin« über die Befindlichkeit Brandts. Er sei ein deutscher Patriot gewesen, »der unter der gegen ihn gerichteten Hetze litt«. Ein Leiden, das Böll nachvollziehen und einordnen konnte. Als ihn 1972 der Schriftstellerkollege Günter Grass der Wehleidigkeit zieh, weil sich Böll zierte, bei der von Grass initiierten Sozialdemokratischen Wählerinitiative (SWI) mitzutun, konterte Böll: »Mein Gott, wir wollen doch wohl nicht anfangen, wie bramarbasierende Veteranen unsere Narben zu zählen und vorzuzeigen, wobei dann Willy Brandts Kerbholz vermutlich das längste wäre. Darum geht es doch gar nicht. Soll ich Ihnen einmal heraussuchen lassen, was seit Beginn der fünfziger Jahre, als Sie und ›viele junge Schriftsteller‹ noch jegliches politisches Engagement ablehnten, z. T. verhöhnten, so alles über mich abgesudelt worden ist?«

Das »Kerbholz« Willy Brandts, die »Absudelei« über den SPD-Politiker, seine Emigrantenjahre, seine uneheliche Geburt als Herbert Frahm hatten Böll für Brandt eingenommen. In einem Essay, den er 1972 für einen Sammelband über den ersten sozialdemokratischen Bundeskanzler schrieb, staunt er, dass die Verletztheit, die Brandt nicht zuletzt auch durch Konrad Adenauer zugefügt wurde, nicht in Aggression umgeschlagen ist. »Offenbar verletzt der Verletzliche nicht gern, und das macht ihn den sporenklirrenden, gelegentlich die Peitsche schwingenden Herren von der Herrenpartei so verdächtig.«

Der Nachruf Brandts auf Böll und der 13 Jahre zuvor geschriebene Essay Bölls über Brandt zeigen, was die beiden vor allem miteinander verband: das Wissen darum, wie verletzend für den jeweils anderen die zornigen und herabsetzenden »Absudeleien« waren. Sie wussten beide voneinander, dass ihnen das Leben ob solcher Angriffe oft sauer geworden war.

Es war auch dieses Wissen, dieses Mitfühlen, das Böll bewog, sich für Brandt als Kanzler eine Bresche zu schlagen, Partei für ihn zu ergreifen und eine Devise, die er noch 1969 für sich beansprucht hatte, über Bord zu werfen. Die *Süddeutsche Zeitung* zitierte ihn noch mit der Bemerkung, »ein Schriftsteller, der sich dem Mächtigen beuge, sich ihm gar anbiete, werde auf eine fürchterliche Weise kriminell«.

Damals weigerte er sich, der Bitte von Günter Grass nachzukommen und in der von ihm initiierten »Sozialdemokratischen Wählerinitiative« (SWI) als Redner mitzutun. Stattdessen ließ er den Kollegen wissen, »öffentliche Auftritte: nein. Fernsehdiskussionen über jedes Thema, das Sie unterbringen können: ja ... Hinzu kommt, daß ich, was getan werden kann, besser in meinem Stil und auf meine Art tue; bisher hat das, glaube ich, auch politisch gar nicht schlecht ›gewirkt‹.«

Als er sich dann doch entschloss, in dem Hamburger Wochenblatt *DIE ZEIT* einen Wahlaufruf zu veröffentlichen, war es ein »Offener Brief an eine deutsche Frau«, in dem er scheinbar nur gegen eine Partei argumentierte, mahnte, sich nicht zum »Stimmvieh« für die CDU/CSU einsetzen zu lassen und sich am Ende in ironischer Brechung weigerte, eine dezidierte Wahlempfehlung zu geben:

»Spätestens hier, Verehrteste, werden Sie sich ungeduldig fragen, ob ich denn nichts anderes als Negatives zu bieten habe; ich rate Ihnen, was Sie nicht wählen sollen, erhebe meine schwache Stimme aber nicht, um Ihnen zu sagen, was Sie denn, verflucht noch mal, wählen sollen. Bitte: schauen Sie sich den Wahlschein an: Alles außer NPD und CDU steht Ihnen zur Verfügung! Ist das nicht ein positiver Rat? Haben Sie nicht bemerkt, daß alle meine bisherigen Ausführungen geradezu peinlich positive Mitteilungen enthalten über Liebe, Religion, Politik?«

Drei Jahre später, 1972, beließ er es nicht dabei, negativ die Wahl einer oder mehrerer Parteien auszuschließen, sondern setzte sich positiv für den amtierenden Bundeskanzler ein. Gemeinsam mit seiner Frau Annemarie rief er zur Wiederwahl Brandts auf:

»Wir wählen Willy Brandt und unterstützen seinen Wahlkampf in jeder möglichen Form, nicht weil wir ihn für das kleinere Übel, sondern weil wir in ihm und seiner Politik die einzige Möglichkeit sehen, die Bundesrepublik innenpolitisch stabil zu halten und sie außenpolitisch vor Isolation zu bewahren.«

Es ist für Böll bezeichnend, dass sich seine Sympathie für Brandt auch aus der Ablehnung katholischer Bigotterien über die uneheliche Geburt Brandts speiste. Fast euphorisch schrieb er in dem Essay »Über Willy Brandt«: »In Willy Brandts Lebenslauf liegt Stoff für eine Legende, fast für ein Märchen, das wahr wurde. Nicht der legitime Aggressionskatholik aus München wurde Bundeskanzler, sondern der illegitime Herbert Frahm aus Lübeck, der diesen von der bürgerlichen Gesellschaft mitgegebenen Urmakel, diese Idioten-Erbsünde auch noch verstärkte, indem er Sozialist und außerdem noch Emigrant wurde.«

Brandt war für ihn der Gegenentwurf der katholischen Heuchler, die Unehelichkeit in unteren Schichten degoutant und verwerflich fanden, ihr bei Adel oder Bürgertum aber »bewundernd Respekt« bezeugten und sie in den oberen Ständen »köstlich« fanden. Schließlich argumentiert er aus seiner katholischen Sicht, dass er die Ablehnung der Unehelichkeit erst recht nicht verstehen könne, weil der Menschgewordene, »wenn auch nicht im Sinne irgendeines bürgerlichen Rechts ›unehelich‹, so doch der Sohn einer Jungfrau war«, dass er selbst nie verstanden habe, »was sie gegen Unehelichkeit einzuwenden haben könnten« und er sich immer geweigert habe, diese Eigenschaft an Mutter und Kind als Makel zu empfinden.

Auf Brandt muss diese Gedankenwelt des Kölner Katholiken ziemlich fremd gewirkt haben. Nach der Lektüre des Aufsatzes ließ er Böll wissen, dass er die Dinge nicht ganz so sähe wie der Schriftsteller, schon allein deshalb, »weil mir der katholische Hintergrund fehlt«. Jenseits der katholisch-theologischen Interpretation Bölls hat Brandt unter den Attacken auf seine Herkunft, die Konrad Adenauer schon im Wahlkampf 1961 gegen ihn ritt, gelitten, zumal sie immer auch mit dem Vorwurf verknüpft waren, als Emigrant in Norwegen gegen Deutschland gekämpft zu haben. Allerdings waren es nicht nur Vorwürfe der Konservativen und Rechtsradikalen, derer sich Brandt in den fünfziger und sechziger Jahre erwehren mussten. Auch Berliner Sozialdemokraten, die in Konkurrenz zu dem Aufstieg Brandts standen, instrumentalisierten das Thema.

Brandt, so schrieb der Historiker Einhart Lorenz im Vorwort der deutschen Erstausgabe zu Brandts 1946 für ein norwegisches Publikum geschriebenen Buchs »Verbrecher und andere Deutsche«, habe versucht, sich mit einstweiligen Verfügungen zu wehren und in den Jahren von 1955 bis 1966 um die 80 Verfahren in seiner Sache angestrengt.

Wie tief ihn diese Kampagnen getroffen hatten, beschreibt Rut Brandt in ihrem Buch »Freundesland«. Als er auch 1965 trotz eines deutlichen Stimmenzuwachses für die SPD die Bundestagswahl nicht hatte gewinnen können, sei er sicher gewesen, »die Mehrheit der Deutschen wollte keinen Kanzler, der Emigrant gewesen war«. »Tief verletzt« war er entschlossen, nicht noch einmal als Kandidat anzutreten. Dass ihn die rechte Hetzkampagne heftiger traf »als er je zu erkennen gegeben hat«, davon zeigte sich auch Horst Ehmke überzeugt. Brandt war sich dessen Meinung nach sicher, die Mehrheit »unseres Volkes« nehme ihm übel, kein Nazi gewesen zu sein. Ihm sei von seinen Gegnern unendlich viel zugemutet worden, konstatierte Ehmke. Er sah darin den Grund für regelmäßig auftauchende melancholische Verstimmungen. Die räumt auch Brandts ältester Sohn Peter in seinem Buch »Mit anderen Augen« ein, spricht von gelegentlichen »Rückzügen aus der Welt ins eigene Innere«. Allerdings ging Peter Brandt die von Zeitgenossen immer wieder aufgegriffene »Depressionsarie« über seinen Vater zu weit. Er hielt stattdessen fest: »Mein Vater war seit seiner Kindheit ein einsamer und in mancher Hinsicht scheuer, gewissermaßen unbehauster und auch verletzlicher Mensch, den seine ›mecklenburgische Schwermütigkeit‹ davor bewahrte, tatsächlich depressiv zu werden...« Günter Grass fand für diese Neigung Brandts zur Melancholie die Formulierung eines »Lächeln mit Trauerrand«.

Als er 1969 im dritten Anlauf trotz aller »Absudelei« den Weg ins Bonner Kanzleramt geschafft hatte, stand für Böll fest: »Er ist der erste deutsche Kanzler, der aus der Herrenvolktradition herausführt...« Die »haßgetränkte Abneigung« der Konservativen gegen ihn speise sich eben nicht nur aus der Tatsache, dass er »Sozi« sei, sondern vielmehr noch daraus, dass er sich nicht verstehe als »Herr und Herrscher, der mit den Sporen klirrt und die Peitsche gelegentlich blicken läßt«.

Für Böll wie für viele seiner Zeitgenossen signalisierte dieser Kanzler das Ende einer Bundesrepublik, in der Altnazis immer noch den Einfluss hatten, einen radikaleren Neuanfang zu verhindern und die gleichzeitig verdrängten, dass die Niederlage des Naziregimes nicht von Deutschen erwirkt, sondern die Befreiung von den Alliierten erkämpft worden war. Die Wahl Willy Brandts, die Böll als »Wunder« bezeichnete, war für ihn der endgültige Bruch mit der deutschen Geschichte in der ersten Hälfte des 20. Jahrhunderts und die Hoffnung auf jenen radikaleren Neuanfang, den er in den ersten Jahrzehnten der Republik so schmerzhaft vermisst hatte. Und sie war für ihn die große Chance, der Bundesrepublik bei den Nachbarn neue Reputation zu verschaffen. Für Brandt wie Böll war der Wahlsieg von 1969 die Hoffnung, nach der in ihrer Meinung verpassten Chance der »Stunde Null« von 1945 einen echten Neuanfang bewerkstelligen zu können.

»Welches Ansehen Willy Brandt im westlichen Ausland genießt, ist in der Bundesrepublik zu wenig bekannt«, hieß es in dem gemeinsamen Wahlaufruf mit seiner Frau Annemarie 1972. »Dabei soll nicht vergessen werden, daß nicht nur Willy Brandts Ostpolitik, auch seine Europapolitik, die er im Herbst 1969 in Den Haag begann, dieses Ansehen verstärkt hat. Wenn in Norwegen, Dänemark, Großbritannien, Frankreich, Holland, Belgien, Italien und den Vereinigten Staaten schmerzliche Erinnerungen und Gefühle, die auf Erfahrungen mit dem Dritten Reich begründet sind, langsam verschwinden, so ist es das Verdienst Willy Brandts und Gustav Heinemanns, die über die politische Nützlichkeit eines Bündnisses mit der Bundesrepublik Deutschland hinaus das menschliche und moralische Vertrauen in ein neues Deutschland bestärken.«

Ganz so unbekannt dürfte den Deutschen Brandts Ansehen im Ausland nicht geblieben sein. Die Verleihung des Friedensnobelpreises im Oktober 1971 war Ausdruck dieses Ansehens und wurde in Deutschland von vielen und gerade auch der jüngeren Generationen begeistert gefeiert. Andere bagatellisierten die Entscheidung als die eines sozialistisch geprägten Komitees. Diese Häme war zugleich ein Zeichen der Hilflosigkeit gegenüber eben jenem Ansehen, das noch kein Nachkriegspolitiker der Bundesrepublik erreicht hatte. Mit maßloser Wut versuchten die Konservativen, diesen Nimbus zu zerstören, nicht zuletzt durch das Misstrauensvotum im Frühjahr 1972, das Brandt über eine Abstimmung zu den Ostverträgen aus dem Amt treiben sollte.

Bölls lakonisches Urteil über den gescheiterten Versuch: »Es war die mißglückte Show eines Herrenclubs.«

Und: »Die CDU/ CSU fühlte sich zu sicher; das ist nie gut. Die Regierungskoalition rechnete mit allem; das ist immer besser.«

Allerdings: Die ohnehin knappe Regierungsmehrheit im Bundestag war durch Überläufer aus den Reihen der FDP auf eine Stimme geschrumpft. Als im Sommer ein weiterer FDP-Abgeordneter absprang und ein Patt provozierte, sah Brandt keinen anderen Ausweg, als sich für Neuwahlen noch im gleichen Jahr zu entscheiden. Eine Entscheidung, deren Ausgang angesichts wirtschafts- und innenpolitischer Turbulenzen mehr als ungewiss war. Mag sein, dass Böll gespürt hat, wie eng es für den von ihm geschätzten Willy Brandt werden könnte. Er entschloss sich, Ressentiments gegen Teile der Regierung – insbesondere gegen Innenminister Hans-Dietrich Genscher – beizulegen und sich für die Wiederwahl der sozialliberalen Regierung in der Sozialdemokratischen Wählerinitiative (SWI) ins Zeug zu legen.

Noch wenige Wochen zuvor, als Günter Grass die Arbeit der SWI für die turnusmäßigen Wahlen 1973 plante, hatte Böll ihm barsch eine Abfuhr erteilt, im Rahmen der Initiative gezielt katholische Wähler für die sozialliberale Regierung anzusprechen: »Nein, lieber Günter Grass, ich wäre bereit, für Willy Brandt alles zu tun, aber ich kann nichts für eine Regierung tun, die die ganze demagogische Scheiße bis in die letzte Provinzecke durchsickern läßt.«

»Die demagogische Scheiße«, das waren die heftigen Angriffe der Konservativen, von denen Böll sich seit Beginn des Jahres 1972 in besonderem Maße verfolgt fühlte. Der Schriftsteller, der von den Konservativen seit Jahren ohnehin zu den »Banausen« gerechnet wurde, wie Ex-Bundeskanzler Ludwig Erhard ihn und andere Kulturschaffende verunglimpft hatte, war 1972 vollends zur Zielscheibe der rechten Medien und der Angriffe konservativer Politiker geworden. Einen Tag, bevor er Grass die Abfuhr erteilte, wurde sein Haus in dem Eifelort Langenbroich »in einer Art Blitzaktion von Polizeibeamten (wahrscheinlich von der Sicherungsgruppe Bonn) umstellt..., während ein Kriminalkommissar mit einem Kollegen meine Gäste aufforderte, sich auszuweisen«.

Der vorläufige Höhepunkt einer Kampagne, für die Böll, wie er Grass schrieb, auch Hans-Dietrich Genscher verantwortlich machte. Ausgangspunkt für die Attacken auf den Schriftsteller war ein Namensartikel im *Spiegel* vom 10. Januar 1972. Böll gab ihm den Titel »So viel Liebe auf einmal«, das Nachrichtenmagazin veröffentlichte ihn aber mit der Schlagzeile »Will Ulrike Gnade oder freies Geleit?« und gab ihm damit eine noch größere Brisanz. Ein Text, der Böll über Jahre verfolgen sollte, weil er sich mit ihm im Bewusstsein der Rechten zum Sympathisanten, ja zum gewichtigsten »geistigen Unterstützer« der Baader-Meinhof-Gruppe und späteren RAF gemacht hatte. »Kein innenpolitisches Ereignis hat in den letzten Wochen die Öffentlichkeit mehr beschäftigt als die Diskussion über den Artikel von Heinrich Böll«, schrieb der langjährige Sekretär Bölls, Frank Grützbach, im Vorwort zu der Dokumentation »Ein Artikel und seine Folgen«, die die zum Teil wüsten Beschimpfungen, Verunglimpfungen und Verdächtigungen in den rechten Medien in den ersten Monaten des Jahres 1972 aufarbeitete.

Anlass für Bölls zornigen Artikel war eine *Bild*-Schlagzeile vom 23. Dezember 1971, in der das Boulevardblatt titelte: »Baader-Meinhof-Gruppe mordet weiter.« Es gab zu diesem Zeitpunkt keine hinreichenden Beweise über die Täter, sondern nur vage Vermutungen von *Bild*, dass es sich bei den Tätern des fraglichen Überfalls auf eine Bank in Kaiserslautern um die Terrorgruppe handeln könnte. Böll sah in dieser Berichterstattung Volksverhetzung und Aufforderung zur »Lynchjustiz« gegen Meinhof und ihre Kampfgenossen. Er sah dabei durchaus, dass die »Gruppe« der Bundesrepublik einen sinnlosen Krieg erklärt hatte, forderte den Staat aber auf, gegenüber der Handvoll junger Krimineller die gleiche Gnade aufzubringen, die er zuvor gegenüber Naziverbrechern gezeigt hatte.

»Für einen so abscheulichen Satrapen wie Baldur von Schirach, der einige Millionen junger Deutscher in die verschiedensten Todesarten trieb und zu den verschiedensten Mordarten ermutigte, sogar für ihn gab es Gnade«, schrieb er und fuhr fort:»Ulrike Meinhof muß damit rechnen, sich einer totalen Gnadenlosigkeit ausgeliefert zu sehen. Baldur von Schirach hat nicht so lange gesessen, wie Ulrike Meinhof sitzen müßte.«

Sein Zorn richtete sich gegen die *Bild-Zeitung* und ihren Verleger Axel Springer, aber er griff indirekt – ohne Namensnennung – Repräsentanten der Bundesrepublik, nicht zuletzt auch Willy Brandt oder Herbert Wehner an, wenn er schrieb:»Haben alle, die einmal verfolgt waren, von denen einige im Parlament sitzen, der ein oder andere in der Regierung, haben sie alle vergessen, was es bedeutet verfolgt und gehetzt zu sein? Wer von ihnen weiß schon, in einem Rechtsstaat gehetzt zu werden von *Bild,* das eine weitaus höhere Auflage hat, als der *Stürmer* sie gehabt hat? Waren nicht auch sie, die ehemals Verfolgten, einmal Gegner eines Systems, und haben sie vergessen, was sich hinter dem reizenden Terminus ›auf der Flucht erschossen‹ verbarg?«

Böll hatte sich in Zorn geschrieben und damit die Wut der bürgerlichen Gesellschaft auf sich gezogen. Natürlich war es gewagt, das Rechtssystem der Bundesrepublik mit der gnadenlosen Verfolgung Unliebsamer, Andersdenkender und Unbotmäßiger im Nationalsozialismus zu vergleichen. Doch war es für Bölls Gerechtigkeitsempfinden unerträglich, dass die *Bild-Zeitung* das Land gegen die kleine Gruppe von Terroristen aufbrachte und das Gefühl vermittelte, die Republik sei von ihr in einen Kriegszustand getrieben, in dem die Rechtstaatlichkeit hintan treten müsste.

Der Artikel entfaltete eine Wirkung wie kaum ein anderer in der Nachkriegsgeschichte. Er teilte die Republik in eine kleinere Gruppe, die um Verständnis für Bölls Argumentation warb, und in eine ungleich größere, die ihm Unterstützung, Sympathie für »Baader-Meinhof«, bestenfalls Verharmlosung vorwarf. Vergiftete Kommentare, die in Schlagzeilen wie die der rechtskonservativen Illustrierten *Quick* gipfelten: »Die Bölls sind gefährlicher als Baader-Meinhof«. Springers *Bild* und *Welt* höhnten und trieben Böll mit immer neuen Vorwürfen und Verdächtigungen vor sich her; die Gazetten schienen es zu genießen, den langjährigen Kritiker dieser Art von Journalismus endlich und gründlich diskreditieren zu können.

Böll-Verteidiger in den Medien waren in diesen Wochen rar. Da bildete der Kommentar des *ZDF*-Korrespondenten Klaus Harpprecht eine Ausnahme, als er am 27. Januar 1972 in den Spätnachrichten kommentierte:

»Heinrich Böll befindet sich, wann immer man ihn auch sucht, im Prinzip auf Seiten der Minderheiten, der Schwachen, der angeblich oder tatsächlich Verfolgten. ... Bölls drastische Warnung vor der Gefahr hochgepeitschter Hysterien, die uns seit Wochen und Monaten mit den Schlagzeilen der *Bild-Zeitung* ins Gesicht klatschten, war notwendig. Wir sind hier mit einer bewußten oder nichtbewußten Komplizenschaft der Gewalttätigkeit konfrontiert. Der gewalttätige Umgang mit dem Wort ist nicht um einen Deut moralischer als die Entsicherung einer Maschinenpistole.«

Da die Wogen nicht abebbten, da auch der sozialdemokratische NRW-Justizminister Diether Posser ihm in einer Erwiderung im *Spiegel* in die Parade fuhr und erklärte, ein Rechtsstaat könne nicht in Kategorien der Gnade denken, sah sich Böll gezwungen, in einem Schreiben an eine Reihe von Repräsentanten des Staates – unter anderem Bundespräsident Gustav Heinemann und Bundeskanzler Willy Brandt – seine Position noch einmal zu erklären und einzugestehen:

»Die Wirkung meines Artikels entspricht nicht andeutungsweise dem, was mir vorschwebte: eine Art Entspannung herbeizuführen, und die Gruppe, wenn auch versteckt, zur Aufgabe aufzufordern. Ich gebe zu, daß ich das Ausmaß der Demagogie, das ich heraufbeschwören würde, nicht ermessen habe. Ob ich sie hätte ermessen können, ist eine andere Frage, die zur Frage an Herrn Dr. Posser wird: kann ich nicht bei einem Mann seiner politischen Verantwortung, Bildung und Sensibilität voraussetzen, daß er möglicherweise mehr von mir kennt als diesen Artikel?«

Der Bundeskanzler antwortete Böll postwendend, ließ ihn wissen, dass er die Diskussion, die sich an dem *Spiegel*-Artikel entsponnen habe, sehr bedaure, dass wohl viele, die sich darauf hin zu Wort gemeldet hätten, nicht Missverständnissen erlegen seien, sondern ihre Reaktionen hätten exakt der Geisteshaltung gegolten, vor der Böll in dem Artikel gewarnt habe. Brandt verteidigte allerdings Posser, der im Blick auf eine aufgeheizte Öffentlichkeit »in seiner sachlichen Art einige Klarstellungen gegeben« habe. Dann bat er Böll: »Lassen Sie sich nicht entmutigen. Es fehlt in unserem Land nicht an Menschen, die sich auch durch Übertreibungen nicht abhalten lassen, der Aufforderung zum Nachdenken zu folgen.« Und schließlich: »Resignieren sollten Sie nicht. Ich habe es auch nicht getan.«

Hätte Brandt Böll lediglich geschrieben, er solle nicht resignieren, man könnte das Briefende als beschwichtigende Floskel abtun. Aber der Bundeskanzler gestand ein, auch für ihn sei Resignation nach Anfechtungen und Konflikten durchaus denkbar gewesen, er habe aber widerstanden. Der Sozialdemokrat empfahl Böll, ebenfalls zu widerstehen. Indem er sich als Leidensgenosse zu erkennen gab, versuchte er Mut zu machen. Es war der erste schriftlich festgehaltene Hinweis in diese Richtung, aber keinesfalls der letzte. Fast schien es, als ahnte Brandt die Gefahr, dass der Schriftsteller an den Verfolgungen zerbrechen könnte.

Die Debatte war so erregt, dass Bundespräsident Gustav Heinemann erwog, in einer Rede zu beruhigen. Er ließ einen Text vorbereiten, in dem er zur Besonnenheit im Kampf gegen Terrorismus aufrufen, vor einer Unterstützung der Baader-Meinhof-Gruppe warnen und gleichzeitig die Medien zu einer sachlichen Berichterstattung und nüchternen Bewertung der Lage anhalten wollte. Dem Bundeskanzler war ein solches Eingreifen des Staatsoberhauptes zu heikel. Arnulf Baring schrieb dazu in »Der Machtwechsel – Die Ära Brandt-Scheel«:

»Brandt sorgte sich dabei natürlich auch um das Schicksal seiner Regierung, der man vonseiten der Opposition ohnehin den Vorwurf machte, sie sei im Kampf gegen den Terrorismus zu sanft, zu versöhnungsgeneigt milde. Ein Appell des beabsichtigten Inhalts aus dem Mund des sozialdemokratischen Staatsoberhaupts hätte den Eindruck, diese Republik sei schlapp, womöglich noch verstärkt. Brandt sagte Heinemann jedoch zu, er werde in dieser Frage mit einer eigenen Ansprache im Fernsehen auf die Westdeutschen einzuwirken versuchen. Der Aufbau und einzelne Formulierungen des Brandt'schen Textes zeigen, daß er gleichsam am Entwurf Heinemanns entlang geschrieben wurde. Viel allgemeiner und vorsichtiger, als es der Bundespräsident hatte tun wollen, erklärte der Kanzler am 4. Februar 1972:

»Gruppen oder einzelne, die auf Gewaltanwendung aus sind, müssen wissen, daß wir verpflichtet und entschlossen sind, ihnen mit allen rechtlichen Mitteln das Handwerk zu legen. Daraus folgt ..., daß Gewalttätern und Gewaltpredigern keine Unterstützung gewährt werden darf. Aus mißverstandener Solidarität wird sonst Beihilfe zum Verbrechen ... Meine Bitte an alle, die es angeht: Gegen Gewalt und Haß helfen nicht Kopflosigkeit und sterile Aufgeregtheit, sondern sachliche Information, nüchterne Bewertung und angemessenes Handel. Man sollte auch niemanden, der in selbstgewählter Gesetzlosigkeit lebt, daran hindern, zu Recht und Vernunft zurückzukehren. Lassen Sie uns alle miteinander das tun, was wir unserem demokratischen Rechtsstaat schuldig sind.«

Währenddessen führte Böll, von wenigen Intellektuellen und Publizisten unterstützt, einen energiezehrenden Kampf gegen den Vorwurf, zur Gewaltverherrlichung der »Baader-Meinhof-Gruppe« beigetragen und deren Handeln verharmlost oder gar akzeptiert zu haben. In einem Interview mit dem *WDR*-Journalisten Claus Hinrich Casdorff für das Magazin *Monitor* verteidigte er sich am 12. Juni 1972:

»Ich glaube, dieser Vorwurf ist nicht berechtigt. Ich habe niemals in diesem Zusammenhang ein Zitat gehört. Ich habe ... in meinem bisherigen Autorendasein ungefähr 200 000 Zeilen publiziert. Wenn Sie auch nur eine halbe Zeile finden, in der ich Gewalt rechtfertige, bin ich bereit, den Vorwurf zu akzeptieren.«

Diese halbe Zeile ließ sich nicht finden, wie ihm Kommentatoren bescheinigten. Das änderte nichts an der Tatsache, dass sich die Vorwürfe längst verselbstständigt hatten, dass sie in öffentlichen Debatten von konservativen Politikern als gegeben dargestellt wurden und dass sie ihm selbst in Bundestagsdebatten vorgehalten wurden.

Bölls fast verzweifelte innere Verfassung in diesen Tagen und Wochen spiegelt sich in einem Satz des Casdorff-Interviews, in dem er klagte: »Ich kann in diesem Land, in diesem gegenwärtigen Hetzklima nicht arbeiten. Und in einem Land, in dem ich nicht arbeiten kann, kann ich auch nicht leben. Es macht mich wahnsinnig, ewig, ewig mich gehetzt zu fühlen, und ewig gezwungen zu sein, zu dementieren...«

Vollends in Rage brachte ihn die Infamie, die Politiker der CDU und CSU über ihn in einer Bundestagsdebatte-Debatte am 7. Juni 1972 verbreiteten. Es sei ihm eiskalt über den Rücken gelaufen, als er sich das Protokoll der Sitzung besorgt habe, »nicht weil mein Name gefallen war, sondern weil ich feststellen konnte, dass die CDU/CSU offenbar entschlossen gewesen war, sich beim Problem ›innere Sicherheit‹ auf eine Intellektuellenhetze einzuschießen; beachtet man vor allem auch die Zwischenrufe, so hat man den Eindruck, als wäre die Bundesrepublik Deutschland ernsthaft bedroht, nun nicht mehr von der BM Gruppe (da inzwischen auch Gudrun Ensslin gefasst worden war), sondern von den Helfershelfern, den Humuslieferanten. Es war schon grauslich.« So entsetzlich für ihn, dass er es für unter seiner Würde hielt, »einer solchen Infamie öffentlich zu widersprechen und den Eindruck zu erwecken, ich müsse mich verteidigen«.

Bei all dieser bösartigen Hetze der Konservativen hat er es als wohltuend empfunden, dass Bundeskanzler Willy Brandt als einziger Politiker in der Debatte »diesem Wahnsinn« widersprach und feststellte: »Ich hätte es begrüßt, wenn man sich in diesem Zusammenhang, anstatt mit Schriftstellern auseinanderzusetzen, die sich hier nicht wehren können und denen man auch nicht annähernd geistig gerecht geworden ist, der Tatsache gestellt hätte, daß sich die Massenmedien seit Jahr und Tag weithin darauf konzentrieren, Themen, die sich auf Gewalt und Unmoral beziehen, dem Volk insgesamt und der jungen Generation völlig wahllos zu offerieren.«

Das Klima gegen Böll war in dieser Zeit so aufgeheizt, dass sich etwa ein Dutzend Polizisten ermutigt oder berechtigt fühlte, Bölls Wohnsitz in der Eifel am Fronleichnamstag 1972 zu umstellen und die Personalien der dort anwesenden Bewohner und Gäste aufzunehmen. Eine Aktion, auf die sich angeblich weder Bundesanwaltschaft noch verantwortliche Stellen der Polizei einen Reim zu machen wussten. Erst die Bitte des Schriftstellers an Bundesinnenminister Hans-Dietrich Genscher, ihm mitzuteilen »auf Grund welcher Vermutungen, Verdächtigungen, möglicherweise Denunziationen« sein Haus ausgerechnet an dem Tag umstellt worden sei, als in Frankfurt die Terroristen Andreas Baader, Holger Meins und Jan-Carl Raspe festgenommen worden waren, führte zu einer Aufklärung des ominösen Einsatzes. Nicht zuletzt, weil sich auch der Vorsitzende der SPD-Bundestagsfraktion einschaltete und Innenminister Genscher bat, sich mit Böll in Verbindung zu setzen. Es kam am 18. Juni zu einem Gespräch zwischen Böll, Genscher, Herbert Wehner und Heinz Ruhnau, dem Senator der Hamburger Innenbehörde, bei dem Irritationen aus der Welt geschafft werden konnten und die Notwendigkeit des Dialogs zwischen Politik und Intellektuellen unterstrichen wurde. Genscher nannte das Gespräch Jahrzehnte später in seiner Biographie eines der wichtigsten seiner politischen Laufbahn. Wehner war in dieser Phase ein wichtiger Brückenbauer für den Dialog mit Schriftstellern und Intellektuellen. Er empfand tief die Verletzungen, die Böll zugefügt wurden. Daraus wiederum entstand zwischen ihm und dem Schriftsteller eine Beziehung der gegenseitigen Achtung, aufseiten Bölls gar der »Verehrung«, wie er Wehner zu dessen 70. Geburtstag 1976 wissen ließ.

Böll hatte es im Sommer 1972 aber nicht dabei belassen, sich an Genscher zu wenden und die Polizeiaktion als »lächerlich« und »gruselig« zu bezeichnen, sondern auch Bundespräsident Gustav Heinemann über den Vorgang informiert. Der versuchte der Empörung des Schriftstellers die Spitze zu nehmen und antwortete ihm aus seinem Urlaub: »In der Einsamkeit der Alpenberge über Davos erreichten uns Ihre Briefe... Was wir uns ausmalten, war dieses: wir wären an diesem 1. Juni just ebenfalls Ihre Hausgäste gewesen, als die Polizei an- und einrückte! Leider haben Sie uns zu diesem Staatsakt nicht rechtzeitig eingeladen. Das wäre doch großartig gewesen.«

Jenseits dieser ihm eigenen Ironie war Heinemann jedoch bewusst, dass der Schriftsteller Unterstützung und Zuspruch brauchte. Er hoffte auf ein möglichst baldiges Gespräch zwischen ihm und dem Autor und forderte auch NRW-Justizminister Posser auf, »unbedingt« ein Treffen mit Böll zu vereinbaren, um die Irritationen nach dessen *Spiegel*-Artikel im Januar und Possers Replik auszuräumen.

Es gab also das Bemühen, den Schriftsteller nicht allein zu lassen. Dahinter steckte das Bewusstsein, dass die Springer-Presse zwar namentlich Böll als Feindbild ausgemacht hatte, aber mit ihm auch die liberalen Positionen der Brandt-Regierung angriff und ein härteres Vorgehen gegen die RAF, die immer noch protestierenden Studenten und eine um Ausgleich bemühte Professorenschaft forderte. Die Springer-Presse mit *Bild* an der Spitze wollte eine Wende, wollte das Rad der Geschichte zurückdrehen und einer konservativ geführten Regierung den Weg ebnen. Springer ging es um die Deutungshoheit, für die Fakten häufig durch Meinung ersetzt wurden. Umgekehrt war die Springer-Presse zum Feindbild der studentischen Protestbewegung geworden. Der wütende Aufruf »Springerpresse halt die Fresse« gehörte zum Standard jeder Demonstration.

Böll ahnte, dass die Angriffe der Springer-Medien gegen ihn auch die Regierung Brandt treffen sollten. Er wandte sich im Frühjahr 1972 an Brandt und warnte davor, sich mit ihm öffentlich zu solidarisieren, »weil ich nicht einsehe, dass eine Partei oder eine Regierung durch den Alleingang eines Intellektuellen, über den man streiten kann, Kredit einbüßt.« Er fürchtete zur Belastung zu werden.

Das Gegenteil erwies sich als richtig. Obwohl er Zielscheibe der Rechten war, empfand es die Sozialdemokratie als hochwillkommen, dass er sich zur Unterstützung von Willy Brandts

Wahlkampf entschloss. Sein Motiv war die große Hochachtung für Brandt, aber auch die Sorge, ein Regierungswechsel könne für das Land »lebensgefährlich« werden, weil er nach Bölls Überzeugung innere Unruhen provozieren könnte. Und schließlich waren es außenpolitische Motive, die ihn fürchten ließen, das Ansehen Deutschlands könnte durch einen CDU-Kanzler Rainer Barzel und den nach Bölls Meinung starken Mann im Hintergrund, Franz Josef Strauß, Schaden nehmen. Böll absolvierte mehrere Auftritte für die SWI. Besonders gefeiert wurde er für seine Rede auf dem SPD-Wahlparteitag im Oktober in Dortmund. Er sei, so beschrieb es Ulrich Kempski, politischer Korrespondent der *Süddeutschen Zeitung*, wie ein Prophet aufgenommen worden, weil er sich mit der reinen Lehre besser auszukennen schien als jeder Genosse und zum Kampf gegen die gottlosen Industriemilliarden aufgerufen habe. Tatsächlich traf Böll die Gemütslage der Sozialdemokraten, als er das Thema Sicherheit und Gewalt anders definierte, als es in der Stimmungsmache der Springerpresse seit Jahren postuliert wurde. »Es gibt«, so beschwor Böll, »nicht nur eine Gewalt auf der Straße, Gewalt in Bomben, Pistolen, Knüppeln und Steinen, es gibt auch Gewalt und Gewalten, die auf der Bank liegen und an der Börse hoch gehandelt werden.«

Die SPD war auf jede Unterstützung angewiesen. Der Wahlkampf – erst im September löste sich das Parlament auf, schon für Mitte November wurde der Wahltag festgelegt – war einer der kürzesten in der bundesrepublikanischen Geschichte, und einer der emotionalsten. Die Republik war aufgewühlt. Die RAF verübte tödliche Bombenanschläge auf US-Einrichtungen in Deutschland – als Reaktion auf die zunehmende Brutalisierung des amerikanischen Vietnam-Einsatzes. Deutschland erlebte bei den Olympischen Spielen in München einen bis dahin nicht gekannten Terror palästinensischer Attentäter. Arabische Terroristen entführten eine Lufthansa-Maschine. Gewalt schien allgegenwärtig. Die Situation war auch innenpolitisch aufgeheizt, weil die Bundesländer sich mit einem Radikalenerlass durchsetzten, der vielen linken Kritikern der Bundesrepublik die Einstellung als Lehrer, Beamte, Verwaltungsangestellte verbieten sollte. Die Wiederwahl der Regierung Brandt war alles andere als ein Selbstläufer. Im Gegenteil: Peter Merseburger schrieb in seiner Biographie über Willy Brandt, dass er sich von der Partei im Stich gelassen gefühlt habe, dass kaum einer der führenden Genossen an einen Erfolg geglaubt habe und der Kanzler nach Zaudern und Zweifeln zum Beginn des Wahlkampfs Ende September mit seinem Erfolgswillen in den Führungsgremien der Partei ziemlich allein gestanden habe. Dass am Ende ein Triumph Brandts stand, die SPD erstmals in der Geschichte der Bundesrepublik als stärkste Partei aus der Wahl hervorging, war nicht absehbar.

Allerdings zeichnete sich schnell ab, dass es für die Person Willy Brandt eine nie gekannte Unterstützung von Künstlern, Literaten und Wissenschaftlern geben würde. Heinrich Böll war nur einer von ihnen, aber ein Unterstützer von immensem internationalem Ansehen. Seit einem Jahr war er Vorsitzender des internationalen P.E.N.-Clubs. Und während er für Brandt in den Wahlkampf zog, wurde ihm im Oktober 1972 der Literaturnobelpreis zuerkannt. Eine Auszeichnung, die von den einen gefeiert, von den anderen als Versuch der Einflussnahme zugunsten des Wahlkämpfers Brandt verurteilt wurde. Wütend kommentierte die CSU-Spitze: »Heinrich Böll ist kein reiner Tor – er ist Parteigänger der Sozialdemokraten und Paladin Brandts und vor allem als solcher ist er einer breiteren Öffentlichkeit bekannt geworden.« Die *Süddeutsche Zeitung* zitierte am 20. Oktober den CSU-Vorsitzenden Franz Josef Strauß, es sei nicht Aufgabe der CSU, das literarische Wirken Bölls zu würdigen, wohl aber davor zu warnen, »daß auch dieser Nobelpreis zur politischen Werbung mißbraucht wird«. Es scheine bezeichnend, dass dieser Preis wenige Wochen vor den Wahlen einem erklärten SPD-Parteigänger verliehen wurde.

»Heinrich Böll im Gruppenbild mit Willy Brandt?« titelte die *Kölnische Rundschau*. Für die konservative Presse war es ausgemacht, dass der Nobelpreis keine literarische Wertung war, sondern dass er einem »handfesten Propagandisten« (Rheinische Post) zugefallen sei.

Dagegen urteilte die *Frankfurter Rundschau*, es sei kein Zufall, dass das Komitee sich ein Jahr nach der Verleihung des Friedensnobelpreises an Brandt für Heinrich Böll als Literaturpreisträger entschieden habe. »Es ist der begründete Eindruck, daß sich etwas Entscheidendes verändert hat; daß Deutschland von seiner Vergangenheit – einer Vergangenheit der Furcht, des Schreckens und der imperialistischen Machtentfaltung – Abschied genommen hat. Das weltweite Ansehen, dessen sich die Bundesrepublik erfreut (nicht nur im Westen), hat politisch einen Namen: Willy Brandt; geistig eine literarische Kontur: Heinrich Böll und sein Werk. Der Blick, der von draußen auf beide fällt, ist ein Blick der Sympathie, der Anteilnahme, ein Unterfang der Hoffnung«, schrieb Wolfgang Schütte am 20. Oktober und bezeichnete es als folgerichtig, »daß ein Mann wie Heinrich Böll an der Seite Brandts steht«. Schütte ging sogar so weit, dass Bölls literarisches Werk in den Staaten Osteuropas schon lange vor Willy Brandt für ein anderes Deutschlandbild geworben und der späteren Politik des Ausgleichs den Boden bereitet habe.

Böll und Brandt waren auf dem Gipfel ihres internationalen Erfolgs angekommen. Bei einer gemeinsamen Wahlveranstaltung am 14. November 1972 in Köln feierte Brandt den Literaturnobelpreisträger mit den Worten:

»Es ist schön, daß ich hier Gelegenheit habe, Heinrich Böll vor vielen Augen und Ohren zu sagen, wie sehr wir uns mit ihm und für ihn über die Auszeichnung gefreut haben, die ihm zuteil geworden ist. Nicht nur, weil er ein Mann ist, der unseren

Weg in kritischer Aufmerksamkeit begleitet. Sondern weil durch ihn unsere deutsche Sprache ausgezeichnet wurde, die wir lieben – die Sprache, die uns Heimat ist ... Die Sprache Bölls ist Ausdruck einer guten Ernüchterung. Sie ist das Salz der Realität, in der wir die Vernunft unseres Volkes angesiedelt wissen wollen: seiner neuen sozialen, seiner geistigen und politischen Realität. Aus dem humanen und in einer guten Einfachheit christlichen Realismus, der hier erkennbar ist, holen wir die Ermutigung, die wir brauchen, um in der gegebenen Wirklichkeit dauerhafte und zugleich offene Lebensformen für unser Volk zu finden. Wir sind Heinrich Böll für die Hilfe dankbar, die er uns durch sein Schreiben und Reden, vor allem auch durch seine Fragen, sein Zweifeln und seine Mahnung bietet.«

Wenige Tage später erlebte Brandt einen großartigen und überzeugenden Wahlsieg, bei dem die erneut eingebrachten Lügen über seine Vergangenheit oder über seine Zeit als Emigrant nur noch bei einer Minderheit verfingen. Es schien, als habe er sich damit von dieser »Absudelei« endgültig befreien können. Böll aber, der sich erhofft hatte, durch den Nobelpreis nicht mit gleicher Wucht in Deutschland angegriffen zu werden wie zuvor, blieb im Fokus der Rechten und vor allem in dem der Springer-Presse.

Die Angriffe auf ihn und andere Intellektuelle waren in den vergangenen Monaten nicht abgeflaut, so dass sich Bundespräsident Gustav Heinemann genötigt sah, gleich in zwei Reden in diesem Herbst eine Bresche für sie zu schlagen und zu beklagen, dass die Deutschen sich mit der notwendigen Kritik von Dichtern und Schriftstellern schwerer tun würden als andere Völker. Bei einem Grußwort zur Tagung des Internationalen P.E.N.-Kongresses am 10. November 1972 in Berlin ging er zunächst auf die Verleihung des Literaturnobelpreises für Heinrich Böll ein und stellte fest:

»Die schwedische Akademie hat ihn einen Erneuerer der deutschen Literatur genannt. Umso wunderlicher werden Sie, Herr Böll, einige der Kommentare berührt haben, mit denen von gewissen Kreisen die Preisverleihung an Sie begleitet wurde. Die Kritik betraf kaum Ihr literarisches Werk. Dazu fehlten angesichts des Welterfolgs Ihrer Bücher die Möglichkeit und wohl auch der Mut. Als anstößig aber wurden manche Ihrer politischen Stellungnahmen empfunden. Daß Sie Romane schreiben, damit wollte man sich schließlich abfinden. Aber Ihre freie und eindeutige politische Stellungnahme wird bei etlichen Zeitgenossen als unpassend und anmaßend empfunden.«

Und dann forderte er die Politik auf, alles zu tun, um die Öffentlichkeit aufgeschlossener für solche Kritik zu machen. Mit den gleichen Worten, mit denen er dies schon in einer Ansprache am 1. Oktober zur postumen Verleihung des Friedenspreises des Deutschen Buchhandels an den in Auschwitz ermordeten polnischen Autor Janusz Korczak in der Frankfurter Paulskirche getan hatte:

»Es sind zumal die Intellektuellen, die Schriftsteller und Wissenschaftler, die uns unbequem werden, wenn sie mit wachem Gespür für Schäden und für Gefahren ihre Stimme erheben. Gelänge es den Selbstzufriedenen, sie zum Schweigen zu bringen, wäre das verhängnisvoll.«

Böll schwieg nicht. Trotz der Kampagne, der er ausgesetzt war, scheute er die nächste Auseinandersetzung mit Springers Boulevardblättern nicht, sondern forcierte sie 1974 mit seiner Erzählung »Die verlorene Ehre der Katharina Blum«. Es war ein literarischer Donnerschlag! Er prangerte die Hilflosigkeit des Einzelnen gegenüber den Methoden der Boulevardmedien an und machte keinen Hehl daraus, dass es eine Abrechnung mit den Springer-Blättern *Bild* und *BZ* sein sollte. Das Berliner Blatt war mit einer Schlagzeile letzter Auslöser dafür, dass

Böll die Geschichte im Frühjahr 1974 schrieb. Die *BZ* hatte offensichtlich durch eine Indiskretion der Polizei über eine Hausdurchsuchung bei Bölls Sohn Raimund in der Bonner Straße in Köln berichtet, bevor diese Durchsuchung stattgefunden hatte. Anlass für die Aktion war der Fund von Reisepässen in einer Hamburger Wohnung, unter denen auch der von Raimund Böll und dessen Ehefrau gewesen waren. Böll war empört, dass die Polizei die bevorstehende Aktion dem Boulevardblatt schon im Vorhinein gesteckt hatte und das Blatt wiederum seinen Sohn als RAF-Unterstützer vorverurteilte.

Die Erzählung, in der Katharina Blum einem gesuchten Bundeswehrdeserteur, keineswegs einem Terroristen, Unterkunft bietet, sich in ihn verliebt, deswegen in schmierige Recherchepraktiken der »Zeitung« gerät und schließlich als Akt der Befreiung den Reporter tötet, war äußerst polemisch und sollte es sein. Schon der Vorspann verrät, worauf es Böll ankam: »Personen und Handlungen dieser Erzählung sind frei erfunden. Sollten sich bei der Schilderung gewisser journalistischer Praktiken Ähnlichkeiten mit den Praktiken der ›Bild‹-Zeitung ergeben haben, so sind die Ähnlichkeiten weder beabsichtigt noch zufällig, sondern unvermeidlich.«

Erstmals in seiner Geschichte druckte der *Spiegel* eine Erzählung als Fortsetzungen ab. Schon nach wenigen Wochen waren 160 000 Buchexemplare verkauft. Während Böll zeigen wollte, wie wenig Chancen zur Wehr der Einzelne gegen die perfide Art des Boulevardjournalismus hat und letztlich durch die gewaltsamen Recherchemethoden selbst zur Gewalt getrieben werden kann, dichtete die politische und mediale Rechte die Intention Bölls in eine Fortsetzung des angeblichen Sympathisantentums für Staatsfeinde und Terroristen um.

Für den damaligen Bundestagspräsidenten und späteren Bundespräsidenten Karl Carstens (CDU) stand außer Frage, dass der

»Dichter Heinrich Böll unter dem Pseudonym Katharina Blüm ein Buch geschrieben hat, das eine Rechtfertigung von Gewalt darstellt...«

Andere, wie die *dpa*-Korrespondentin Ruth Lindenberg, sahen in der Erzählung, die mit einer Startauflage von 100 000 Exemplaren auf den Markt gekommen war, so etwas wie einen Racheakt Bölls am westdeutschen Sensationsjournalismus. In der *Kölnischen Rundschau* warf deren Chefredakteur Rudolf Heizler dem Schriftsteller vor, in seinen Vorwürfen allzu einseitig zu sein: »Der Verf. Heinrich Böll hat keine kritische Analyse des Boulevard-Zeitungsstils geschrieben. Dies ist ein Mißverständnis, an dem der Autor selbst schuld ist. Er hat seine Abneigung gegen den Verleger jener ›Zeitung‹ und gegen die Politik in den Zeitungen dieses Verlagshauses in Hamburg einseitig in die wirkliche oder vorgegebene Form einer literarischen Erzählung gekleidet.«

Böll selbst hat im Interviewband mit dem Journalisten Christian Linder »Drei Tage im März« 1975 noch einmal klar gestellt, dass die Erzählung nicht im Zusammenhang mit der Baader-Meinhof-Gruppe und seinem *Spiegel*-Artikel von 1972 entstanden sei. Vielmehr habe ihn interessiert, was mit dem Leben von Menschen geschehe, die in Boulevardblättern verleumdet würden:
»Diese Geschichte habe ich regelrecht studiert, Material gesammelt, und daraus schließlich die Geschichte einer völlig unbekannten und belanglosen Zeitgenossin gemacht, die plötzlich einer solchen Verleumdung ausgesetzt wird. Insofern hat sie natürlich einen autobiographischen Zug und einen biographischen Einstieg. Das Wichtigste dabei ist, daß ich mich relativ wehren kann, ich kann immer noch Artikel schreiben und versuchen, die irgendwo unterzubringen; aber das kann ja ein Mensch in der geschilderten Lage überhaupt nicht, der ist ja vollkommen hilflos. Das war das Motiv.«

Die Konsequenz für *Bild* und den Rest der Springerpresse war, die Schlagzahl der Verunglimpfung gegenüber Böll noch einmal zu erhöhen. In einer Kolumne der *Bild am Sonntag* am 15. Dezember 1974, in der sich Chefredakteur Peter Boenisch über die wirtschaftliche Lage Deutschlands beklagte, hob er auch ganz unvermittelt zum zur Mode gewordenen Böll-Bashing an. Neben der Klage über eine zu schwerfällige Staatsbürokratie, über Deutschlands größte rot-radikale Tummelwiese Berlin flocht Boenisch, für Böll einer der schlimmsten »Schlagzeilen-Pistoleros«, unter dem Titel »Piff-Paff-Puff« eine Tirade über den Schriftsteller ein:

»Aber wir haben ja Böll. Dieser ›Heinrich-mir-graut-vor-dir‹ kann alles, weiß alles, redet über alles. Ein deutscher Übermensch, der mit der ›Deutschland-über-alles-Zeit‹ nicht fertig wird. Jahrgang 1917, 1938 Arbeitsdienst. Anschließend Soldat. Bis 1945. Es ist bitter, vom 21. bis zum 28. Lebensjahr kämpfen zu müssen und trotzdem wehrlos zu sein. Er hat als junger Mensch so oft die Hacken zusammennehmen und den Mund halten müssen, daß er ihn nun andauernd aufreißt. Seine Feinde tragen die alten Uniformen der SA und SS. Für ihn leben die Toten. Oder ihn verfolgt das Trauma ihrer Wiederauferstehung. Tragisch, verständlich. Aber auch nötig? Zur Bewältigung deutscher Vergangenheit vielleicht. Zur Bewältigung deutscher Gegenwart bestimmt nicht. Böll, literarisch eine bedeutende Figur von heute, ist politisch ein Schatten aus dem Gestern. Ein Schatten, der sich gejagt fühlt, obwohl ihn niemand jagt. Wird seine politische Hysterie immer wieder junge Leute anstecken? Wird sein politischer Verfolgungswahn zum Alibi für ihre Wahnideen? Bei uns ist mehr krank als nur die Wirtschaft.«

Böll wurde wieder einmal mitverantwortlich gemacht für die Wahnideen des RAF-Terrorismus und im gleichen Atemzug genannt mit dem, der nach Boenisch die wirtschaftlichen

Probleme des Landes zu verantworten hatte: der »Genosse Oberstleutnant, der uns zur Zeit regiert«. Helmut Schmidt.

Diese Zäsur, der Rücktritt Willy Brandts im Mai 1974 wegen der Spionage-Affäre Guillaume, eines DDR-Agenten in der engsten Umgebung des Bundeskanzlers, war für Böll wie für viele Bundesbürger ein Schock. In einem Interview mit dem »Tagesmagazin« des Westdeutschen Rundfunks am 8. Mai, dem Morgen nach Brandts Rücktritt, sprach Böll von »großer Bewegung und auch von großem Respekt«, mit dem er nachts um ein Uhr in den Nachrichten von der Entscheidung erfahren habe. Er sei darüber beunruhigt, weil er den Eindruck habe, dass »das ein Fall von Fertigmachen« gewesen sei. Da Brandt von Natur aus kein Machtmensch sei, sei er in der Machtposition zu wenig geschätzt und geschützt worden:

»Er war in einer gewissen Weise schutzlos, und das hat sich auch, wie ich finde, am Fall Guillaume gezeigt, wo er nicht routinemäßig von den dafür zuständigen Behörden geschützt worden ist. Ich hätte erwartet, daß die Herren, die diesen Behörden vorstehen, Herr Genscher, Herr Nollau, Herr Wessel, ihre Ämter zur Verfügung stellten, weil ihr Schutz, amtlich verfassungsmäßig garantiert, versagt hat, daß nicht Willy Brandt die Konsequenzen ziehen muß.«

Und dann skizzierte er erneut seine Wertschätzung für den zurückgetretenen Kanzler, wie er sie schon oft formuliert hatte:

»Ich glaube, daß Willy Brandt zu anständig für ein solches Amt in dieser Welt und auch in diesem Land war und ist, zu empfindlich. Ein sehr verletzlicher Mensch, der nie verletzen konnte. Der Konflikt zwischen Moral und Politik, soweit das überhaupt ein Konflikt ist, und wenn er sichtbar wird an dieser Stelle, ging bei ihm zugunsten der Moral.«

Mit dem Rücktritt Brandts ging Böll mehr auf Distanz zur
sozialliberalen Bundesregierung. Zwar war es keineswegs so,
dass er die Politik Brandts in allen Einzelheiten geteilt hätte.
Vor allem dessen Zustimmung zum sogenannten »Radikalenerlass«, der Kommunisten und anderen Kritikern des bundesrepublikanischen Systems den Eintritt in den Staatsdienst
verwehrte, hielt er für einen kapitalen Fehler. Er bezeichnete
den Erlass, der von der Ländermehrheit durchgesetzt wurde,
als der Bundesrepublik »unwürdig«. Später wertete auch
Brandt die Entscheidung als Fehler. In einem Brief zu Heinrich
Bölls 60. Geburtstag im Dezember 1977 hieß es: »In der Rückschau dürfen wir, also jene politische Konstellation, die heute
Verantwortung für die Bundesrepublik trägt, nicht so tun, als
seien wir nur erfolgreich gewesen; als könnten wir ohne Abstriche stolz auf Geleistetes sei; als stünden wir rundum gefestigt da. Gewiß, etwas an jedem ist wahr. Aber wir haben auch
einzuräumen, daß wir uns bei vielem durchlavieren mußten.«
Ein Jahr später, in einem Briefentwurf, der dann aber nicht
verwendet wurde, stand die Formulierung auf den Radikalenerlass bezogen, von den »verhängnisvollen Folgen jenes Beschlusses von 1972, den ich mitzutragen habe«.

Gegen den Radikalenerlass hatte Böll an vielen Stellen opponiert, eine besonders elegante Form des Protests fand er 1974,
als er einen Text auf den scheidenden Bundespräsidenten Gustav Heinemann verfasste, ihn überschrieb: »Radikaler im öffentlichen Dienst« und anmerkte:

»Es ist nicht nur ein Scherz, wenn ich sage: Wieder ein Radikaler im öffentlichen Dienst weniger; denn was haben Sie anderes getan, als das deutsche Geschichtsverständnis, das deutsche Bewußtsein, deutsche Selbstgefälligkeit, wie sie gelegentlich auftritt, bis an die Wurzel bloßzulegen, wenn auch behutsam. Und was ist ein Radikaler anderes als jemand, der bis an
die Wurzeln zu gehen versucht? Alle Zahnärzte sind notwendi-

gerweise Radikale, wenn auch nicht immer im öffentlichen Dienst. Gewiß sind nicht alle Radikalen behutsam, und nicht jeder, der sich so nennt, per se gerechtfertigt – aber auch nicht jeder, der so genannt wird, stellt eine Gefahr da. Die Gefahr besteht wohl eher darin, daß Nachdenklichkeit einschüchtert, eine Vordergrunddemokratie schafft, in der es kaum noch erlaubt sein wird, bis an die Wurzeln unseres Staates, der Bundesrepublik Deutschland, zu gehen, die ja nicht zufällig entstanden ist, sondern Ursachen, unter anderem den Zweiten Weltkrieg, als Ur-Sache hat, der ja ebenfalls nicht zufällig entstanden ist, sondern ebenfalls Ursachen hat, unter anderem die Ursache blinder Untertänigkeit, jene Obrigkeitssucht, die Sie, lieber Gustav Heinemann, selbst rangmäßig höchste Obrigkeit, oft und immer wieder als schlechte, wenn nicht schlechteste aller Tugenden-Untugenden bezeichnet haben. Wie radikal obrigkeitssüchtige, befehlssüchtige, absolut untertänige Ordnungs-, Verwaltungs-, Rechtsorgane werden können – das haben wir ja erlebt, und es sind noch keine 30 Jahre vergangen, da waren wir alle dieser Radikalität ausgeliefert oder unterworfen.«

Solche aufklärerisch-provokanten Sätze waren es, die die Wut der Konservativen auf Böll ins Unermessliche steigerten, ihn als Anführer im »stillen Reserveheer des Terrorismus« (*Die Welt*) abstempelten. Die Denunziationen in den privaten rechten Medien nahm er klaglos, wenn auch äußerst empört hin. Bei Angriffen in den öffentlich-rechtlichen Anstalten jedoch reagierte er mit Klagedrohungen oder kündigte die Mitarbeit bei den Sendern auf. So ging er 1972 gerichtlich gegen den ZDF-Moderator Gerhard Löwenthal vor, der ihm im *ZDF-Magazin* vorgeworfen hatte, er und all die Sympathisanten des Linksfaschismus an den deutschen Universitäten seien »keinen Deut besser als die geistigen Schrittmacher der Nazis, die schon einmal so viel Unglück über unser Land gebracht haben«. Das Verfahren wurde eingestellt, weil Löwenthal den Vorwurf später relativierte.

Als besonders infam empfand on Böll, dass ihm in dieser Phase immer wieder vorgeworfen wurde, sich für die Mitglieder der »Baader-Meinhof-Bande« einzusetzen, als Präsident des P.E.N.-Clubs aber nichts für seine sowjetischen Kollegen zu tun. Gegen diese Verleumdung habe er sich nicht wehren können, führte er im Gespräch mit Linder – »Drei Tage im März« – aus, weil öffentliche Information die Hilfen im Untergrund gefährdet hätten. »Diese Verleumdung hat mich nun wirklich sehr mitgenommen, weil ich mich eben nicht wehren konnte. Gegen die übrigen Polemiken habe ich mich bis zu einem gewissen Punkt gewehrt, dann habe ich gedacht, leckt mich am Arsch, macht ruhig weiter.«

Mit dieser Gelassenheit war es vorbei, als der rechtsnationale Journalist Matthias Walden, Chefkommentator des *Sender Freies Berlin* (SFB) und Springer-Kolumnist, Böll nach der RAF-Ermordung des Berliner Kammergerichtspräsidenten Günter von Drenkmann im November 1974 in einem Kommentar der *ARD-Tagesschau* vorwarf, für den Mord mitverantwortlich zu sein, weil »der Boden der Gewalt durch den Ungeist der Sympathie mit den Gewalttätern gedüngt worden« sei. Waldens Logik: Jahrelang warfen renommierte Verlage revolutionäre Druck-Erzeugnisse auf den Büchermarkt. Heinrich Böll habe den Rechtsstaat, gegen den die Gewalt sich richte, als ›Misthaufen‹ bezeichnet und gesagt, er sähe in ihm nur ›Reste verfaulender Macht, die mit rattenhafter Wut verteidigt‹ würden. Er habe den Staat beschuldigt, die Terroristen ›in gnadenloser Jagd‹ zu verfolgen.

Die Zitate waren durchweg unzutreffend, aus dem zeitlichen und inhaltlichen Zusammenhang gerissen, oder wie das Kölner Oberlandesgericht in zweiter Instanz befand, »erwiesenermaßen falsch« und auch »frei erfunden«. Dennoch dauerte es sieben Jahre, bis zum Januar 1981, bevor Böll endlich einen gerichtlichen Erfolg erzielen konnte. Nach dem Erfolg für Böll vor dem Kölner Oberlandesgericht zog der *SFB* vor den Bundesgerichtshof, der 1978 das Urteil kassierte, Böll vorwarf, sich »mehrdeutig ausgedrückt« zu haben und deshalb für Waldens Interpretation verantwortlich zu sein. Die Urteilssprüche gegen Böll wurden von der Springerpresse emphatisch gefeiert. Nach der Niederlage in erster Instanz vor dem Landgericht Köln triumphierte *Bild* am 27. März 1975:

»Wenn es darum geht, andere zu beleidigen, ist er nicht zimperlich, der Böll. Nur wenn's um ihn selbst geht, ist er zart besaitet ... Das Gericht hat den Versuch Bölls, sich als Moralapostel sozusagen außerhalb der Gesetze zu stellen, abgeschmettert. Böll darf kritisiert werden. Er muß.«

Nach dem Spruch des Bundesgerichtshofs sah sich *Bild* wieder in seiner Meinung bestätigt und höhnte: »Böll war immer hart im Geben und weich im Nehmen. Böll, der Verfolgte, der Mißverstandene – die Märtyrer-Pose wurde ihm durch das höchstrichterliche Urteil genommen.«

Bezeichnend aber für das damalige Klima im Lande war, dass auch liberale Medien wie die in Freiburg erscheinende *Badische Zeitung* den Spruch als bedeutend für die Meinungsfreiheit in der Republik bewerteten und Böll rieten, er solle sich weder ärgern noch jammern: »Mit diesem für ihn ungünstigen (und teuren) Urteil wird auch seine Meinungsfreiheit gestärkt.«

Ganz anders sah der SPD-Fraktionsvorsitzende Herbert Wehner den Urteilspruch. Er ließ Böll in einem Telegramm wissen: »Bitte lassen Sie sich nicht in Verbitterung hetzen, durch das, was Ihnen ein Gericht angetan hat.«

Die Pressestelle der SPD-Bundestagsfraktion ergänzte zur Begründung:

»Die Bewertung des Verhaltens des Bundesgerichtshofs seitens Herbert Wehners richtet sich eindeutig nicht gegen die Entscheidung selbst, sondern gegen deren Begründung. Die Bundesrichter halten eine Interpretation von Äußerungen des Nobelpreisträgers Heinrich Böll für vertretbar, wonach er für den terroristischen Mordanschlag auf den Berliner Kammergerichtspräsidenten von Drenkmann moralisch mitverantwortlich sei. Die Art und Weise der Begründung macht die Gefahren für das geistige Klima in der Bundesrepublik Deutschland deutlich, vor denen die SPD nachdrücklich gewarnt hat.«

Auch Willy Brandt zeigte sich erschrocken über die Urteilsbegründung und betonte seine Verbundenheit mit der »kritischfreiheitlichen Intelligenz«. Die Stellungnahmen der beiden SPD-Politiker provozierten heftige Proteste in CDU und CSU. Der CSU-Vorsitzende Franz Josef Strauß bezeichnete es laut *dpa* als Skandal, dass der Vorsitzende einer Bundestagsfraktion »offen mit demjenigen sympathisiere, der den Rechtsstaat als Misthaufen bezeichnet habe«. Und der CSU-Generalsekretär Gerold Tandler fügte hinzu, mit seiner Urteilsbeschimpfung bringe Wehner auch die Forderung nach »zweierlei Recht« zum Ausdruck, »eines für normale Bürger und eine andere für die nützlichen Streiter der SPD«.

Böll bedankte sich bei Wehner für dessen Stellungnahme und ließ ihn wissen: »Von Verbitterung keine Spur. Ich habe nur Angst vor der Ausbreitung von Verleumdungsfreiheit, wie sie in den kulturell verödeten Springerblättern blüht.«

Gegen das Urteil legte Böll mit Erfolg Verfassungsbeschwerde ein. Der erste Senat hob das BGH-Urteil im Juli 1980 auf und verwies es zur erneuten Verhandlung an den BGH zurück. Dort wurde der jahrelange Rechtsstreit am 1. Dezember 1981 abgeschlossen mit dem Ergebnis, dass der *SFB* zu einer Zahlung von 40 000 Mark Schmerzensgeld an Böll verurteilt wurde.

Nicht nur in dieser Auseinandersetzung, sondern in allen Angriffen konnte sich der Schriftsteller der Solidarität führender Sozialdemokraten gewiss sein. Selbst wenn die Differenzen in vielen Sachfragen zur Politik Helmut Schmidts größer wurden, selbst wenn sich Böll über die Arroganz des Kanzlers mokierte, der Kontakt ging niemals verloren. Es kam in unregelmäßigen Abständen zu Gesprächen mit Schriftstellern und Intellektuellen. Selbst 1977, auf dem Höhepunkt des »Deutschen Herbst«, nach der Entführung des Arbeitgeberpräsidenten Hanns Martin Schleyer durch die RAF, suchte Schmidt den Kontakt zu Böll, Max Frisch, Günter Grass, Siegfried Lenz und zu dem Verleger Siegfried Unseld, um mit ihnen über die geistige Lage im Land zu reden. Böll nahm solche Einladungen auch wahr und kam im Vergleich von Brandt und Schmidt laut *Spiegel* vom 19. Dezember 1977 zu einem überraschendem Urteil: »Mit Schmidt kann ich besser reden als mit Brandt, den ich natürlich mag.«

Obwohl Schmidt die Proteste Bölls gegen zu massive Polizeimaßnahmen bei der RAF-Bekämpfung gar nicht gefielen, obwohl ihm der politische Ehrgeiz von Günter Grass eher suspekt war, suchte er den Kontakt zu ihnen und verteidigte die kritischen Ansätze der Schriftsteller und Intellektuellen gegen die Hetze, die in der Öffentlichkeit gegen sie als angebliche »Sympathisanten« geschürt wurde. Am 6. Oktober, als die Republik um das Leben des entführten Arbeitgeberpräsidenten bangte, mahnte er im Bundestag:

»Ich bitte uns alle: Lassen Sie uns nein sagen zu irgendwelcher Hysterie, auch nein zur Antihysterie gegenüber dem Terrorismus. Ich gebe ein Beispiel: Es liegt eine gefährliche Einengung der eigenen Urteilskraft vor, wenn eine Veranstaltung mit Luise Rinser abgesagt wird, die vorher von einer Illustrierten zur Sympathisantin des Terrorismus gestempelt wurde. Es gibt andere Fälle. Ich sollte den Namen Böll erwähnen. Ich könnte viele Namen nennen. So dürfen wir uns nicht denaturieren.«

Ein Appell, der gerade Böll betreffend in diesen Wochen der größten Terrorherausforderung nichts fruchtete. »Böll wird diffamiert«, konstatierte in der *FAZ* deren Chef der Literaturredaktion, Marcel Reich-Ranicki, im Oktober 1977. »Es handelt sich«, so schrieb er in dem konservativen Blatt, »um eine Diffamierungskampagne, um Verdächtigungen und auch handfeste Denunziationen, die vor allem von einigen auflagenstarken Tageszeitungen und Illustrierten verbreitet werden.«

In der Illustrierten *Quick* war ein Foto Bölls neben den Mordopfern der RAF beim Überfall auf Schleyer veröffentlicht und der Eindruck erweckt worden, der Schriftsteller sei für die Morde verantwortlich. Die *Neue Rhein/Ruhr-Zeitung* (NRZ) bezeichnete ihn als geistigen Wegbereiter des Terrors, und *Bild* empfahl ihm, in Sack und Asche aus dem Land zu verschwinden. Der CSU-Abgeordnete Carl-Dieter Spranger nannte ihn einen Verursacher des Terrors, und für den FDP-Abgeordneten Hans Engelhard zählte er offensichtlich zu den »Schreibtischtätern«, die gestellt und isoliert werden müssten. Der »Bayerische Rundfunk« weigerte sich, ein Interview Bölls auszustrahlen, in dem er sich gegen Angriffe auf Liberale und Linke im Zusammenhang mit der Terrorismusproblematik wehrte, anklagte, dass es aufgrund eines anonymen Anrufs wieder einmal zu einer Hausdurchsuchung bei seinem Sohn Raimund gekommen war und dies als »Sippenhaft« wertete. »Uns langt's«, hieß es darin. »Allmählich langt es uns ganz dicke. Wenn diese Art der Hetze populär wird, wenn sie Stimmen einbringt, dann halte ich nicht viel von Vernunft.«

Eine Klage, für die Peter Boenisch, Chefredakteur der *Bild am Sonntag* nur Häme übrig hatte. Unter der Überschrift »Die männliche Katharina Blum« machte er sich am 7. Oktober in der *BamS* lustig über des »Volkes linke Dichter«, die an Selbstüberschätzung und unangemessenem Selbstmitleid litten, »wenn sie die notwendige Auseinandersetzung mit den

Ursachen des Terrorismus zur ›Hexenjagd gegen Intellektuelle‹ hochpusten«. Und die *Welt* assistierte mit einem Kommentar, in dem sie Böll höhnisch vorwarf, sich selbst im »Tone äußerster Selbstgerechtigkeit« zum Opfer zu stilisieren.

Das publizistische Trommelfeuer des Springer-Imperiums gegen Böll erreichte in diesen Wochen seinen Höhepunkt. Ein Trommelfeuer, das den Schriftsteller härter getroffen haben muss, als er öffentlich eingestehen wollte. Wie sehr, das beschrieb im Jahr 2009 Günter Grass in einem Beitrag für die *ZEIT* über die Beerdigung Bölls und seine letzte Begegnung mit dem Schriftstellerkollegen:

»Meine Frau und ich besuchten ihn im Krankenhaus. Er versuchte den Anlaß seines temporären Aufenthalts – das nicht heilen wollende Raucherbein – zu verharmlosen und erzählte uns, wie es ihm immer wieder gelungen sei, mit restlich verbliebenem Charme von den Nachtschwestern Zigaretten zu schnorren. Erst gegen Ende unseres Besuchs gab er zu erkennen, was ihn mehr kränkte als seine Herzschwäche, das Raucherbein, die Zuckerkrankheit. Es sind die bösartigen Verletzungen in den Zeitungen des Springer-Konzerns gewesen, denen er seit Jahren ausgesetzt war. Der Vernichtungswille einer Horde von Berufszynikern, die sich Journalisten nannten.«

»... Als wir ihn zur Grabe trugen, war ich mir mit Blick auf seine Frau Annemarie sicher, den 1968 während der letzten Tagung der Gruppe 47 beschlossenen Boykott der Springer-Presse fortzusetzen, bis sich die Konzernspitze zu einer öffentlichen Entschuldigung gegenüber der Familie Böll entschließen würde. Das ist bis heute nicht geschehen«, schrieb Grass mehr als 20 Jahre nach den Springer-Attacken auf Heinrich Böll.

1977, auf dem Höhepunkt der Kampagne, blieb es dabei, dass Böll ungeachtet oder gerade wegen all der Angriffe, die er zu ertragen hatte, in der Sozialdemokratie Unterstützer und Freunde hatte. Davon zeugte auch ein Brief, in dem der Vorsitzende der SPD-Bundestagsfraktion, Herbert Wehner, dem Schriftsteller zu dessen 60. Geburtstag anrührend gratulierte:

»Keine großen Worte und kein klingendes Spiel, sondern der unbeholfene Versuch, Sie fühlen zu lassen, daß viele in Ihnen den Mitfühlenden und verwandte Regungen in Sätze formenden Bruder erkennen: Weil Sie nicht auftrumpfen, sondern sinnieren, tasten und fürsprechen, helfen Sie so vielen. ... Nehmen Sie, bitte, meinen Brief und meine guten Wünsche als Zeichen, daß in unseren Reihen viele Sie lieb haben. Sie und Ihre liebe Frau grüßt herzlich Ihr Herbert Wehner.«

Und Willy Brandt schrieb ihm:

»Sie haben sich, vielen grotesken Anfeindungen dieses, in mancher Hinsicht so wenig guten Jahres zum Trotz, nicht entmutigen lassen. Ich wünsche, Sie können diesen ruhigen Mut beibehalten ... Lassen Sie uns, jeder für sich und gelegentlich miteinander und mit anderen darüber nachdenken, wie man weiter kommt. Pessimismus kann keine Ausflucht sein, kein Ausweg. Sie sind in Wahrheit kein Pessimist; ich bin es auch nicht ... Andere werden Ihnen schreiben und sagen, wofür sie Ihnen, lieber Heinrich Böll, als Schriftsteller und Gestalt des europäischen Kulturlebens dankbar sind. Ich schließe mich dem an, füge aber den Respekt vor dem besorgten Demokraten hinzu. Ich möchte nicht, dass Sie sich draußen fühlen ... Viele zählen auf Sie, gerade auch hier in Deutschland.«

Die Kontakte zum SPD-Vorsitzenden Willy Brandt waren schon deswegen immer gegeben, weil Böll ihn auch als Fürsprecher und Unterstützer bei seinem Einsatz für Dissidenten und verfolgte Schriftsteller in aller Welt, vor allem aber in Osteuropa in Anspruch nahm und umgekehrt, Brandt die Kontakte Bölls bei seiner politischen Vision vom weiteren Wandel der osteuropäischen Gesellschaften durchaus nützlich waren. Mit Billigung Brandts hatten Heinrich Böll, Günter Grass und die Journalistin Carola Stern 1976 die Literaturzeitschrift *L'76*, später *L'80* gegründet, um Schriftstellern, die in ihrer Heimat nicht publizieren konnten, ein Forum zu geben. Redaktionell geleitet wurde die Zeitschrift seit 1980 von dem sozialdemokratischen Intellektuellen Johano Strasser, den die Zielstrebigkeit Bölls bei der Unterstützung der verfolgten Kollegen beeindruckte. Der Einsatz für die russischen Dissidenten Alexander Solschenizyn oder Lew Kopelew, die Böll nach ihrer Ausreise bei sich zu Hause aufnahm, war nur die öffentlich gewordene Spitze seines Einsatzes, über den Brandt 1985 in *L'80* schrieb:

»Er war zur Freundschaft begabt. Und man kam mit der Bitte um Hilfe zu ihm. Als ich im Mai nach Moskau fuhr, war ein handgeschriebener Brief von ihm an den ersten Mann der Sowjetunion in meiner Mappe. Das ganze Ausmaß seiner Bereitschaft, anderen zu helfen, wird erst später deutlich werden, wenn überhaupt je. Der Mann der Zurückhaltung war in solchen Fällen nie distanziert.«

Als einen Parteigänger hat Brandt Böll nie gesehen, hätte ihm auch nie zugemutet, als solcher missbraucht zu werden. Brandt wusste, dass Böll in seinem Engagement für die Sozialdemokratie Anfang der siebziger Jahre sehr weit gegangen war. In einem Beitrag Brandts für einen von Viktor Böll, dem Verantwortlichen des Böll-Archivs, geplanten Aufsatzband zum 65. Geburtstag seines Onkels 1982 heißt es:

»Ein großer und viel geehrter Dichter: Heinrich Böll. Aber wer sein Gesicht kennt, ahnt, was er ... aushalten mußte. Er ist von der Sorte, die einen gewissen antiintellektuellen, antimoralischen, antilibertären Haß magnetisch anzuziehen scheint, weil sie es nicht lassen kann, sich menschenwürdig zu verhalten. In ganz schlimmen Zeiten geht es dann schlecht aus für die von der Sorte Böll. Dennoch haben Sie, das alles wissend, immer wieder viel gewagt. Ich vermute, auch als Sie zum Beispiel 1972 in Dortmund vor dem Parteitag der SPD sprachen, haben Sie innerlich etwas gewagt. Sie haben immer wieder viel gesagt, haben Sie auch viel gewonnen? Ja, schiebe ich mir vor, an Ihrer statt, weil wir viel gewonnen haben durch Sie.«

Für Brandt stand es also außer Frage, dass es Böll Überwindung gekostet haben musste, sich so eindeutig für eine Partei einzusetzen. Wie er das meinte, führte er in einem Artikel für den *Vorwärts* so aus:

»Wir fühlen uns in deutschen Landen als die große Partei der Freiheit, die sich ihre Integrität und Würde historisch erworben hat, nicht zuletzt in der Verfolgung. Und wir sind dankbar für Kritik, Ermutigungen und praktische Hilfe. All das haben wir im Laufe der Jahre von jenem großen Einzelgänger erhalten, der dieser Tage seinen 65. Geburtstag feiert: Die Rede ist natürlich von Heinrich Böll.

Ein Einzelgänger, aber ein durchaus solidarischer. Sein empfindsames Gesicht läßt jeden Empfindsamen erkennen, wie viel Leid und Mitleid er erlebt hat. Sicherlich wird nie ganz publik werden, was dieser Mann alles leistet, um Menschen zu helfen – nicht zuletzt solchen in Osteuropa. Das aber, auch sein weiteres gesellschaftliches, politisches Engagement ist ja stets der dichterischen Hauptarbeit abgetrotzt, man sollte es nie übersehen. Er tut es nicht unüberlegt, aber ich bin sicher, daß es ihm manchmal sehr schwer wird. Ein Mann, der alleine geht, nicht um sich vom Rest abzuriegeln, sondern der so sein Bestes geben kann und sich damit auf die Seite der Moral stellt, an die Seite derer, die unter Unmoral zu leiden haben. Wir haben erlebt, wie Heinrich Böll gefeiert wurde und wie er bespuckt wurde, oft erschreckend dicht beieinander. Er sagt von Zeit zu Zeit, was andere zu sagen unterlassen. Man muß nicht immer einer Meinung mit ihm sein, um den hohen Wert seiner Auffassung vom Bürgersinn zu erkennen.

.... Einen Einzelgänger nannte ich ihn. Ich fürchte, es gibt noch immer eine Tendenz, der Unabhängigkeit suspekt ist. Die es nicht leiden kann, wenn jemand sich nicht mit Haut und Haaren einer Partei verschreibt, sondern es vorzieht, mit allen Vor- und Nachteilen, die das hat, seine eigene Bahn zu nehmen.«

Als Brandt das schrieb, war die Regierung Schmidt abgelöst. Das Misstrauensvotum vom 3. Oktober 1982 war das Ende der sozialliberalen Ära. Bei aller Enttäuschung, die Böll in den letzten Jahren in Sachen Nachrüstung, Nato-Doppelbeschluss und Atomkraftpolitik empfand und öffentlich formulierte, muss ihn auch ein Maß an Ernüchterung und Sentimentalität über das Ende der Regierung Schmidt überkommen haben, telegrafierte er doch – zusammen mit seiner Frau Annemarie – nach Schmidts Rede im Bundestag am 17. September 1982, in der er die Entlassung der FDP-Minister und damit das Ende der sozialliberalen Koalition besiegelte: »Dank für und Glückwunsch zu Ihrer Rede.« Und Schmidt, dessen politisches Ende als Kanzler bevorstand, dankte schriftlich für diese Ermutigung.

Zu diesem Zeitpunkt war Böll längst zu einem der wichtigsten Exponenten der Friedensbewegung geworden, die die Nato-Nachrüstungspolitik Helmut Schmidts vehement ablehnte. Politisch sah er in der neu gegründeten Grünenbewegung eine Alternative zur Sozialdemokratie. Vor den Neuwahlen im März 1983, bei denen die Grünen erstmals bundesweit antraten und die von Helmut Kohl postulierte »geistig moralische Wende« mit CDU/CSU und FDP eine Mehrheit im Parlament bekam, bekannte sich Böll zu den Grünen. Die Publizistin und Mitstreiterin Bölls bei der Literaturzeitschrift *L'80*, Carola Stern, gab in ihrer Autobiographie »Das doppelte Leben« Böll mit der Bemerkung wieder, er empfinde es als befreiend, endlich eine Partei wählen zu können, hinter der er voll stehe. Böll selbst erklärte, er trete zwar für die Grünen an, nicht aber gegen die SPD. Später, in einem seiner letzten politischen Interviews, im Februar 1985, sagte er gegenüber der *dpa*, für die Bundestagswahlen 1987 wünsche er sich ein rot-grünes Regierungsbündnis. Eine solche Zusammenarbeit sei seine »einzige politische Hoffnung«.

Wo aber war Böll politisch wirklich zu verorten? Sein britischer Biograph J. H. Reid glaubte zu wissen, dass Böll lange nur Verachtung für die SPD empfunden habe, seine Hinwendung zu der Partei Anfang der siebziger Jahre ausschließlich in der Person Brandt begründet gewesen sei. Böll selbst sagte 1972 über seinen Einsatz für die Sozialdemokratie in einem Interview für »PPP«, den Parlamentarisch-Politischen Pressedienst der SPD-Bundestagsfraktion: »Mein politisches Engagement ... war mehr oder weniger stets SPD-nah, oder sagen wir ruhig mit einem wieder zutreffenden Wort: links, links von der Mitte. Wie weit weiß ich nicht.«

Vielleicht war am Ende die Beschreibung die Zutreffendste, die Willy Brandt in seinem Nachruf in *L'80* wagte:

»Ich hoffe, ich weiß, Heinrich Böll gehört keiner politischen Fraktion, sondern Deutschland, der deutschen Kultur und Weltliteratur. Links ... betrifft nicht die Zugehörigkeit zu irgendeiner Gruppe, sie ist eher eine psychologische Kategorie. Nicht nur die SPD, auch die CDU des Ahlener Programms, die FDP von Freiburg oder die alternative Friedens- und Umweltbewegung, gleichwohl, wo man sich am ehesten heimisch fühlt, das hat mit dieser Kategorie von links wenig zu tun. Es folgt daraus, daß sich Linke nicht durchweg einig sein müssen. So gab es genug Kontroversen im Laufe der Jahre, auch zwischen

Böll und dem Vorsitzenden der SPD. Am stärksten hat sich mir jedenfalls die hilfreich-kritische Weggenossenschaft eingeprägt, auf die ich mich stützen konnte, als wir uns – unzulänglich genug – auf den Weg der Reformen begeben hatten.«

Editorischer Hinweis

Die aufgeführten Briefe, Texte und Dokumente werden zu einem Teil erstmals veröffentlicht. Einige der Texte von Heinrich Böll sind in der Werkausgabe gesammelt. Im Folgenden wird immer auf die Medien verwiesen, in denen die Texte erstmals erschienen sind.

Ein großer Teil der Korrespondenz stammt aus den Deposita der Friedrich-Ebert-Stiftung, engagiert unterstützt von Sven Haarmann und Bärbel Richter. Einige Briefe wurden aus dem Archiv der Herbert-und-Greta-Wehner-Stiftung Dresden zur Verfügung gestellt. Für die Freigabe zur Veröffentlichung gilt Dank den jeweiligen RechteinhaberInnen. Die Unterstützung von Brigitte Seebacher-Brandt, René Böll und Christoph Meyer hat die Dokumentation erst möglich gemacht.

Die Reihenfolge der Dokumente ist chronologisch. Alle sind in dem einführenden Essay genannt und zitiert.

Auf einen ausführlichen Fußnotenapparat ist bewusst verzichtet worden. Lediglich dort, wo es zum Verständnis der Dokumente unverzichtbar erschien, werden im Anhang zu dem jeweiligen Text knappe Hinweise gegeben. Diese Knappheit soll auch verdeutlichen, dass kein Anspruch auf Wissenschaftlichkeit und Vollständigkeit erhoben wird.

Die Orthografie der Quellen ist erhalten geblieben. Lediglich offensichtliche Fehler sind stillschweigend korrigiert worden.

1
HEINRICH BÖLL an WILLY BRANDT
Köln-Müngersdorf, Belvederestraße 35, 7.6.1961

Sehr geehrter Herr Bürgermeister,

bitte verzeihen Sie mir, dass ich Ihrer freundlichen Einladung[1] nicht folgen und mich erst jetzt für diese bedanken kann: meine Frau und ich waren für mehrere Wochen verreist und so fanden wir Ihren Brief erst nach unserer Rückkehr, vor wenigen Tagen. Ich bedaure es sehr, dass ich an der Unterredung nicht teilnehmen konnte.

Mit freundlichen Grüssen Ihr Heinrich Böll

2
HEINRICH BÖLL an HORST EHMKE
Köln-Müngersdorf, Belvederestraße 35, 26.4.1968

Sehr geehrter Herr Professor Dr. Ehmke[2],

Sie hatten mich im Dezember 67 freundlicherweise zu einem Gespräch eingeladen; ich musste absagen, weil ich schwer

---

1 Der erste schriftliche Kontakt Bölls zu Brandt, der sich in den Akten Brandts finden lässt. Die verspätete Absage galt einem Treffen, zu dem der Regierende Bürgermeister Anfang 1961 Künstler und Schriftsteller eingeladen hatte.

2 Horst Ehmke (1927-2017), zu diesem Zeitpunkt Staatssekretär im von Gustav Heinemann geführten Bundesjustizministerium.

krank zu Bett lag. Inzwischen bin ich halbwegs genesen, jedenfalls wieder auf den Beinen und zu einem Gespräch bereit.

Ich will diesen Brief nicht mit Floskeln schmücken, wie einer sie (als Katholik jedenfalls) aus päpstlichen Enzykliken kennt, aber ein »Mit brennender Sorge« wäre angebracht, bedenke ich Ihre und Ihrer Partei Haltung in der Frage der Notstandsgesetzgebung. Ich habe soeben vom Pressedienst des »Kuratoriums Notstand der Demokratie« den Wortlaut der im Grundgesetz vorgesehenen Änderungen und den Kommentar dazu bekommen, beides gelesen; ich finde den Text der Gesetzesänderungen verheerend, den Kommentar angemessen und angebracht. Schon im Wort »Notstand« (das, soweit ich mich unterrichten konnte, aus dem Gesetzgebervokabular des 2. Drittels des 19. Jh. stammt), liegt ja eine Mystifikation, über die lange zu sprechen wäre. Kurz: ich begreife Ihre und Ihrer Partei Haltung in dieser Frage nicht. Glauben Sie nicht, dass ich das Wort Kompromiss und seine Bedeutung nicht kenne, dass ich nie Kompromisse geschlossen, solchen zugestimmt oder nicht kompromittiert hätte, aber ich denke, es gibt eine Grenze, und selbst wenn es für einen Politiker oder eine Partei diese Grenze nicht gäbe: die Führung der SPD müsste doch erkennen, dass es <u>nicht einmal politisch opportun ist</u>, solchen Änderungen des Grundgesetzes zuzustimmen. Wenn Ihre Partei die nächste Bundestagswahlen mit wenigstens 30 % der Stimmen überleben will, muss sie ja doch vor den Wahlen die große Koalition drangeben oder scheitern lassen, und welchen besseren Anlass gäbe es, als die Notstandsgesetze? Bitte halten Sie mich nicht für naiver als ich bin, wenn ich Ihnen so »direkt« schreibe. Immerhin bin ich als Autor auch einer, der viele, viele Verträge geschlossen hat, was bedeutet: Kompromisse geschlossen hat, Dummheiten begangen, falsche Taktiken angewandt hat etc. und jeder dieser Verträge war ja auf seine Weise »politisch«, nicht literarischer Art; ich kann mir also vorstellen, wie solches auf quantitativ und qualitativ wichtigerer Ebene vor sich geht. Wenn der Bundestag mit den Stimmen der SPD diese Gesetzesänderungen beschließt, treiben Sie mich und viele andere nicht nur auf die Strasse, sondern in eine desperate Anarchie; dann haben wir wirklich keine andere Wahl mehr als diesen Staat für uns und uns für diesen Staat »verloren« zu geben. Es wäre viel zu sagen über die Personen, mit denen sich Ihre Partei zusammengetan hat – ich verkneife es mir, weil es mir im Augenblick, konfrontiert mit dem Text dieser Gesetze, die ich mir in den Händen einer CDU/CSU mit absoluter Mehrheit vorstelle – unwichtig erscheint. Ich weiß noch nicht, ob ich körperlich dazu in der Lage sein werde, an den Demonstrationen des 11. Mai teilzunehmen, aber ich *hoffe* es.

Mit freundlichen Grüßen Ihr H.B.

3
HEINRICH BÖLL an WILLY BRANDT
Köln-Müngersdorf, Belvederestraße 35, 23.5.1968

Lieber Herr Brandt,

besten Dank für Ihren Brief und das Rundschreiben, das allerdings meine Bedenken gegen die Notstandsgesetze und meinen Eindruck von der zweiten Lesung nicht verringert. Ich hörs jetzt allenthalben, von Multiplikatoren und Einzelnen: man wirds der SPD nie verzeihen. Nicht einer oder eine von meinen zahlreichen Freunden, mit denen ich in den letzten Tagen darüber sprach oder telefonierte – und es sind keine Hysteriker darunter – wird das bis 1969 vergessen haben. Auch was Günter Grass von Berlin berichtet beschäftigt mich sehr: soll es wirklich soweit kommen, dass die Alliierten als

Kontrollmächte die Stadt wieder »übernehmen« müssen? Persönlich wäre *mir* ohnehin lieber von einem britischen Oberst »regiert« zu werden als von den Herren Barzel, Even, Lenz und Schmidt[3]. Immerhin bin ich nicht durch Deutsche von den Nazis befreit worden, sondern durch Amerikaner und Engländer und in diesem Sinne bleibe ich ganz und gar 1945er.

Die beiden entscheidenden Tage im Parlament hinterliessen einen wahrhaft niederschmetternden Eindruck, da nach der ersten halben Stunde – nach Herrn Matthöfers[4] kurzem Auftritt – klar war: die Gesetze sind durch. Die wirklich beunruhigende Hast, mit der nun nach der dritten Lesung geschrieen wird, wird auch harmlosere politische Gemüter nachdenklich machen.

Ich würde mich freuen, wenn wir einmal ein ruhiges Gespräch führen könnten: die parteiinternen Witzeleien und kleinen Zynismen sind zwar ganz amüsant, aber doch ihrer Natur nach »klerikal«.

Bitte grüssen Sie Ihre Frau und Ihre Söhne herzlich von mir

Ihr Heinrich Böll

---

3 Rainer Barzel (1924-2006), zu dieser Zeit Vorsitzender der CDU/CSU-Bundestagsfraktion, Bert Even (1925-2016) und Carl Otto Lenz (1930) CDU-Bundestagsabgeordnete. Vermutlich Otto Schmidt (1902-1984), CDU-MdB für Wuppertal.

4 Hans Matthöfer (1925-2009), SPD-Politiker, von 1961 bis 1987 MdB, von 1974-1982 Minister, zunächst für Forschung und Technologie, ab 1978 für Finanzen. 1968 war er Sprecher einer Gruppe von SPD-Abgeordneten, die die Notstandsgesetze ablehnten.

4
WILLY BRANDT an HEINRICH BÖLL
Bundesminister des Auswärtigen, Bonn, 31.5.1968

Lieber Herr Böll,

haben Sie Dank für Ihre Zellen vom 23. Mai. Wenn Sie meine gestrige Rede im Bundestag gehört oder gelesen haben, werden Sie mir glauben, daß mir die Problematik dieser Gesetze für die Bundesrepublik nicht fremd ist. Aber ich halte das, was jetzt kommt, für wesentlich besser als das, was bisher war – auch als das, was seinerzeit geplant war.

Den Text der Rede vom 30. Mai 1968 füge ich bei; auf Seite 580 finden Sie Ihre Worte wieder:[5]

Wir sollten es nicht zu lange bei dem bloßen Wunsch nach einem ruhigen Gespräch belassen.

Meine Frau und meine Söhne erwidern Ihre Grüße herzlich.

Mit den besten Grüßen Ihr Willy Brandt

---

5 Brandt hatte aus dem Brief Bölls zitiert, dass er nicht durch Deutsche von den Nazis befreit worden sei, sondern durch die Alliierten.

5
HEINRICH BÖLL an WILLY BRANDT
Köln-Müngersdorf, Belvederestraße 35, 20.6.1968

Lieber Herr Brandt,

herzlichen Dank für Ihren Brief und die Zusendung Ihrer Rede. Ihre Garantie ist das einzige, was mich nach der Verabschiedung der Notstandsgesetze noch tröstet. Doch das meiste – etwa die miese Abhörerei, deren Opfer ich seit Jahren bin und wohl auch bleiben werde – geht ja ganz still vor sich. Ich wage schon lange nicht mehr, private Dinge telefonisch zu erledigen, kaum noch schriftlich. Aber ich will Ihnen nicht die Ohren vollhängen, Ihnen eigentlich nur sagen, dass ich Ihnen vertraue und die Art bewundere, wie Sie endlich, endlich nach zwanzig Jahren Bewegung in die Aussenpolitik bringen.

Ich muss noch einmal für 3-4 Wochen in Kur, um mich ganz auszuheilen. Danach bin ich jederzeit zu einem ruhigen Gespräch bereit, und da ich mehr Zeit habe als Sie, kann ich mich ganz nach Ihnen richten.

Mit den besten Grüssen, auch an Ihre Familie

Ihr Heinrich Böll

6
OFFENER BRIEF AN EINE DEUTSCHE FRAU
Heinrich Böll in *Die Zeit* vom 25.7.1969

Hin und wieder, Verehrte, gebe ich mich mit Inbrunst einer Lektüre hin, die Ihnen grausig erscheinen mag: Ich lese Statistiken. Nicht, weil ich sie für unfehlbare Mitteilungen halte, eher, weil sie eine Art höheren, sich sehr abstrakt gebenden Klatschs darstellen; hinter spröden Zahlenkolonnen und in schwierig zu entziffernden Tabellen verrät die Statistik mir Dinge, die eigentlich vertraulich sind und durch jene verfluchte, wenn auch oberflächliche Wahrscheinlichkeit so indiskret sind wie Klatsch.

Wenn ich zum Beispiel läse, daß der Mann Ihrer Träume in drei von zehn Fällen – statistisch, nicht persönlich; ich muß Sie für eine kurze Weile zur Abstraktion auffordern! – etwa Kurt Georg Kiesinger wäre, so mache ich mir, wenn ich zehn Frauen beisammen oder hintereinander sehe – etwa, wenn sie an meinem Fenster vorbei zum Einkaufen oder zur Bushaltestelle gehen – natürlich Gedanken, für welche drei von den zehn K. G. K. tatsächlich der Traummann sein könnte, und damit bin ich auf dem Umweg über etwas so Trockenes wie Statistik unerschrocken in die Intimsphäre mir unbekannter weiblicher Wesen eingedrungen.

Meiner Leidenschaft für Statistiken verdanke ich die Kenntnis einer überraschenden, für Sie schmeichelhaften Tatsache: daß weitaus weniger Frauen die Nazis gewählt haben (vor 1933 jedenfalls) als Männer. Der Unterschied betrug je nach den lokalen Voraussetzungen bis zu sechs Prozent. Diese Art Klatsch lese ich gern. Dann aber lese ich etwas, das zwar nicht gerade diskriminierend ist, aber doch sehr sehr ärgerlich: daß die Frauen es sind – und ausgerechnet katholische! –, die das wahre Korsett der CDU/CSU bilden. Ich finde, das sollte nicht so bleiben. Da müssen irgendwelche Mißverständnisse vorliegen, wo doch die Statistiken über die Vornazizeit so sehr für Ihre Vernunft sprechen.

Neugierig versuche ich auch aus den Statistiken herauszulesen, welche Bevölkerungsgruppen mit welcher Schulbildung welchen Geschlechts welche Zeitungen und Zeitschriften leoon. Auch suche ich da meinen eigenen Verbraucherort, und wenn ich dann feststelle, daß ich nach statistischem Diktat ZEIT- oder Spiegel-Leser zu sein habe, dann enthalte ich mich für einige Zeit dieser geheiligten Publikationsinstrumente und lese alle erreichbaren Wochenendblättchen, die statistisch fast nur von »Hausfrauen mit Volksschulbildung« gelesen werden. Damit wir uns nicht mißverstehen: ich meine nicht die Illustrierten (die lese ich genau wie Sie nur beim Friseur oder im Wartezimmer des Arztes), ich meine die Wochenendzeitungen. Von vorn bis hinten, einschließlich der Anzeigen lese ich diese Blättchen, nicht nur, weil ich trotzig aus meiner statistischen Kategorie ausbüchsen will, nein, auch weil ich neugierig bin und eine Neigung zum Klatsch habe. So erfahre ich dann auch unter anderem, was Intellektuellen in den geheiligten Publikationsinstrumenten, die ihnen statistisch zudiktiert werden, schnöderweise vorenthalten wird: daß zwar Lou van Burg sich amouröse Eskapaden leistet, aber auch Vico Torriani deren verdächtigt wird. Daß ich über das Innen- und Außenleben von Königinnen und Filmstars genau Bescheid weiß, versteht sich von selbst. Vielleicht steige ich eines Tages ganz auf die »unseriösen« Zeitungen um, bei denen durchschaue ich wenigstens, wie es gemacht wird; bei den »seriösen« Zeitungen falle ich immer wieder auf das hartnäckig aufrechterhaltene Dogma von der eigenen Unfehlbarkeit herein, dem diese Zeitungen gewöhnlich weitaus unerbittlicher huldigen, als der Bischof von Rom es je gewagt hat.

Nun neige ich auch zu gelegentlicher Selbstanalyse, und je älter ich werde, desto mehr verstärkt sich der Verdacht, daß ich wahrscheinlich seit der Bekanntschaft meiner Mutter, in deren Küche ich einen großen Teil meiner Jugend verbracht habe und die in dieselbe Kategorie fiel, »irgendwo und irgendwie« (genauer läßt sich das leider nicht ausdrücken!) bis zu acht Prozent »Frau mit Volksschulbildung« gewesen und geblieben bin. Ich bin nicht homogen, bin ganz sicher nicht das, was man einen ganzen Mann nennt. Ich denke, ein ganzer Mann ist kein Mann mehr, wahrscheinlich auch kein Mensch mehr. Wie kann einer ganz sein – das klingt so krankhaft gesund, als habe einer noch nie gelitten und sei des Leidens unfähig. Unter einem ganzen Mann stelle ich mir so etwas wie einen Mörder vor, natürlich einen, der nie vor Gericht kommt, weil alles an ihm gesund ist: sein Gehorsam, sein Pflichtgefühl und – pardon! – auch jener komplizierte und unerforschte Kontinent, den die Literaten, seitdem es sie gibt – also schon ziemlich lange – zu erforschen versuchen und den man dennoch mit einem so dummen und platten Wort wie »Geschlechtsleben« benennt. Ein ganzer Mann flößt mir Furcht ein, und wenn eine Frau sagt: »Ich bin ganz Frau«, so werde ich mißtrauisch.

Nun muß ich Sie wieder mit Statistik belästigen. Ich habe da neulich gelesen, daß von hundert stetigen CDU/CSU-Wählern mehr als sechzig Prozent Frauen sind, und in einer anderen Tabelle, daß von hundert getreuen CDU/CSU-Wählern (statistisch nennt man diese Getreuen »konsistent«) mehr als sechzig katholisch.

Wenn ich mir diese beiden Tabellen augenfällig mache, entscheidet sich das politische Schicksal der Bundesrepublik Deutschland im September 1969 innerhalb der geographischen Dreiecke: Hof–Konstanz–Landshut, Saarbrücken–Koblenz–Kleve und Essen–Münster–Paderborn.

Natürlich haben Sie längst begriffen, daß ich Sie verführen will, der CDU/CSU untreu zu werden. Treue ist eine lobenswerte Eigenschaft, nur ist sie politischen Parteien gegenüber, die schon zwanzig Jahre lang regieren, verhängnisvoll. Es entsteht da etwas, das in Demokratien keineswegs üblich ist, etwas wie ein Anspruch. Möglicherweise denken Sie, ohne sich dessen bewußt zu sein, Bundesregierung und CDU/CSU, das wäre ein- und dasselbe. Ich muß Ihnen leider widersprechen.

Wir leben nicht in einer Dynastie. Wirklich nicht. Wenn der Anspruch auf Bonn erblich wäre, dann brauchten wir ja nicht mehr zu wählen, und die Wahl hat man uns ja noch gelassen.

Da Sie, der ich hier offen und öffentlich schreibe, in die statistische Kategorie »katholische Frau« gehören, will ich Ihnen gleich versichern, daß mir nichts daran liegt, Sie aus der religiösen Kategorie »katholische Frau« herauszubrechen. Ich will lediglich versuchen, Sie aus der Ihrer unwürdigen Position zu befreien, »Stimmvieh« für die CDU/CSU zu sein. Ich fürchte, daß Sie manchmal gegen Ihren Willen, aus bloßer Gewohnheit einfach das Kreuzchen an die falsche Stelle machen, und außerdem fürchte ich, daß dieser letzte »Ruck« dann erst im geheimen Kämmerlein der Wahlkabine vollzogen wird, und ich fürchte weiterhin, Sie richten unschuldigerweise dieses Unheil an, weil diese Parteien da ein »christlich« vor dem Rest ihres Namens stehen haben.

Nun weiß ich nicht nur aus den Klatschkolumnen der Statistik, auch aus Erfahrung, daß Frauen im allgemeinen der Radikalität abhold sind, aber sehen Sie denn nicht, wie radikal ein Mann wie der Dr. Strauß sich gebärden kann? Radikalität wird erst dann gefährlich, wenn sie mit Macht verbunden ist; verglichen mit der Radikalität des Dr. Strauß sind einige tausend radikale Studenten harmlos, weil sie zwar gesellschaftlich eine gewisse Macht haben und sie auch ausüben, aber politisch nicht.

Nun mag Ihnen das Wort Politik so grauslich vorkommen wie die Statistik, aber Sie, Sie machen ja Politik mit Ihrem Kreuzchen, das da im stillen Kämmerlein der Wahlkabine an die falsche Stelle gemacht wird. Wenn nur zehn von hundert Frauen aus der Kategorie »katholische Frauen« sich entschlössen, im Herbst das Kreuzchen anderswohin zu machen, dann verursachten Sie, Verehrte, was alle Männer nicht fertigbringen: eine politische Sensation.

Mein Gott, was riskieren Sie denn schon? Selbst wenn Sie Ihre Stimme der Demokratischen Aktion gäben, wäre kein Risiko dabei! Meine Vertrautheit mit Frauenseelen umfaßt hauptsächlich die rheinische und die östliche Frauenseele, mit den feinen Verästelungen der bayrisch-katholischen Frauenseele bin ich leider nicht so vertraut. Ob es tatsächlich zutrifft, daß einer bei der bayrischkatholischen Frauenseele schon halb gewonnen hat, wenn er nur »a rechts Mannsbild« ist – und wenn er außerdem noch, wie sich spätestens bei der Beerdigung des Dr. Schaeffer herausstellte, katholisch ist; denn das scheint der Dr. Strauß zu sein, ich sah ihn jedenfalls, wie er ziemlich gekonnt in seinem Gebetbuch blätterte.

Nun, meine Verehrte, müssen wir vorsichtig operieren, wir betreten trügerisches Gelände; nicht etwa, daß ich meine, der so offen gezeigte Katholizismus des Dr. Strauß sei trügerisch! Keineswegs! Im Gegenteil. Ich maße mir nicht an, festzustellen, ob einer in die religiöse Kategorie »katholisch« gehört, ich zähle mich nicht zu der auserlesenen Schar der Engel des Jüngsten Gerichts, aber gerade deswegen, weil ich's nicht feststellen kann, sagt es mir gar nichts, nicht das geringste, wenn da einer ziemlich gekonnt – womit ich meine: man sieht, daß es bei ihm sitzt – in seinem Gebetbuch blättert. Noch schlimmer: Selbst wenn ich das Instrumentarium hätte, bei jemanden, den ich nur aus zweiter Hand kenne, das heißt da kennen lerne, wo er sich öffentlich gibt, festzustellen, ob er religiös sei oder nicht – es würde mich über seine Politik nicht beruhigen. Es hat ja ziemlich schlimme, ziemlich fromme Katholiken gegeben, die in der Kirchen- und in der Weltpolitik Schlimmes angerichtet haben.

Politisch und moralisch gesehen bedeutet es gar nichts, wenn einer »katholisch« ist oder nicht, denn – ich bin auch auf »katholischem Humus« erzogen und weiß, wovon ich rede – das unerforschliche weite und breite Herz unsrer gemeinsamen

Mutter schlägt ja gerade für die Sünder, für die Korrupten, die Ehebrecher, für Mörder und für Schmuggler, für Zöllner und Maria Magdalena, und es mag für manchen persönlich ein Segen sein, wenn er im Beichtstuhl Barmherzigkeit erfährt, politisch ist es meistens verhängnisvoll, wenn ihm so rasch verziehen werden kann.

Als »deutsche Frau« waren Sie möglicherweise noch eines jener fast mythischen Wesen, von denen suggestiv behauptet wurde, sie rauchten nicht, und wahrscheinlich haben Sie die Vorstellung, im Krieg herrsche eine, wenn auch mörderische Ordnung. Irrtum. Es ist eine mörderische Unordnung, und wenn's hart auf hart geht, jenes unsinnige Männererlebnis fällig wird, das man »Front« zu nennen beliebt, ich sage Ihnen, dann weiß keiner mehr so recht, wo er hingehört und was los ist, das Ganze stellt sich nach der »Schlacht« als eine Kette zahlloser Zufälligkeiten heraus, und wenn ein heilloses Durcheinander vorbei ist, wirkt ein nicht ganz so heilloses Durcheinander schon wie »Ordnung«. Schon der Ausdruck »Front« – das klingt so gerade, so linear wie in Häuserfront. Früher, als Junge, habe ich in den Schulbüchern gern die Schlachtenpläne studiert, sie sahen so ordentlich und übersichtlich aus. Inzwischen weiß ich, es sind nachträgliche Versuche, etwas ordentlich darzustellen, was aus lauter Unordnung besteht. Und erst die Vorstellung, so ein »Feldherr« wäre etwas wie ein guter Schachspieler. Ich bitte Sie: wie soll er Züge und Gegenzüge machen, wenn er gar nicht genau feststellen kann, welche Züge und Gegenzüge die anderen inzwischen gemacht, und wenn er gar nicht weiß, ob die »Züge«, die er angeordnet hat, auch durchgeführt worden sind. Und es nutzt einem nichts, ob man ein »rechtes Mannsbild« ist oder nicht: Er schreit und blutet und stirbt wie jeder andere, und ich hoffe, eines Tages werden wir erfahren, wieviele von den vielen Millionen da wirklich im letzten Augenblick an irgendein »Vaterland« gedacht haben: Sie rauchten ihre letzte, allerletzte Zigarette und dachten wohl an ein Mädchen. Stellen Sie sich vor, wir bekämen eines Tages eine Statistik dieser letzten Gedanken vorgelegt. Wenn ich überhaupt eine Feststellung über das Verhalten von Männern im Krieg gemacht habe, dann die: die »sensiblen, schwächlichen, avitalen« verhielten sich gefaßter, ruhiger und – wenn Sie so wollen – männlicher als die »Mannsbilder«.

Und was das Blättern in Gebetbüchern betrifft, das tut manch einer, der weder für die CSU kandidiert noch sie wählt. Wirklich. Ich versichere es Ihnen an Eides statt.

Was der katholischen bayrischen Frauenseele an Dr. Strauß sonst noch gefallen mag, kann ich als verruchter Rheinländer schwer beurteilen. Wahrscheinlich, daß er ein »echter Bayer« ist – aber davon gibt es doch ein paar Millionen. Es bleiben da noch einige Strauß-Eigenschaften, die ich, genau wie Sie, nur aus zweiter Hand, aus dem Öffentlichkeitsbild kenne. Ich nenne sie, bevor ich sie einzeln vornehme. Vollblutpolitiker! Vital! Intelligent!

Nun schlagen Sie einmal im Lexikon unter »Vollblut« nach, und erröten Sie mir nicht: Dieses Wort wird auf Menschen kaum angewendet, Hengste, Stuten, Bullen, Hunde können vollblütig sein, und dieses peinliche Wort betrifft meistens die Rasse. Nun könnte man ja statt »vollblütig« reinrassig sagen, und dann klänge das schon ganz anders: reinrassiger Politiker. Dann wären also die Politiker eine »Rasse für sich«, und diese Rasse verträte der Dr. Strauß in reiner Form. Da ich nicht die Absicht habe, ihn zu beleidigen, versage ich mir weitere Folgerungen, denn wenn Sie's genau betrachten, ist schon die Bezeichnung »Vollblutpolitiker« eine Beleidigung, die ich nicht ausgesprochen habe!

Die zweite Eigenschaft, vital, liegt nahe an der ersten, in schlichtes Deutsch übersetzt bedeutet sie so etwas wie »lehensvoll«, und ich will keineswegs abstreiten, daß diese Bezeichnung auf Dr. Strauß zutreffen mag. Nur: Was bedeutet es, wenn einer lebensvoll ist? Nichts. Der Kater, den wir einmal hatten – ziemlich lange, bis ihn ein unheilbares Leiden dahinraffte – war zum Beispiel vital: ein schönes Tier, rücksichtslos, brutal, listig und schön. Ausgesprochen vital. Da ich im Laufe meines inzwischen schon ziemlich langen Lebens auch einige Zeit Umgang mit Kriminellen hatte (im Zusammenhang übrigens mit Soldatentum), weiß ich auch, wie vital, wie menschlich Kriminelle sein können – und daß einer, wenn er es sich zum Lebensziel gesetzt hat, ein Gangster zu werden, ohne Vitalität einfach keine Chance hat, das dürfte Ihnen bekannt sein. Kurz gesagt: ob einer vital sei, das besagt nichts, nicht das geringste über seine möglichen anderen Qualitäten.

Nun kommen wir zur dritten Eigenschaft, der Intelligenz. Ich kann sie weder bestreiten noch beweisen, daran liegt mir auch nichts, weil diese Eigenschaft so nichtssagend ist wie alle anderen. Es mag schon sein, daß es die Intelligenz war, die dem Dr. Strauß die Idee eingab, dem Spiegel nicht nur eins aus-, sondern ihn als Zentrum des »Landesverrats« wegzuwischen, aber klug, Verehrte, war das nicht; klug war auch nicht die Einführung des Starfighters, und ob's klug von Herrn Dr. Strauß war, Herrn Dr. Kiesinger vorzuschieben, das wird sich erst später herausstellen. Klug ist, was ich nur annehmen, nie beweisen kann: daß sich Dr. Strauß und Rudolf Augstein geeinigt zu haben scheinen – das wäre die verhängnisvollste Allianz in der Bundesrepublik seit 1945, und diese Allianz würde beängstigend nach einem eventuellen Wahlsieg des Dr. Strauß.

Nun überlegen Sie einmal, ob die Bezeichnungen »Mannsbild«, »Vollblutpolitiker«, »vital« und »intelligent« auch nur das geringste mit jener Kategorie zu tun haben, in die Sie statistisch gehören: katholisch. Nichts. Es werden Ihnen da Klischees hingehalten, die Sie übernehmen, ohne Sie zu überprüfen, nur wegen der Gebetbuchblätterei. Ich fürchte sogar, daß dieses Vitalitäts-Vollblutpolitiker-Intelligenz-Klischee von Strauß-Feinden wie -Freunden gleichermaßen gehegt und gepflegt wird, weil sie ohne es zu wissen einem älteren Klischee unterliegen, demzufolge die Mischung von Intelligenz und Vitalität für ein Wunder gehalten werden muß. Ich halte den Dr. Strauß nicht für ein Wunder, und ich halte ihn keineswegs für unersetzlich. Außerdem finde ich, Dr. Strauß bringt Bayern außerhalb Bayerns nur wenig Sympathie ein, und da nun die Sympathie für Bayern innerhalb Bayerns eine ausschließlich bayrische Angelegenheit ist, sehe ich nicht ein, warum Sie Dr. Strauß wählen wollen. Ich würde ihn nicht einmal wählen, wenn ich Bayer und CSU-wählerverdächtig wäre, denn dann läge mir daran, daß das liebliche Bayern außerhalb Bayerns mehr Sympathie genösse, als es durch Strauß gewinnen kann. Kann denn der fein verästelten bayrischen Frauenseele daran gelegen sein, daß Bayern als aufdringlich erscheint und mehr und mehr an Sympathie verliert?

Nun gibt es ja noch den Dr. Richard Jaeger[6]. Was ihn betrifft, so erkläre ich mich für unfähig, einer bayrisch-katholischen Frauenseele zu widersprechen, die ihn wählt, weil sie ihn mag. Frauen, die ihn mögen, wage ich weder zu widersprechen, noch werde ich versuchen, sie umzustimmen. Bitte wählen Sie ihn also. Ich ziehe mich erschrocken dorthin zurück, wo ich herkomme und hingehöre: ins verruchte Rheinland. Der Herr Dr. Richard Jaeger macht mir Angst, nicht nur politisch, auch – verzeihen Sie den harten Ausdruck – metaphysisch. Nun müssen wir wieder trügerisches Gelände betreten. Katholisch ist der Dr. Jaeger ja auch, und, verflucht noch mal, manche

---

6   Richard Jaeger (1913-1998), von 1949 bis 1980 CSU-MdB. Weil sich der ehemalige Angehörige der SA mehrfach für die Wiedereinführung der Todesstrafe einsetzte, auch »Kopf-ab-Jaeger« genannt.

behaupten das auch von mir. Religiöse Fragen beantworte ich grundsätzlich nur drei Instanzen: dem Finanzamt, den Engeln des Jüngsten Gerichts und hin und wieder ganz nahen Freunden. Und da Sie zu keiner dieser drei Instanzen zählen, kann ich Ihnen diese Frage nicht beantworten. Wenn Sie mir die Frage nicht religiös, sondern gesellschaftlich stellen, so antworte ich Ihnen allen Ernstes: Sollten Herr Dr. Jaeger und ich tatsächlich der gleichen Kirche angehören, so wird die Frage, ob einer katholisch sei oder nicht, in ihrer totalen Belanglosigkeit ganz und gar offensichtlich, denn wenn auch nur einer mir diese Eigenschaft zu- und Herrn Dr. Jaeger nicht abspricht, dann bedeutet katholisch wirklich allumfassend, und selbst nach dem 17. Vatikanischen Konzil, das möglicherweise auf dem Mond stattfinden wird, wird niemand mehr in der Lage sein, auch nur annähernd zu definieren, was das nun eigentlich ist: katholisch. Da, Verehrte, wird das Problem heikel und nirgends sonst, und wenn ich mir vorstelle, wieviele kluge und einsichtige, wie viele vernünftige katholische Frauen in Bayern, Westfalen, im Rheinland und in Schwaben im letzten Augenblick da ihr Wahlkreuzchen an die falsche Stelle machen, weil der eine oder andere Kandidat katholisch ist oder weil die eine oder die andere Partei sich christlich nennt – da wird mir bang. Wieviel Irreführung liegt da vor, wollen Sie nicht endlich aufräumen, aufhören, alle Hirten- und Oberhirtenstimmen, die in der Wahlkabine noch nachklingen, vergessen? Fällt Ihnen nicht auf, daß die Hirten und Oberhirten sich merklich zurückhalten? Bitte, schauen und hören Sie sich also den Dr. Richard Jaeger an, und wenn Sie ihn wählen, weil er katholisch ist, dann rate ich Ihnen, Ihr Küchenmesser in den Bundestag zu schicken.

Verzeihen Sie mir, daß ich für eine Weile ins ferne Bayern abgeschweift bin und einen kurzen Wink nach Westfalen und nach Schwaben hin getan habe. Sie haben längst bemerkt, daß ich hier Beispiele aus einer Partei vorführe, die Sie gar nicht wählen, aus der CSU. Sind Sie sich denn nicht klar darüber, daß Sie, wenn Sie CDU wählen, CSU mitwählen?

Es wird Ihnen wie ein Kunstgriff vorkommen und ist doch keiner: sogar, wenn Sie der CDU wohlwollen, dürfen Sie sie nicht wählen. Nach zwanzig Jahren Macht bedarf eine Partei der Reinigung, der politischen Abstinenz, sie fühlt sich zu wohl, zu sicher, und wie wohl und wie sicher sie sich fühlt, das konnten Sie an dem peinlichen Gegeifer erkennen, das ausbrach, nachdem Bundespräsident Dr. Gustav Heinemann sein erstes Interview gegeben hatte. Wenn das nicht radikal war, dann weiß ich nicht, vor welcher Radikalität Sie sich fürchten. Diese Wut, diese Gekränktheit – das grenzte ja schon an öffentliche Unzucht. Als wäre Deutschland zum Untergang verdammt, wenn einmal nicht der von der CDU verordnete Kandidat gewählt wird.

Sie können also gar nicht CDU oder CSU wählen, denn wenn Sie dieser Partei wohlwollen, muß ihnen daran liegen, daß sie sich in der Opposition reinigt, daß ihr die Macht entzogen wird wie einem Wassersüchtigen das Wasser, und wenn Sie dieser Partei nicht wohlwollen, erübrigt sich meine Bitte. Nun könnte es ja sein, daß Sie zu verflucht dialektischen Sprüngen fähig sind und die CDU/CSU wählen, weil Sie ihr nicht wohlwollen, sozusagen, um sie zu ruinieren; ich flehe Sie an, das nicht zu tun. Sie würden in diesem Falle zuviel anderes mit ruinieren. Stellen Sie sich eine gereinigte, von der Wassersucht geheilte, jeglicher Radikalität bare CDU vor! Vielleicht würde ich Ihnen dann in acht Jahren zwar nicht gerade raten, sie zu wählen, aber ich würde Sie nicht mehr so eindringlich auffordern, sie nicht zu wählen.

Spätestens hier, Verehrte, werden Sie sich ungeduldig fragen, ob ich denn nichts anderes als Negatives zu bieten habe; ich rate Ihnen, was Sie nicht wählen sollen, erhebe meine schwache Stimme aber nicht, um Ihnen zu sagen, was Sie denn, verflucht noch mal, wählen sollen. Bitte: schauen Sie sich den Wahlschein an: Alles außer NPD und CDU steht Ihnen zur Verfügung! Ist das nicht ein positiver Rat? Haben Sie nicht bemerkt, daß alle meine bisherigen Ausführungen geradezu peinlich positive Mitteilungen enthalten über Liebe, Religion, Politik?

Über die NPD etwas sagen zu müssen, bringt mich in Verlegenheit. Ich bin ein Deutscher, ich spreche, ich schreibe deutsch, ich lese sogar deutsch, und gerade deshalb ist die NPD eine für mich undiskutable Partei. Könnte es möglich sein, daß Sie tatsächlich, und wenn auch nur aus Trotz, diese Partei erwägen? Nun, dann wählen Sie doch Dr. Jaeger. Bitte. Dann haben Sie gleich ein nationalkatholisches Küchenmesser.

7
WILLY BRANDT an HEINRICH BÖLL
Der Bundeskanzler (handschriftlich), 1.3.1971

Lieber Herr Böll,

mit den signierten Büchern[7] haben Sie meiner Frau und mir eine große Freude gemacht.

Ich hoffe, dass wir uns beide einmal wieder sehen werden und bin mit den besten Grüßen

Ihr Willy Brandt

---

7 Um welche Bücher es sich dabei handelte, lässt sich nicht eruieren.

8
HEINRICH BÖLL an WILLY BRANDT
Köln, Hülchrather Strasse 7, 23.4.1971

Lieber, verehrter Herr Brandt,

ich habe mich sehr gefreut über Ihren handschriftlichen Gruß und Dank. Leider kann ich selbst Ihnen nicht handschriftlich antworten, da meine Handgelenke nach vier Romanfassungen, Korrekturen etc. einigermaßen strapaziert sind und einer langen Erholung bedürfen. Sie sehen, dass, jedenfalls in meinem Alter, das Schreiben auch körperliche, manchmal böse Folgen hat. Ich freue mich, wenn ich Ihnen das neue Buch, das wohl im August oder September erscheinen wird, zuschicken kann. Nicht nur manchmal, oft habe ich den Wunsch, mich mit Ihnen persönlich zu unterhalten. Ich hoffe, dass wird nach meiner Rückkehr Ende Mai möglich sein. Ich fahre jetzt erst einmal für ein paar Wochen weg. Alle meine Wünsche und Hoffnungen für Sie und Herrn Steffen[8] gehen am Sonntag nach Kiel. Ich grüße Sie und Ihre Frau sehr herzlich, hoffe, Sie bleiben bei guter Gesundheit und wenn ich auch verstehe, daß das miese Gerede eines Herrn Wörner[9] Sie verletzt, so bitte ich Sie doch, gleichzeitig nie zu vergessen, für wieviele Menschen in diesem Land Sie die einzige Hoffnung sind.

Sehr herzlich Ihr Heinrich Böll

8 Jochen Steffen (1922-1987), SPD-Politiker aus Kiel, bekannt als der »rote Steffen« , war dort im Landtagswahlkampf 1971 Spitzenkandidat der Sozialdemokratie.

9 Manfred Wörner (1934-1994), CDU-Politiker, 1971 stellvertretender Vorsitzender der CDU/CSU-Bundestagsfraktion.

9
WILLY BRANDT an HEINRICH BÖLL

Der Bundeskanzler (handschriftlich), 5.9.1971

Lieber Herr Böll,

als ich aus dem Urlaub zurückkam, lag Ihr neues Buch[10] bei mir auf dem Schreibtisch. Sie haben es mir schicken lassen, und dafür möchte ich mich zunächst bedanken.

Vor allem aber danke ich Ihnen für das Buch selbst. Wie das bei mir so ist, habe ich es nicht in einem Zug lesen können, sondern portionsweise in späten Abendstunden. Bilder, Charaktere und Zusammenhänge sind dadurch vielleicht noch besser haften geblieben.

Dies ist ein großes menschliches Dokument, in dem viel aus unserer jüngsten Vergangenheit eingefangen wurde. Außerdem habe ich eine Menge über das Rheinische hinzugelernt.

Ich hoffe, dass der Auflagenerfolg, der sich abzuzeichnen beginnt, auch etwas aussagen wird über aufgeschlossene Herzen.

Mit guten Wünschen und herzlichen Grüssen

Ihr Willy Brandt

---

10 Gemeint ist der Roman »Gruppenbild mit Dame«, im Herbst 1971 erschienen.

BUNDESREPUBLIK DEUTSCHLAND
DER BUNDESKANZLER

Bonn, den 5.9.1977

Lieber Herr Böll,

als ich aus dem Urlaub zurückkam, lag Ihr neues Buch bei mir auf dem Schreibtisch. Sie hatten es mir schicken lassen, und dafür möchte ich mich zunächst bedanken.

Vor allem aber danke ich Ihnen für das Buch selbst. Wie das bei mir so ist, habe ich es nicht in einem Zug lesen können, sondern portionsweise in späten Abendstunden. Bilder, Eindrücke und Zusammenhänge sind dadurch vielleicht noch besser haften geblieben.

Dies ist ein großes menschliches Dokument, in dem viel aus unserer jüngsten Vergangenheit eingefangen wurde. Außerdem habe ich eine Menge über das Rheinische hinzugelernt.

Ich hoffe, daß der Auflagenerfolg, der

sich abzuzeichnen beginnt, wird etwas
anregen wird über aufgeschlossenen Herzen.

Mit guten Wünschen und herzlichen Grüßen

Ihr

[signature]

10
SOVIEL LIEBE AUF EINMAL
Heinrich Böll im Spiegel vom 10. Januar 1972

Will Ulrike Meinhof Gnade oder freies Geleit?[11]

Wo die Polizeibehörden ermitteln, vermuten, kombinieren, ist *Bild* schon bedeutend weiter: *Bild* weiß. Dicke Überschrift auf der Titelseite der (Kölner) Ausgabe vom 23. 12. 71: »Baader-Meinhof-Gruppe mordet weiter«.[12]

Im wesentlich kleiner gedruckten Bericht über den Kaiserslauterer Bankraub liest man dann von vier maskierten Gangstern, unter denen »vermutlich« eine Frau war, im Verdacht, so liest man weiter, stehe »unter anderem« die Gruppe um Ulrike Meinhof. Indizien: Informationen der Polizei über den Aufenthalt der Gruppe, ein roter Alfa Romeo, beim Überfall benutzt, Tage vorher in Stuttgart gestohlen, schon einmal bei einer Fahndung nach der Gruppe beobachtet; weitere Indizien: die »brutale Art« des Überfalls und die »generalstabmäßige Planung«.

Nun sind Banküberfälle meistens brutal, auch wenn die Verdächtigten nicht der Gruppe um Ulrike Meinhof angehören.

11 Unter dem Titel »Will Ulrike Gnade oder freies Geleit?« veröffentlicht im *Spiegel* am 10. Januar 1972, Text entnommen: Heinrich Böll, Werke, Kölner Ausgabe, Kiepenheuer & Witsch, Köln, Band 18, S. 41-49.

12 Zur Geschichte der »Baader-Meinhof-Gruppe« und späteren RAF, deren Nachzeichnung den Ansatz dieses Buches überfordern würde, wird verwiesen auf: Stefan Aust, Der Baader Meinhof Komplex, Hofmann und Campe Verlag, Hamburg 1985. Butz Peters, Der tödliche Irrtum. Die Geschichte der RAF, Argon Verlag, Berlin 2004.

Und gerade durch generalstabsmäßige Planung eines Überfalls werden meistens Opfer vermieden.

Immerhin wird dann Herr Rauber, der Chef der Kaiserslauterer Kriminalpolizei, zitiert: »Wir haben zwar noch keine konkreten Anhaltspunkte, daß die Baader-Meinhof-Bande für den Überfall verantwortlich ist. Aber wir ermitteln selbstverständlich in dieser Richtung.« Das klingt schon anders; nüchtern, sachlich, angesichts der Indizien plausibel, legitim, wenn man es schon als legitim ansieht, daß Polizeibeamte für 1.373 Mark monatlich ihr Leben riskieren, unter anderem, um Banktresore zu schützen. Ein riskanter, schlechtbezahlter Beruf.

Im Manifest der Gruppe, nach dem Untertauchen erst hektographiert, inzwischen im Wagenbach Rotbuch 26 (Alex Schubert: Stadtguerilla) erschienen, ist über dieses Problem zu lesen:

»Am 14. Mai (1970 bei der Befreiung Baaders in Berlin), ebenso wie in Frankfurt, wo zwei von uns abgehauen sind, weil wir uns nicht einfach verhaften lassen wollten – haben die Bullen zuerst geschossen. Die Bullen haben jedesmal gezielte Schüsse abgegeben. Wir haben z. T. überhaupt nicht geschossen, und wenn, dann nicht gezielt: in Berlin, in Nürnberg, in Frankfurt. Das ist nachweisbar, weil es wahr ist.«

»Wir machen nicht ›rücksichtslos von der Schußwaffe Gebrauch‹. Der Bulle, der sich in dem Widerspruch zwischen sich als ›kleinem Mann‹, und als Kapitalistenknecht, als kleinem Gehaltsempfänger und Vollzugsbeamten des Monopolkapitals befindet, befindet sich nicht im Befehlsnotstand. Wir schießen, wenn auf uns geschossen wird. Den Bullen, der uns laufen läßt, lassen wir auch laufen.«

Hebt man die Kränkung, die in der Bezeichnung »Bulle« liegt, gegen das Wort »Bande« auf, zieht man von den zahlreichen vermuteten die bisher nachgewiesenen Taten ab und vergleicht man diese Passage mit dem wilden Schluß des Manifests *Den bewaffneten Kampf unterstützen! Sieg im Volkskrieg!*, so klingt das nicht ganz so wahnwitzig wild und schießlustig, wie die Gruppe bisher dargestellt worden ist. Ergänzt man die oben zitierte Passage durch eine andere, die sich mit der lebensgefährlichen Verletzung des Angestellten Georg Linke auseinandersetzt, so entsteht auch nicht gerade der Eindruck einer uneingeschränkten Ballerideologie: »Die Frage, ob die Gefangenenbefreiung auch dann gemacht worden wäre, wenn wir gewußt hätten, daß ein Linker dabei angeschossen wird – sie ist uns oft genug gestellt worden –, kann nur mit Nein beantwortet werden.«

Die Kriegserklärung, die im Manifest enthalten ist, richtet sich eindeutig gegen das System, nicht gegen seine ausführenden Organe. Es wäre gut, wenn Herr Kuhlmann, der Vorsitzende der Polizeigewerkschaft, dafür sorgte, daß seine Kollegen, die einen so gefährlichen und schlecht bezahlten Beruf ausüben, dieses Manifest einmal lesen.

Es ist eine Kriegserklärung von verzweifelten Theoretikern, von inzwischen Verfolgten und Denunzierten, die sich in die Enge begeben haben, in die Enge getrieben worden sind und deren Theorien weitaus gewalttätiger klingen, als ihre Praxis ist. Gewiß war die Befreiung Baaders eben doch nicht der so ganz überzeugende (weder für Beobachter noch für Mitwirkende überzeugende) Sprung von der Theorie in die Aktion. Das Manifest enthält unter anderem auch fast so etwas wie ein Geständnis: »Weder das bißchen Geld, das wir geklaut haben sollen, noch die paar Auto- und Dokumentendiebstähle, derentwegen gegen uns ermittelt wird, auch nicht der Mordversuch, den man uns anzuhängen versucht, rechtfertigen für sich den Tanz.« Es kann kein Zweifel bestehen. Ulrike Meinhof hat dieser Gesellschaft den Krieg erklärt, sie weiß, was sie tut und getan hat, aber wer könnte ihr sagen, was sie jetzt tun sollte? Soll sie sich wirklich stellen, mit der Aussicht, als die klassische rote Hexe in den Siedetopf der Demagogie zu geraten?

Bild, ganz und gar vorweihnachtlich gestimmt, weiß ja schon: »Baader-Meinhof-Gruppe mordet weiter«. *Bild* opfert die Hälfte seiner kostbaren ersten und die Hälfte seiner ebenso kostbaren letzten Seite dem Kaiserslauterer Bankraub.

Auf der letzten Seite von *Bild* (23. 12. 71) findet man nur noch wenig von polizeilichen Ermittlungen. Statt dessen zwei Sonderspalten: »Die Opfer der Baader-Meinhof-Bande«, »Die Beute der Baader-Meinhof-Bande«. Unter die Opfer zählt *Bild* nicht nur das nachgewiesene (und zugegebene) Opfer Georg Linke, es zählt auch alle die hinzu, bei denen noch nicht ganz geklärt ist, wer auf sie geschossen hat: Helmut Ruf und Norbert Schmid, und da *Bild* schon einmal beim Opfern ist, wird auch der Polizeiobermeister Herbert Schoner aus Kaiserslautern der Einfachheit halber hinzugezählt.

Der Rentner Helmut Langenkämper aus Kiel wird immerhin nur als einer bezeichnet, der sich »Bankräubern in den Weg stellte«. Welchen Bankräubern? Schwamm drüber, das nehmen wir nicht so genau, die Vorweihnachtsopferlitanei darf nicht zu kurz ausfallen. Und wohl deshalb auch zählt *Bild* Petra Schelm und Georg von Rauch (der hier zum Hauch wird) dazu. Das soll sicher ein Witz sein.

Ich hoffe, daß Herrn Springer und seinen Helfershelfern dieser Witz im Hals steckenbleibt mit den Gräten ihres Weihnachtskarpfens. Man kann die Nase schon voll kriegen, und ich habe sie voll. Wahrscheinlich wird *Bild* bald so weit sein, einen so armen Teufel wie Hermann Göring, der sich leider selbst umbringen mußte, unter die Opfer des Faschismus zu zählen.

In der zweiten Litaneispalte – »Beute der Baader-Meinhof-Bande« – wird schlicht auch der Schaden aufgezählt, den die Frankfurter Kaufhausbrandstiftung verursacht hat: 2,2 Millionen. Auch Baaders Befreiung und ein Schußwechsel am 24. 12. 70 in Nürnberg laufen unter »Beute«. Natürlich werden die erbeuteten Summen der Banküberfälle, bei denen die Polizei lediglich vermutet, *Bild* aber weiß, der Beute zugeschlagen. Logischerweise werden die 134 000 Mark aus Kaiserslautern mit-, aber nicht mehr aufgezählt, wo man doch Polizeiobermeister Schoner schon unter die Opfer gezählt hat. Da stimmt doch etwas nicht an der Rechenmaschine, die *Bild* bei solchen Additionen benutzt, denn es fehlen die 2,2 Millionen aus Frankfurt, Beutespalte bleibt Beutespalte, oder etwa nicht? Fragen dürfen wird man doch wohl.

Ich kann nicht annehmen, daß Polizeibehörden und zuständige Minister über Helfershelfer wie *Bild* glücklich sein können, oder sollten sie's doch sein? Ich kann nicht begreifen, daß irgendein Politiker einem solchen Blatt noch ein Interview gibt. Das ist nicht mehr kryptofaschistisch, nicht mehr faschistoid, das ist nackter Faschismus. Verhetzung, Lüge, Dreck.

Diese Form der Demagogie wäre nicht einmal gerechtfertigt, wenn sich die Vermutungen der Kaiserslauterer Polizei als zutreffend herausstellen sollten. In jeder Erscheinungsform von Rechtsstaat hat jeder Verdächtige ein Recht, daß, wenn man schon einen bloßen Verdacht publizieren darf, betont wird, daß er nur verdächtigt wird.

Die Überschrift »Baader-Meinhof-Gruppe mordet weiter« ist eine Aufforderung zur Lynchjustiz. Millionen, für die Bild die einzige Informationsquelle ist, werden auf diese Weise mit verfälschten Informationen versorgt. Man hat ja wohl genug von den Verdächtigten oder nur verdächtig Aussehenden des Herrn XY Zimmermann gehört.

Die Bezeichnung Rechtsstaat wird fragwürdig, wenn man die gesamte Öffentlichkeit mit ihren zumindest unkontrollierbaren Instinkten in die Exekutive einbezieht; wenn man die Qualität des Rechts der Quantität von Erfolg und Popularität opfert. Die nach Indizien zurechtdramatisierten Spielfilmrekonstruktionen, die Herr Zimmermann als Illustrationen zeigt, sind doch nichts weiter als miese Grusicals für den Spießer, der in Pantoffeln dasitzt, Bier trinkt und glaubt, er würde zum Augenzeugen, wo er doch nur einer undurchsichtigen Mischung von fact und fiction zuschaut, gelegentlich solchen, in denen Leichenteile die Hauptrolle spielen. Wie wär's, wenn Herr XY Zimmermann einen der immer noch gesuchten Naziverbrecher in der heiligen Krimistunde suchen ließe? Nur als Probe, um zu testen, wie's deutsche Krimigemüt darauf reagieren würde?

Die Bundesrepublik Deutschland hat 60.000.000 Einwohner. Die Gruppe um Meinhof mag zur Zeit ihrer größten Ausdehnung 30 Mitglieder gehabt haben. Das war ein Verhältnis von 1 : 2.000.000. Nimmt man an, daß die Gruppe inzwischen auf 6 Mitglieder geschrumpft ist, wird das Verhältnis noch gespenstischer 1 : 10.000.000.

Das ist tatsächlich eine äußerst bedrohliche Situation für die Bundesrepublik Deutschland. Es ist Zeit, den nationalen Notstand auszurufen. Den Notstand des öffentlichen Bewußtseins, der durch Publikationen wie *Bild* permanent gesteigert wird.

Was richtet eine Überschrift wie die zitierte an? Wer zieht *Bild* zur Rechenschaft, wenn die Vermutungen der Polizei sich als unzutreffend herausstellen? Wird *Bild* dementieren, sich korrigieren, oder wird Herr Springer sich an der Bildspalte auf Seite 5 trösten, die die Überschrift trägt:»Soviel Liebe auf einmal«. Dort werden die weihnachtlichen Spenden publiziert. Gott segne das ehrbare Handwerk. Ich hoffe, die Gräten im

Weihnachtskarpfen waren nicht zu weich und haben sich tatsächlich quergelegt.

Ich wiederhole: Kein Zweifel – Ulrike Meinhof lebt im Kriegszustand mit dieser Gesellschaft. Jedermann konnte ihre Leitartikel lesen, jedermann kann inzwischen im Rotbuch 26 des Wagenbach Verlages das Manifest lesen, das nach dem Untertauchen der Gruppe geschrieben ist. Es ist inzwischen ein Krieg von 6 gegen 60.000.000. Ein sinnloser Krieg, nicht nur nach meiner Meinung, nicht nur generell, auch im Sinne des publizierten Konzeptes.

Ich halte es für psychologisch aussichtslos, Kleinbürgern, Arbeitern, Angestellten, Beamten (auch Polizeibeamten), die vom Erlebnis zweier totaler Inflationen geschreckt sind, ihren relativen Wohlstand ausreden zu wollen, wenn man ihnen nicht erst einmal ausführlich und nationalökonomisch exakt darlegt, wie fürchterlich »gleich« die Chancen bei der Währungsreform waren. Und hat je einer die jüngeren Polizeibeamten darüber informiert, auf dem Hintergrund welcher Polizeigeschichte die ihren tatsächlich schweren Beruf ausüben? Es gab einmal kurzfristig einen Bundesminister in einem CDU-Kabinett, der sofort, fast über Nacht aus dem Verkehr gezogen wurde und dann auch zurücktrat, als sich herausstellte, daß er einmal Richter in Schneidemühl gewesen war.

Für einen so abscheulichen Satrapen wie Baldur von Schirach[13], der einige Millionen junger Deutscher in die verschiedensten Todesarten trieb und zu den verschiedensten Mordarten ermutigte, sogar für ihn gab es Gnade. Ulrike Meinhof muß damit rechnen, sich einer totalen Gnadenlosigkeit ausgeliefert zu sehen. Baldur von Schirach hat nicht so lange gesessen, wie

---

13 Baldur von Schirach (1907-1974), Reichsjugendführer der NSDAP.

Ulrike Meinhof sitzon müßte. Haben die Polizeibeamten, Juristen, Publizisten je bedacht, daß alle Mitglieder der Gruppe um Ulrike Meinhof, alle, praktische Sozialarbeit getan haben und Einblick in die Verhältnisse genommen, die möglicherweise zu dieser Kriegserklärung geführt haben? Schließlich gibt es das Rotbuch 24 des Wagenbach Verlags, Titel: Bambule, Verfasserin: Ulrike Marie Meinhof. Lesenswert, aufschlußreich – als Film immer noch nicht gesendet.

Wieviel junge Polizeibeamte und Juristen wissen noch, welche Kriegsverbrecher, rechtmäßig verurteilt, auf Anraten Konrad Adenauers heimlich aus den Gefängnissen entlassen worden und nie wieder zurückbeordert worden sind? Auch das gehört zu unserer Rechtsgeschichte und läßt Ausdrücke wie Klassenjustiz so gerechtfertigt erscheinen wie eine Theorie des Strafvollzugs der politischen Opportunität.

Ulrike Meinhof und der Rest ihrer Gruppe haben keinerlei Chance, irgend jemand politisch opportun zu erscheinen. Äußerste Linke, äußerste Rechte, linke und rechte Mitte, Konservative und Progressive aller Schattierungen, sie alle kennen keine Parteien mehr, sie sind dann nur noch Deutsche und sich einig, einig, wenn sie endlich in ihre deutsche Schwatzgenüßlichkeit zurückfallen, sich ungestört ihrem Fraktionschinesisch ergeben können, wenn geschehen sollte, was nicht geschehen darf; wenn man eines Tages lesen würde, daß auch Ulrike Meinhof, später Grashof, dann Baader und Gudrun Ensslin als »erledigt« zu betrachten sind. Erledigt wie Petra Schelm, Georg von Rauch und der Polizeibeamte Norbert Schmid. Erledigt, vom Tisch, wie man so hübsch sagt, und aus dem deutschen Gemüt, mag's sich noch so links dünken.

Man wird das uralte Gesabbere hören. Es mußte ja so kommen. Schade, aber ich hab's ja immer gesagt. Diese ganze verfluchte nachträgliche Rechthaberei, wie sie Eltern mißratenen Kindern hinterherbeten. Und dann kann man weiter seine verschiedenen Gebetsmühlen drehen. Man hat ja recht gehabt, man hat's ja immer gewußt, und es mußte ja so kommen. Paulinchen war allein zu Haus.

Muß es so kommen? Will Ulrike Meinhof, daß es so kommt? Will sie Gnade oder wenigstens freies Geleit? Selbst wenn sie keines von beiden will, einer muß es ihr anbieten. Dieser Prozeß muß stattfinden, er muß der lebenden Ulrike Meinhof gemacht werden, in Gegenwart der Weltöffentlichkeit. Sonst ist nicht nur sie und der Rest ihrer Gruppe verloren, es wird auch weiter stinken in der deutschen Publizistik, es wird weiter stinken in der deutschen Rechtsgeschichte.

Haben alle, die einmal verfolgt waren, von denen einige im Parlament sitzen, der eine oder andere in der Regierung, haben sie alle vergessen, was es bedeutet, verfolgt und gehetzt zu sein? Wer von ihnen weiß schon, was es bedeutet, in einem Rechtsstaat gehetzt zu werden von *Bild*, das eine weitaus höhere Auflage hat, als der *Stürmer* sie gehabt hat?

Waren nicht auch sie, die ehemals Verfolgten, einmal erklärte Gegner eines Systems, und haben sie vergessen, was sich hinter dem reizenden Terminus »auf der Flucht erschossen« verbarg? Wollen sie in dieser überreizten Situation, in dieser gegenseitigen Verhetzung, die Entscheidung ganz allein den Polizeibeamten überlassen, die verstört und überarbeitet sind und – hier mag's angebracht sein – auf eine psychologisch gefährliche Weise frustriert?

Weiß keiner mehr, was es bedeutet, einer gnadenlosen Gesellschaft gegenüberzustehen? Wollen die ehemals Verfolgten die verschiedenen Qualitäten des Verfolgtseins gegeneinander ausspielen und ernsthaft die Termini »kriminell« und »politisch« in absoluter Reinheit voneinander scheiden, einer Gruppe gegenüber, die ihre Erfahrungen unter Asozialen und Kriminellen gesammelt hat, und auf dem Hintergrund einer Rechtsgeschichte, wo das Stehlen einer Mohrrübe schon als kriminell galt, wenn ein Pole, Russe oder Jude sie stahl? Das wäre weit unter einem Denkniveau, wie es unter verantwortlichen Politikern üblich sein sollte.

Ulrike Meinhof will möglicherweise keine Gnade, wahrscheinlich erwartet sie von dieser Gesellschaft kein Recht. Trotzdem sollte man ihr freies Geleit bieten, einen öffentlichen Prozeß, und man sollte auch Herrn Springer öffentlich den Prozeß machen, wegen Volksverhetzung.

Die inzwischen längst nicht mehr so jungen Herren Pragmatiker, die allerorts in wichtigen beratenden Funktionen sitzen, manche von ihnen mitten in der politischen Verantwortung; sie, die gelegentlich Plattheit und Pragmatismus aufs gröblichste miteinander verwechseln; die so mühelos und schmerzlos vom Faschismus in die freiheitlich demokratische Grundordnung übergewechselt haben oder worden sind; sie waren bis 1945 zu gläubig oder zu dumm, um nachdenklich zu werden, im Jahre 1945 waren sie zu jung, um für schuldig gehalten zu werden. Sie waren »desillusioniert«, ein bißchen reumütig, sehr rasch bekehrt, und ihre Schmerzen waren nicht viel mehr als ein bißchen Hitlerjugendwehwehchen.

Diese gelegentlich etwas glattzüngigen Mechaniker, die alles so gut und das meiste besser wissen und nun, im Vollgefühl ihrer Etabliertheit, hin und wieder mit gelinder Wehmut sich nach Ideologie sehnen (wie nach einem Parfüm, das fehlt in ihrer absoluten Geruchlosigkeit), ist es ihnen nicht ein bißchen zu leicht geworden und gemacht worden, haben sie nicht ein bißchen zu wenig Ideologie, Weltanschauung, Metaphysik in Erinnerung, als daß sie begreifen könnten, was sie nie erfahren haben: was es bedeutet: verfolgt und gehetzt zu sein, ständig auf der Flucht? Als Politischer, als Krimineller, und als »Krimineller«?

Wollen sie, daß ihre freiheitlich demokratische Grundordnung gnadenloser ist als irgendein historischer Feudalismus, in dem es wenigstens Freistätten gab, auch für Mörder, und erst recht für Räuber? Soll ihre freiheitlich demokratische Grundordnung sich als so unfehlbar darstellen, daß keiner sie in Frage stellen darf? Unfehlbarer, als alle Päpste zusammen je waren? Ich weiß, das sind viele Fragen, aber fragen dürfen wird man ja noch.

Die Bundesrepublik hat mehr als 60.000.000 Einwohner, die Gruppe um Ulrike Meinhof wahrscheinlich inzwischen sechs Mitglieder. Die Auflage von *Bild* liegt wohl um die 4.000.000, die Zahl der Leser wahrscheinlich um die 10.000.000. Die Weihnachtsbotschaft von Herrn Springer lautete: »Baader-Meinhof-Gruppe mordet weiter«. Mordet. Weiter. Fröhliche Weihnachten gehabt zu haben und ein glückseliges Neues Jahr. Harte Gräten, zähe Karpfen. So viel Liebe auf einmal, wie Herr Springer sie uns bietet, ist schwer zu ertragen, besonders in einem Rechtsstaat.

11
SCHWARZER MITTWOCH BEIM ZDF[14]
Heinrich Böll an das ZDF am 30. Januar 1972

Wenn Fernsehkommentare abgedruckt werden, fehlen ein paar wichtige Dimensionen: es fehlt die Physiognomie des

---

14 Dieser Brief Bölls ist erst nach seinem Tod veröffentlicht worden. Böll reagierte damit auf einen Kommentar des ZDF vom 26. Januar 1972. Kölner Ausgabe. Band 18 S. 51-53.

Sprechenden, seine Stimme, es fehlt die Stunde, fehlt der Tatort, es fehlen die Angaben über die Zuschauerfrequenz, die der Glückliche oder Glücklose gehabt hat. Das Wichtigste: Stimme und Phsysiognomie: in der Sprache, die ich bei der Deutschen Wehrmacht lernte, ausgedrückt: die »Fresse« und »die Schnauze«. Jene beiden letzteren »Argumente« sind nicht wiederherzustellen, und so klingt ein peinlicher, sogar ein faschistischer Kommentar, wenn jemand ihn irgend jemand mit einer menschlichen Stimme vorliest, ganz anders, als er in Wirklichkeit am Tatort geklungen hat. Es liegt mir wenig daran, hier Herrn Wollers[15] Interpretationskünste zu analysieren. Interpretation ist Glückssache, mag der Glückliche es also weiter versuchen, sich an Sprache zu vergreifen. Hinweisen möchte ich nur auf ein paar offensichtliche Unterlassungen, Fehlinterpretationen.

1. Das Argument, ich bezeichnete Leute, die mich kritisieren, als Faschisten. Herr Woller und sein Intendant Prof. Dr. Holzamer[16] sind herzlich eingeladen, im Archiv meines Verlages nachzuprüfen, wieviel Verisse, ganze Verisswellen ich habe über mich ergehen lassen. Ich hätte fast die gesamte deutsche Literaturkritik als »faschistisch« bezeichnen müssen, einschließlich des »Spiegel«, der mich einige Male ganz schön zwischengenommen hat. Das ist also eine simple Lüge oder eine arg leichtfertig konstruierte Behauptung, zu der jegliche Begründung fehlt.

2. Behauptete Herr W., ich weigere mich, etwas für meine sowjetischen Kollegen zu tun. Es ist mir zu dumm, das Argument widerlegen zu wollen. Das hat Klaus Harpprecht im

---

15 Rudolf Woller (1922-1996), 1971 bis 1976 Chefredakteur des *ZDF*.
16 Karl Holzamer (1906-2007, 1962 bis 1977 Intendant des *ZDF*.

ZDF am Tage drauf (27. 1. 72) widerlegt – zwar war er ein wenig arg nah – ohne seine Schuld – zur Mitternacht hin gerutscht, aber immerhin: ich danke ihm.

3. Lastet Herr W. der Baader-Meinhof Gruppe den Kaufhausbrand an. Soviel ich weiß, hat Ulrike Meinhof damit nichts zu tun gehabt.

4. Behauptet er – das ist die bösartigste unter seinen Lügen –, ich hätte die Ordnungskräfte des Staates für die Hysterie (das Wort habe ich übrigens in meinem Artikel gar nicht gebraucht) verantwortlich gemacht. Die einzige »Ordnungskraft«, die ich verantwortlich gemacht habe, ist die »Bild«-Zeitung, und es ist dann auch der Herr und Beherrscher derselben, den Herr Woller verteidigt.

5. Schließlich das berühmte Wuppertaler Zitat[17]. Ich habe einer privaten Statistik zufolge bisher (Gott sei es geklagt) ungefähr 7.000 Seiten Prosa, gleich ungefähr 210.000 Zeilen, geschrieben, die Hälfte davon in Büchern publiziert, die andere Hälfte nicht in Büchern. Es bleibt Herrn Woller überlassen, sich daraus 4 Zeilen herauszusuchen. Zitieren ist erlaubt, und alle Zitate sind aus dem Zusammenhang gerissen. Bitte schön. Was täten die Stützen der Ordnungskräfte nur, hätte ich diese 4 Zeilen von ungefähr 210.000 nicht geschrieben. Ich freue mich, ihnen diesen Spaß gemacht zu

---

17 Das Zitat aus der Rede zur Eröffnung des Wuppertaler Schauspielhauses am 24. September 1966: »Dort, wo der Staat gewesen sein könnte oder sein sollte, erblicke ich nur einige verfaulte Reste von Macht, und diese offenbar kostbaren Rudimente von Fäulnis werden mit rattenhafter Wut verteidigt.« Böll erläuterte, dass er diesen Satz auf die Krise der von Ludwig Erhard geführten Regierung bezogen hat.

haben, sonst hätten sie ja kaum etwas zu fressen. Übrigens stammt dieses Zitat aus einem zeitgeschichtlichen Zusammenhang, der nie mitgeliefert wird: es stammt mitten aus der Krise der Regierung Erhard, und da diese bekanntlich von den Herren Barzel und Strauß angezettelt worden war, konnte man seinerzeit den von mir beschriebenen Zustand täglich auf dem Bildschirm sehen, zu einer Zeit, da Herr W. noch Korrespondent des ZDF in Bonn war.

6. Schließlich taucht da immer wieder, auch bei Herrn W. – so als Schlußschlenker mit der nötigen Denunzianten-Süffisanz, das Argument mit den »Millionen« auf. Ich habe dazu nichts mehr zu sagen. Es ist derart schofel, derart ministrantenhaft elend, daß es wohl ein paar Herren beim ZDF doch kalt über den Rücken lief und sie Klaus Harpprecht auf den Plan riefen – oder der sich zu Wort meldete – und es bekam, um seinem Chefredakteur zu widersprechen.

Die neue Dimension, die durch die Kommentare der Herren Planitz[18] und Woller in die Polemik geraten ist, hat wohl keiner der Herren Justitiare, Intendanten, Programmbeiräte, Verwaltungsräte bemerkt: das ZDF ist kein Privatunternehmen wie irgendeine Springerzeitung: Die ARD ist eine Anstalt des öffentlichen Rechts, und es besteht ein Unterschied zwischen dem miesen Gequatsche in Herrn Boenischs (und Springers) Sentimentalitäts- und Lügenpostille und den Kommentaren in Anstalten des öffentlichen Rechts. Das mögen die Brotherren der Herren Woller und Planitz bedenken. Wahrscheinlich wollte Herr W. mich provozieren, auf daß ich dem ZDF ein Kündigungsschreiben schicke, wie dem SWF. Pech gehabt. Es gibt andere Mittel. Vor allem – das macht den Mittwoch, den 26. 1. 72

---

18 Ulrich Frank-Planitz (1936-2011), von 1967 bis 1973 Chefredakteur der Wochenzeitung *Christ und Welt* und Kommentator beim *Südwestfunk*.

HEINRICH BÖLL   5 KÖLN 1
                       HOLCHRATHER STRASSE 7

                                        27. 1. 72

Lieber, verehrter Herr Bundeskanzler,

wenn Sie zum polen? vers. [?].
[...] Ihnen ein [...] Rück-
— print. verdeckt sich — Schreiben, der Ihnen
meine Haltung in dieser Sache zu erklären versucht. Ich schicke Ihnen hier
zu meine Replik auf Herrn Dorn,
dem Autors mir dort es bis
Jour vorkommt.

Auf später! Sollten eine Reaktion,
die Sie verweisen mag, mögen Sie
meine Verantwort in sichern.

Mit herzlichen [...], auch an
Ihre Familie S aus von meiner
Frau
                       Ihr
                          Heinrich Böll

zum »schwarzen Mittwoch« des ZDF – gibt es andere Mittel gegenüber dem unsäglichen Herrn Löwenthal[19]. Warten wir ab. Ich habe Zeit. Und ich habe ein gutes Gedächtnis. Für Texte, für Physiognomien, Stimmen und für den Tatort. Ich habe nicht vergessen, und Klaus Harpprecht[20] konnte nicht am 27. 1. 72 gegen Mitternacht auslöschen, was am 26. 1. 72 gegen 23.00 Uhr die andere Stimme, die andere Physiognomie angerichtet hat. Mein Kinderglauben an diese Art des pluralistischen Ausgleichs ist schon länger dahin.

12
HEINRICH BÖLL an WILLY BRANDT
Köln, Hülchrather Strasse 7, (handschriftlich), 25.1.1972

Lieber, verehrter Herr Bundeskanzler,

wenn die ganze Polemik vorbei ist, werde ich Ihnen einen ausführlichen Bericht – privat, versteht sich – schreiben, der Ihnen meine Haltung in dieser Sache zu erklären versucht. Ich schicke IHNEN HIER NUR MEINE Replik auf Herrn Posser, dessen Antwort mir doch ein wenig dürr vorkommt.

Auf später! Manche meiner Reaktionen, die Sie verwundern mag, mögen Sie meiner Nervosität zuschreiben.

---

19 Gerhard Löwenthal (1922-2002), konservativer Journalist, leitete von 1968 bis 1987 das *ZDF-Magazin*.

20 Klaus Harpprecht (1927-2016), Publizist, Anfang 1972 noch beim *ZDF*, von 1972 bis 1974 Redenschreiber Willy Brandts.

Mit herzlichen Grüßen, auch an Ihre Familie und auch von meiner Frau

Ihr Heinrich Böll

13
VERFOLGT WAR NICHT NUR PAULUS[21]
Heinrich Böll im *Spiegel* vom 31. Januar 1972

Zu einem Kommentar Diether Possers

Bevor ich zu den Argumenten komme, mit denen Herr Dr. Posser[22] mir gegenüber recht hat, möchte ich auf ein paar Punkte aufmerksam machen, die er übergangen hat: 1. meine Bemerkungen zum Hintergrund unserer Rechts- und Polizeigeschichte (siehe den Fall Schrubbers); 2. meine Bemerkungen zu Adenauers Eingriff in den rechtsstaatlichen Ablauf des Strafvollzugs zugunsten der Wiederaufrüstung; 3. meine Bemerkungen über die Hintergründe der Währungsreform, diese »fürchterliche« Gleichheit, die dabei am Werke war.

Im großen und ganzen, auch in einigen Details muß ich Herrn Dr. Posser recht geben. Die Wirkung meines Artikels entspricht nicht andeutungsweise dem, was mir vorschwebte: eine Art Entspannung herbeizuführen und die Gruppe, wenn auch versteckt, zur Aufgabe aufzufordern. Ich gebe zu, daß ich

---

21 Entnommen: Kölner Ausgabe, Band 18, S. 63-65.

22 Diether Posser (1922-2010), Jurist, SPD-Politiker, 1972, Justizminister in NRW, hatte im *Spiegel* kritisch auf Bölls Meinhof-Aufsatz reagiert.

das Ausmaß der Demagogie, die ich heraufbeschwören würde, nicht ermessen habe.

Ob ich sie hätte ermessen können, ist eine andere Frage, die zur Frage an Herrn Dr. Posser wird: Kann ich nicht bei einem Mann seiner politischen Verantwortung, Bildung und Sensibilität voraussetzen, daß er möglicherweise mehr von mir kennt als diesen Artikel; daß er die Ausdrucksunterschiede mit berücksichtigt?

Diese wilde Hetzerei, die nun in vielen Zeitungen und Zeitschriften Gelegenheit gibt, noch einmal und wieder einmal alle Steckbriefe etc. zu publizieren – ich habe sie nicht vorausgesehen, und es mag sein, daß daran nicht nur der nach meinem Artikel begonnene Ruhland-Prozeß[23] schuld ist, auch meine sprachlichen Mittel. Möglicherweise habe ich mehr demokratisches Selbstverständnis vorausgesetzt, als ich hätte voraussetzen dürfen.

Ich bin Schriftsteller, und die Worte »verfolgt«, »Gnade«, »Kriminalität« haben für mich andere Dimensionen, als sie notwendigerweise für einen Beamten, Juristen, Minister und auch für Polizeibeamte haben. Verfolgt war nicht nur der Heilige Paulus, verfolgt war auch Herr Fabeyer[24], verfolgt sein kann ein dreifacher Raubmörder und ein Junge, der soeben aus einem Heim ausbricht und möglicherweise die Kasse mitnimmt.

23 Karl Heinz Ruhland (1938), Mitglied der RAF, 1972 wegen Bankraubs verurteilt und 1974 wegen seiner Aussage gegen Horst Mahler begnadigt.

24 Bruno Fabeyer (1926-1999), Gewaltverbrecher, 1967 zu lebenslangem Zuchthaus wegen Mordes an einem Polizeibeamten verurteilt nach der größten Fahndungsaktion seit Kriegsende.

Ich gebe gern zu, daß ich das Wort »verfolgt« nicht mit dem juristischen Terminus »gesucht« gleichzusetzen vermag, daß ich es auch existentiell und mit einem Anhauch von Metaphysik verwende, und in diesem Zusammenhang ist ein verfolgter Nazi für mich auch ein Verfolgter, wobei hinzugefügt werden muß, daß er's leichter hat, Versteck und Freunde zu finden, und daß die Nazis zur Erreichung ihrer politischen Ziele keine Bankraube unternehmen mußten: Der Bankier von Schröder[25] und die deutsche Industrie rückten das Geld freiwillig raus.

Es ist nicht nur *emotionell*, wenn ich ein Wort außerhalb des Trockendocks verwende. Dieses Mißverständnis ist mein Fehler, nicht der von Herrn Dr. Posser: Ich hatte zuviel vorausgesetzt. Es kommt noch etwas hinzu, das ebenfalls nicht ›emotionell‹ ist: Phantasie, die auch außerhalb des Trockendocks vor Anker liegt.

Einer lebensgefährlichen Emotion bekenne ich mich schuldig: meines Mitleids, das sich auf Polizeibeamte, Ulrike Meinhof, den Jungen erstreckt, der gerade mit der Kasse abgehauen ist, und auf die sehr jungen SS-Leute, deren Bestrafung in einem amerikanischen Gefangenenlager ich beobachtete, und darüber – über mein Mitleid – mögen Herr Dr. Posser und Horst Mahler – wahrscheinlich ist es das einzige, das sie verbindet – gemeinsam schallend lachen. Ich halte es auch für gefährlich, wenn ein so kluger Mann wie Dr. Posser generell Emotionen ablehnt: Die Psyche des Verfolgten jeglicher Art zu erkennen, ist ohne Kenntnis des emotionalen Haushalts gar nicht möglich.

25 Kurt Freiherr von Schröder (1889-1966), Bankier, trat nach Hitlers Machtübernahme unverzüglich der NSDAP bei und wurde 1934 von den Nazis zum Leiter der Privatbanken in der Reichsgruppe Banken ernannt, sammelte Millionenspenden für die SS.

Außerdem muß ich Herrn Dr. Posser bitten, sich vorzustellen, daß mein Informationsstand nicht dem seinen entspricht. Ich habe zur Information nur die Zeitungen und das Fernsehen, und nach Überprüfung aller mir zugänglichen Publikationen war für mich nicht eindeutig zu erkennen, wer in welchem Fall nun wirklich zuerst auf wen geschossen hat. Ich habe meinen Artikel vor dem Ruhland-Prozeß geschrieben und nach der Erschießung Georg von Rauchs. Für die rechtsstaatliche Korrektheit dieser Erschießung hätte ich gerne den Beweis.

Ich danke Herrn Dr. Posser für die Belehrungen, die sein Artikel enthält, bitte ihn nur zu bedenken, daß ich mich nicht mit einer juristischen Definition der Termini »Gnade«, »verfolgt« und »kriminell« zufriedengeben kann. Ich muß als Autor in diesen Begriffen andere Dimensionen sehen, als ein Polizeibeamter, Jurist und Minister sie notwendigerweise sehen muß.

Recht, Gesetz, Politik, Theologie, Literatur haben eins gemeinsam: sie werden mit Worten gemacht. Es ist unvermeidlich, daß sich diese verschiedenen Wortbereiche aneinander reiben, daß sie einander kontrollieren und sich miteinander konfrontieren. Daran sind nicht nur »Emotionen« schuld, auch geistesgeschichtliche und intellektuelle Unterschiede. Ich bin sicher, daß eine neue Altersgruppe von Juristen peinlich auf die Einhaltung der Rechtsstaatlichkeit achtet, aber auch sie wissen, daß eine düstere Rechtsvergangenheit in unsere Rechtsgegenwart hineinragt.

Ich wiederhole meinen Dank an Herrn Dr. Posser, ich würde gern gelegentlich das Gespräch mit ihm privat, nicht öffentlich, fortsetzen. Privat, weil öffentlich Verkürzungen und Mißverständnisse unvermeidbar sind. Privat mag mir Herr Dr. Posser auch erklären, welch ein schreckliches Vergehen darin liegen mag, in einer Gesellschaft, die sich weitgehend christlich definiert, um Gnade zu bitten und den Zustand des Verfolgtseins auch existentiell und metaphysisch und nicht rein moralisch zu definieren. Und ich hoffe, daß Ulrike Meinhof einsieht, daß, wenn gar nichts anderes sie zur Einsicht treibt, der Beginn des Ruhland-Prozesses auch politisch der geeignete Augenblick ist aufzugeben.

Nach meinen bisherigen Erfahrungen – vor allem im Falle Defregger[26] – verspreche ich allen Politikern, mich vorläufig in nichts mehr einzumischen, zu nichts mehr zu äußern, jedenfalls so lange nicht, bis ich mir selber klar darüber geworden bin, wo sich in diesem Falle die Grenze der vielgepriesenen Liberalität gezeigt hat.

14
WILLY BRANDT an HEINRICH BÖLL
Der Bundeskanzler, 29.1.1972

Lieber Herr Böll,

für Ihren Brief und die Replik auf Dieter Possers Artikel danke ich Ihnen herzlich.

26 Matthias Defregger (1915-1995), katholischer Priester, 1968 zum Weihbischof von München und Freising geweiht. Defregger war als Hauptmann der Wehrmacht 1944 in Italien an Partisanenerschießungen beteiligt. Der *Spiegel* berichtete im Juli 1969 über dessen Verstrickungen. Die Ermittlungsverfahren gegen ihn wegen Kriegsverbrechens wurden allerdings eingestellt. Böll beklagte die Personalunion zwischen Bischof und Wehrmachtssoldat und wurde deshalb in Leserbriefen vor allem der konservativen *Kölnischen Rundschau* heftig angegriffen.

Ich habe die Diskussion, die sich an Ihren Artikel im »Spiegel« angeschlossen hat, sehr bedauert. Bei manchen, die sich dabei zu Wort gemeldet haben, ist es schwer vorstellbar, dass sie nur Mißverständnissen, die gegenüber einem so prononcierten Schriftsteller allerdings kaum vermeidbar sind, erlegen seien. Diese Reaktionen entsprachen genau der Geisteshaltung, von der Sie in Ihrem Artikel gewarnt hatten. Klaus Harpprecht hat hierzu in seinem vorgestrigen ZDF-Kommentar richtige Worte gefunden.

Ich will mich gewiss nicht daran beteiligen, auch noch glühende Kohlen auf Ihr Haupt zu sammeln. Dieter Posser hat als Jurist und Politiker – natürlich nicht nur an Sie gewandt, sondern auch im Blick auf eine emotional aufgeheizte Öffentlichkeit – in seiner sachlichen Art einige Klarstellungen gegeben. Ich würde mich freuen, wenn es zu dem von Ihnen angeregten privaten Gespräch mit ihm kommen würde.

Lassen Sie sich bitte nicht entmutigen. Es fehlt in unserem Lande nicht an Menschen, die sich auch durch Übertreibungen nicht abhalten lassen, der Aufforderung zum Nachdenken zu folgen.

Erschrocken bin ich über Ihre Ankündigung, Sie würden für deutsche Kulturinstitute im Ausland keine Vorträge mehr halten. Damit würden Sie denen einen Gefallen tun, die bei aller Anmassung und Lautstärke doch nicht die Bundesrepublik sind. Resignieren sollten Sie nicht. Ich habe es auch nicht getan.

Mit freundlichen Grüssen gez. Brandt

15
LESERBRIEF AN DIE SÜDDEUTSCHE ZEITUNG[27]

Heinrich Böll an die *Süddeutsche Zeitung* am 6. Februar 1972

Was Herr Zöller[28] von der Jungen Union schreibt, ist schlichtweg – nicht durch seine Schuld, nicht durch meine Schuld, sondern durch die Schuld einer Erziehung zur Verplattung – unzutreffend: ich habe an keiner Stelle irgendeines Artikels die Bundesrepublik mit dem NS-Staat gleichgesetzt, nicht mit einem Wort. Ich habe vom *Hintergrund* unserer Polizei- und Rechtsgeschichte gesprochen, und wenn Herr Zöller das nun in einen total verplatteten *Vordergrund* schiebt, so erkläre ich mich daran für unschuldig und erkläre die Folgen einer solchen Bügelbrettdenkart für lebensgefährlich. Ich will nicht jedem, der einfach nicht lesen kann, Perfidie oder Infamie unterstellen, und so mag dieser Lese- und Denkfehler nicht subjektiv perfid sein, objektiv ist er es, weil er unweigerlich in die achte und neunte Hand rutscht. Wenn die Herren und Damen von der Jungen Union glauben, sie könnten auf dieser Ebene mit einem Autor und Staatsbürger verfahren, so erkläre ich, wenn das nicht widerrufen wird – da ja hier Herr Zöller ausdrücklich unter Junge Union firmiert –, jegliches Gespräch endgültig für beendet.

Ich habe keine Zeit, Voraussetzungen zu schaffen, die auf der Volksschule, auf dem Gymnasium und anderswo geschaffen werden müssen: Lesen beibringen! In diesem Zusammenhang

---

27 Auch dieser Brief, auf den 6. Februar 1972 datiert, ist in der *Kölner Ausgabe*, Band 18, S. 71-74 veröffentlicht, seinerzeit aber nicht von Böll an die *SZ* abgesandt worden.

28 Wolfgang Zöller (1942), 1972 JU-Aktivist und CSU-Politiker im bayerischen Eisenbach, von 1990 an MdB.

sind mir auch die Schmeicheleien des Herrn Zöller peinlich: daß ich besser zu polemisieren verstehe als irgendein Autor des *Bayernkurier* und daß er meine Artikel nach seinem Geschmack »gut« fand. Bitte nicht. Es wäre mir lieber, er fände sie schlecht. Ich lebe in diesem Staat seit seiner Gründung, ich verweigere ihm seine Steuern nicht, ich wähle hier, ich esse das Brot, das hier gebacken wird, und ich fasse es einfach nicht, wenn mir da von der Jungen Union öffentlich nahegelegt wird, dies sei wohl nicht mein Staat. Das ist wirklich nicht zu fassen. Herrn Habes[29] Staat ist das jedenfalls nicht: er sitzt weit vom Schuß. Mag Herr Zöller sich mit ihm unterhalten. Wenn die Herren von der Jungen Union niemals begreifen werden, daß Kritik nicht Ablehnung bedeutet, dann mögen sie weiterschmoren. Danke. Die Trennung von Politik und Literatur ist so lebensgefährlich wie die Trennung von Religion und Politik – das beruht auf einem subjektiv möglicherweise ehrenhaften, objektiv, historisch, verhängnisvollen bürgerlichen Irrtum. Manche politische Rede etwa von Herrn Dr. Kiesinger – war einfach schlechte Literatur, nichts weiter, und die manchmal überstrapazierte Metaphorik von Herrn Dr. Schiller ist ebenfalls schlechte Literatur. Wenn dieser Staat nicht mein Staat ist, welchen schlägt Herr Zöller mir dann vor?

Den *Bayernkurier* möchte ich schon deshalb nicht missen, weil er immer witziger wird – natürlich unfreiwillig. Herr Emil Franzel[30] bezeichnete mich dort kürzlich – in einem völlig aus der Luft gegriffenen Zusammenhang, denn ich habe niemals

---

29 Hans Habe (1911-1977), konservativer Publizist, der in den sechziger und siebziger Jahren für verschiedene deutsche Zeitungen als Kolumnist schrieb.

30 Emil Franzel (1901-1976), Historiker, Funktionär in der Sudetendeutschen Landsmannschaft, Journalist und Kolumnist u.a. für den *Bayernkurier*.

auch nur einen Deut Ehrgeiz gehabt, Hochland zu übernehmen – als »Katholik«. Das ist hochinteressant, und in diesen Anführungsstrichen könnte etwas Prophetisches sich verbergen, denn es besagt doch nichts anderes als: was katholisch ist, das bestimmen wir, und da Herr Zöller mir nahelegt, zu überdenken, ob ich denn nun ein Bundesdeutscher sei, so entdeckte ich da gleich zwei Exkommunikationen, und ich warne die Herren.

Ich schreibe deutsch, und ich zahle – wie lange noch, weiß ich nicht – r. k. Kirchensteuer. Ich erblicke in solchen Andeutungen die ersten Ansätze einer neuen Heimatvertreibung. Ich bin – zugegebenermaßen – empfindlich. Ich habe weder Herrn Habe noch den jungen Herrn von der Jungen Union je persönlich angegriffen, ich habe nur das C bei ihnen herausgefordert; Herrn Habe habe ich erst angegriffen, als er nicht sich selbst, sondern seinen Herrn und Meister verteidigte. Vielleicht haben die Herren noch Sensorium genug, solche feinen Unterschiede festzustellen. Was Herr Habe vom Piedestal sagt, ist mir zu dumm: ich habe nie draufgewollt und bin froh, wenn ich wieder runterkomme. Er, er hat einmal – falls es erlaubt ist, ihn daran zu erinnern – Herrn Springer einen Offenen Brief geschrieben, nun wenn das keine Piedestalisierung war. Und wenn Herr Habe sagt, die Sowjets sind Diebe von Beruf, so mag er einmal im *Stürmer* und im *Schwarzen Korps* nachlesen, welches Vokabularium er da aufgreift. Ich werde Herrn Habe nie mehr öffentlich angreifen. Wir wollen nicht versuchen, uns zu »versöhnen« oder anzunähern: es gibt keine Versöhnung, keine Annäherung, ob es noch eine Gesprächsmöglichkeit mit der Jungen Union gibt, liegt nicht an mir, sondern an ihr. Ich erteile keinen »Bannstrahl«, wie Herr Habe es nennt: ich schränke nur meinen Umgang mit Denunzianten ein, ich denke, das ist erlaubt. Was Herr Zöller schreibt, ist eine Denunziation. Die Bundesrepublik ist der Staat, in dem ich lebe und weiterhin leben möchte, falls es die Junge Union erlaubt.

Trotzdem möchte ich den Herren Zoller und Habe aufrichtig danken: sie haben, wie so viele, einen Klärungsprozeß herbeigeführt; man weiß endlich, woran man ist, es offenbaren sich Christen und Nichtchristen, und ob ich nun einmal unrecht getan oder gehabt habe, und wie sehr, ist inzwischen uninteressant, denn der Klärungsprozeß geht offenbar weiter. Diese bundesweite Kanaloffenbarung ist interessanter und politisch wichtiger, als ich je gewesen sein oder werden kann, und deshalb bin ich dankbar. Den äußerst klugen Leuten, die mir Empfindlichkeit vorwerfen oder Wehleidigkeit, empfehle ich, einmal drei Wochen lang in einer Kläranlage zu schwimmen. Welchen Kläranlagencharakter CDU/CSU-Polemiken in diesem Lande haben, das weiß mein Kollege Günter Grass ebensogut wie ich. Er erfährt's, wenn er etwa in Cloppenburg Wahlreden hält.

Ich bin 54 Jahre alt, habe viele Torheiten hinter, manche vor mir, aber ich traue mir zu, selbst festzustellen, wie nah oder wie weit von mir entfernt die Herren Brückner[31] und Seifert[32] sind. Immerhin hat Herr Löwenthal Brückner und mich in einem Atem genannt, hat Seifert zitiert. Die blinde Gleichsetzung von links- und rechtsradikal mag für Politiker angehen, die um Wählerstimmen bangen und hierzulande immer fürchten müssen, daß man nie Stimmen gewinnt, wenn man auf die Rechten schimpft, aber immer Stimmen verliert, wenn man auf die Linken nicht schimpft. Diese Krankheit des öffentlichen Bewußtseins möglicherweise zu verringern, ist offenbar uns Autoren überlassen, da kein Politiker das riskieren kann.

31 Peter Brückner (1922-1982), Sozialpsychologe, 1972 Hochschullehrer an der TU Hannover. Wegen des Vorwurfs, die Baader-Meinhof-Gruppe unterstützt zu haben, für zwei Semester vom Dienst suspendiert.

32 Jürgen Seifert (1928-2005), Jurist, 1972 Professor für Politische Wissenschaft an der TU Hannover, ein langjähriger Bekannter von Ulrike Meinhof.

Die Gleichsetzung von links- und rechtsradikal kann – abgesehen von irgendwelchen moralischen Maßstäben – schon geometrisch gar nicht, wenn man Entfernungen mißt, stimmen, und ich befinde mich da keinesfalls, in der Mitte zwischen diesen beiden Extremen. Ich unterschätze keinesfalls den Terror, die Demagogie, die man gelegentlich bei Linken feststellen kann, aber was rechter Terror bedeutet, das weiß ich. Ich halte sogar dafür, daß diese öffentliche Auseinandersetzung noch viel mehr klärt und bewirkt, als bisher sichtbar wird; daß sich sehr unterschiedliche Sensibilitäten und Artikulationsstufen einander nähern, daß eine nichtterroristische und nichtdemagogische Linke Autoren als Verbündete braucht und annimmt, um die finsteren Beamtengesetze der Herren Ministerpräsidenten weiterhin zu verhindern. Von diesen Gesetzen würde ja keiner je betroffen, der seinen Faschismus nur in einem Leserbrief oder Hörerwort offenbart. Dieser Blick in die Kläranlage wäre notwendig: was ich da z. B. von einem Herrn Superintendenten in einer seriösen überregionalen liberalen Tageszeitung gelesen habe; das ist mit Faschismus noch zu milde bezeichnet. Das ist Nazismus, und ich nehme doch an, daß so ein Herr beamtenähnlichen Status hat, und ich nehme an, daß er unter keines der geplanten Gesetze fiele, sowenig wie Herr Löwenthal. Ich beanspruche nicht wissenschaftliche Unfehlbarkeit, wenn ich das Wort »faschistisch« benutze; es geht ja nicht nur um den Wortlaut: es geht ja – vor allem in Anstalten des öffentlichen Rechts – um die Physiognomie, die Stimme und den Tatort.

Nein, nein, ich resigniere nicht, lieber Günter Grass, ich bin nur – mit Verlaub gesagt – ein bißchen müde[33]. Wie Sie wissen,

---

33 In einem Artikel für die *Süddeutsche Zeitung* vom 5./6. Februar 1972 hatte Günter Grass sich gegen eine Verfemung Bölls gewandt; er werde sich einer Flucht Bölls in die Resignation schreibend in den Weg stellen.

ist es sehr anstrengend, in einer Kläranlage zu schwimmen
und Luft zu bekommen, besonders wenn man von leseunkundigen Christen umstellt ist. Ich fahre weg, in jenes Land, in dem lt. Hans Habe die »Diebe von Beruf« wohnen. Ich fahre gern dorthin, und noch eins, Herr Habe, aus- und nachdrücklich: Sie haben mich wieder einmal mißverstanden; ich würde vielleicht manches anders machen, anders ausdrücken, aber bereuen tue ich nichts, nichts, nichts, in Worten und Ziffern: nichts. Und noch einmal, meine Herren parteiamtlich bestätigten Christen, die so sehr in der Gunst der Amtschristen stehen: *Ich schreibe deutsch,* und wenn Sie glauben, dies sei nicht mein Staat, sagen Sie mir bitte, wohin Sie mich wünschen.

16
HEINRICH BÖLL an WILLY BRANDT
Köln, Hülchrather Strasse 7, 20.5.1972

Lieber, verehrter Herr Bundeskanzler,

Ihnen oder Ihrer Frau, oder Ihnen beiden gemeinsam möchte ich den beiliegenden Artikel gerne zur »Zensur« oder auch zur »Redaktion« vorlegen – natürlich ist nichts darin oder daran auch nur andeutungsweise kränkend gemeint, aber man weiss das ja nie so genau, *wie* man andere kränken kann. Nehmen Sie also bitte die Meinung, falls der Artikel für Sie Kränkendes enthalten könnte – und streichen Sie mir das was Ihnen peinlich sein könnte, einfach weg. Ich denke, ich habe noch ein wenig Zeit für die Korrekturen. Manchmal gerät einem der Hass (ja!) auf andere zur Kränkung für die, die es nicht verdient haben.

Seien Sie also bitte nicht böse, weder über den Artikel noch über die Zumutung der redaktionellen Arbeit, sehr herzlich, mit Grüssen auch von meiner Frau

Ihr Heinrich Böll

17
ÜBER WILLY BRANDT[34]
Böll-Essay in *Dieser Mann Brandt*

Wenn mir einmal vier oder fünf Monate Zeit (mit der dazugehörigen Ruhe) in den Schoß fallen, würde ich gerne einen längeren biographischen Essay über Willy Brandt schreiben. Nicht indiskret, doch neugierig würde ich gern auf meine Weise erforschen: Lübeck um 1913, Straße, Milieu, in denen Willy Brandt aufwuchs, die Schulen, die er besuchte und absolvierte; ich möchte herauszufinden versuchen, was es bedeutet haben kann und muß, in einer so respektablen norddeutschen Stadt im Jahr 1913 das gewesen zu sein, was man eine uneheliche Mutter zu nennen beliebte. Welche Verletztheit und Verletzlichkeit da vor- und mitgegeben wird von jener Ehrbarkeit bürgerlicher Provenienz, die spätestens seit den Buddenbrooks in ihrer verlogenen Brüchigkeit beschrieben wurde. Und wie erstaunlich wenig haben sich Willy Brandts Verletztheit und Verletzlichkeit je in Aggression geäußert. Offenbar verletzt der Verletzliche nicht gern, und das macht ihn den sporenklirrenden, gelegentlich die Peitsche schwingenden Herren von der Herrenpartei so verdächtig.

[34] Erstveröffentlichung in: *Dieser Mann Brandt*. Gedanken über einen Politiker von 35 Wissenschaftlern, Künstlern und Schriftstellern. Hg. von Dagobert Lindlau. München: Kindler Verlag 1972. Entnommen der *Kölner Ausgabe*, Band 18. S. 109-116.

In Willy Brandts Lebenslauf liegt Stoff für eine Legende, fast für ein Märchen, das wahr wurde. Nicht der legitime Aggressionskatholik aus München wurde Bundeskanzler, sondern der illegitime Herbert Frahm aus Lübeck, der diesen von der bürgerlichen Gesellschaft mitgegebenen Urmakel, diese Idioten-Erbsünde, auch noch verstärkte, indem er Sozialist und außerdem noch Emigrant wurde. Und er wurde Bundeskanzler nicht mit legalistischen Tricks, sondern legal.

Willy Brandt ist inzwischen so selbstverständlich geworden, daß man alle diese Laufbahnhindernisse allzuleicht vergißt. Da ich trotz massiver (nicht häuslicher, wie ich gerechterweise hinzufügen muß) katholischer Indoktrinierung nie begriffen habe, auch schon nicht als mehr oder weniger braver katholischer Junge was die Vertreter und Verfechter einer Religion deren Menschgewordener, wenn auch nicht im Sinne irgendeines bürgerlichen Rechts »unehelich«, so doch der Sohn einer Jungfrau war; da ich nie begriffen habe, was sie gegen Unehelichkeit einzuwenden haben könnten und mich auch permanent und mit Erfolg geweigert habe, diese Eigenschaft an Mutter und Kind als Makel zu empfinden; da ich immer nur die Diskriminierung der Betroffenen beobachten konnte (wiederum nicht zu Hause, sondern da draußen in der christlichen Umwelt, in die ich unvermeidlicherweise hineingeriet – wohin sonst hätte ich mich Ja wenden können, ich tumbes Brüderlein), ist die Bundeskanzlerschaft eines unehelich Geborenen für mich nicht märchenhaft oder wunderbar, sie ist es nur, betrachtet man sie auf dem soziographischen Hintergrund einer Herren- und Damengesellschaft, die bereit ist, diesen Makel bei Adel und Bürgertum amüsant zu finden, ihm bewundernd Respekt zu bezeugen, es »barock« und »katholisch«, die »Sündhaftigkeit« der oberen Stände »köstlich« zu finden, wenn ein Don Juan d'Austria daraus wurde – sich aber schäbig und mies verhielt, wenn Unehelichkeit sich in den unteren Ständen abspielte.

Ich mag hier nicht wieder und noch einmal mit Konrad Adenauer hadern; er mag mehr Verdienste haben, als ich zu erkennen imstande bin, und möglicherweise hat er nur einen politisch gravierenden Fehler gehabt und begangen: daß er zu lange regierte und mit greisenhafter Bosheit seine eigene Größe in lauter senile Kleinlichkeit auflöste. Ein solches Ende nenn ich nun wahrhaft destruktiv, und das wird durch ein pompöses Pontifikalrequiem (das protestantischen oder atheistischen Staatsmännern in seiner Inszenierung Ehrfurchtschauer über sämtliche vorhandenen Rücken jagen mag) nicht aufgehoben, ebensowenig durch ein churchillistisch inszeniertes Staatsbegräbnis. Was ich Adenauer nicht vergessen kann, sind seine Wahlkampfparolen vom unehelichen Kind und Emigranten Willy Brandt. Das ist kaum zweieinhalb Wahlperioden her, und es klingt, wenn auch nicht expressis verbis, so doch im Ton an, wenn der überschneidige Herr Wörner christliche Bemerkungen abläßt, und wenn der ebenfalls christliche Herr Marx[35], während der Pontifex Maximus christlicher Politik, Franz J. Strauß, spricht, zwischenfragt, ob der Herr Bundeskanzler vielleicht schon seine Koffer packe. Der mißglückte Versuch, Willy Brandt zu stürzen, macht diese Zwischenfrage zu einer parlamentarischen Peinlichkeit ersten Ranges, und man sollte sich des intellektuellen Niveaus erinnern, das aus einem Triumphkurzschluß dieser Art spricht, wenn der gleiche Herr bedeutungsschwere und verantwortungsschwangere Interviews über politische Fragen gibt.

Ich brauche Willy Brandt nicht mehr mit der Niveaulosigkeit der CDU während der Mißtrauensdebatte zu verteidigen, und doch muß sie erwähnt werden, weil kein einziger Redner der CDU, keiner, staatsmännisches Niveau zeigte. Während Brandt und Scheel die besten staatsmännischen Reden ihrer Laufbahn

---

35 Werner Marx (1924-1985), CDU-Politiker, von 1965 an MdB.

hielten, Strauß zeigte noch wenlger Niveau als Barzel; nicht einmal Hans Katzer[36] zeigte Niveau. Er, der nun wirklich seine sozialpolitischen Batterien hätte auffahren müssen, statt dessen aber immer wieder allzu deutlich seine persönliche Gekränktheit durchblicken und -klingen ließ und, unbewußt wahrscheinlich, seinen Zorn gegen diese Herrenpartei, die ihn in Düsseldorf auf eine so aberwitzige Weise hatte abfahren lassen, gegen die SPD wendete. Schade. Hoffentlich haben Arbeitnehmer aller Art richtig hingehört. Man hatte die große Stunde der Opposition erwartet: das Konstruktive, das über das Angebot einer Barzelkanzlerschaft hinausgegangen wäre. Nichts. Nichtssagend. Die Opposition präsentierte eine jetzt schon verschlissene Garnitur. Stellt man sich nun noch die Schattenminister Dregger[37] und Jaeger aktiv bei dieser mißglückten Inszenierung vor, man hätte es noch besser gewußt. Es war die mißglückte Show eines Herrenclubs, in den Hans Katzer nun wirklich nicht hineinpaßt. Die CDU/CSU fühlte sich zu sicher; das ist nie gut. Die Regierungskoalition rechnete mit allem; das ist immer besser. Wenn die CDU endlich einmal lernen könnte, ihrerseits der CSU (aber womit?) zu drohen, anstatt sich immer wieder von ihr bedrohen zu lassen. Und warum immer wieder auf Strauß hören oder gar setzen, wenn man doch weiß, daß er nördlich des Mains keine Chance hat und immer ein glückloser Politiker gewesen und geblieben ist, dessen einzige Stärke sein Hinterland ist. Warum nur läßt sich die CDU, die nun wirklich nicht mehr von Adenauers Erbe zehren kann, eine politische Erbschaft anhängen, die nicht

---

36 Hans Katzer (1919-1996), CDU-Politiker, von 1965-1969 Bundesminister für Arbeit, von 1957 bis 1980 MdB, Vorsitzender der CDU-Sozialausschüsse.

37 Alfred Dregger (1920-2002), zu dieser Zeit CDU-Landesvorsitzender in Hessen, führender Vertreter des nationalkonservativen Flügels der CDU, auch »Stahlhelm-Fraktion« genannt.

einmal andeutungsweise Adenauers Erfolge und seine Beliebtheit aufweisen kann?

Was für Willy Brandt spricht: Er ist der erste deutsche Kanzler, der aus der Herrenvolktradition herausführt; natürlich ist er (und das fast zu sehr), mißt man seine Höflichkeit, seine Geduld, seine Treue und Fairneß am bürgerlichen Ideal des »Herren«, ein solcher, während, an diesem bürgerlichen Ideal gemessen, die Herren Adenauer, Wörner, Marx keine sind oder waren; und doch ist Willy Brandt kein Herrenvolkkanzler, und er ist kein Herr und Herrscher, der mit den Sporen klirrt und die Peitsche gelegentlich blicken läßt. Ich glaube, das ist noch nicht begriffen worden, und er selbst mag manchmal nicht begreifen, woher diese wütende, haßgetränkte Abneigung gegen ihn kommen mag; nicht nur, daß er ein »Sozi« ist, nein, er ist auch kein »Herr« und »Herrscher«.

Was so für ihn spricht, scheint bei den Wählern aus der Arbeitnehmerschaft katholischer Provenienz gegen ihn zu sprechen; wollen sie, verlangen sie den Herren; wollen sie immer noch, wie es üblich war, am Ende der Fronleichnamsprozession (falls diese noch geht) als das müde Fußvolk, dessen Marschtempo vorne bestimmt wird, mit ihrer katholischen Arbeiterfahne hinterherzockeln, während den Herren die Ehre zuteil wird, da vorne mit Bischof und »Akademikerverband« ganz nah am »Allerheiligsten« den Flambeau tragen zu dürfen? Wer kennt nicht das Elend der nicht ganz so groß Geratenen bei der Infanterie, die am Ende eines langen Marsches mehr oder weniger laufen, trippeln, immer aufholen müssen, während die größer Gewachsenen da vorne immer noch gelassen einhermarschieren. Die Atemlosigkeit des kleiner geratenen Fußvolks, das dazu verurteilt ist, einen langen Marsch fußkrank zu beenden.

Was außerdem für Willy Brandt spricht, sind die, die man ihm immer wieder als Dreck am Stecken an den Kopf zu werfen versucht: die Jusos. Er denkt nicht nur nicht daran, sie fallenzulassen, er verteidigt sie, und wenn er sie als bewegende Kraft zu definieren versucht, so ist das keine Taktik; er mag sehr wohl wissen, daß Kompromiß die schlimmste aller Alterserscheinungen ist, und es mag, es muß ihn die Junge Union, ein weiterer Untergangsfaktor für die CDU/CSU, abschrecken. Die CDU/CSU sollte sich ein paar Berufsradikale für die Junge Union anheuern, die ein bißchen Wirbel, hin und wieder einen kleinen Skandal verursachen, und wär's auch nur, um zu beweisen, daß diese »Jugend« wirklich »jung« ist. Wenn diese Junge Union nicht einmal ausdrücklich wenigstens Programm und Ziele, Argumente der Sozialausschüsse übernimmt, dann sollte die noch immer stärkste Wählergruppe, die Arbeitnehmer, doch endlich merken: Hier hat man's mit Kasinogalopins zu tun, denen die Angst vor der Majorsecke Schneidigkeit als die beste aller Anpassungschancen vorschreibt.

Natürlich gibt es da auch Herren in der SPD und im Kabinett Willy Brandts, mehr oder weniger geglückte Herren, und es gibt die ganz und gar geglückten Herrn, die selbst, wenn sie wollten, ihren Habitus nicht loswerden, und wär's auch nur die fast schon per Mutation sitzende Geste, mit der man im rechten Augenblick die richtige Hand richtig unter die Weste klemmt; das sitzt, wie bei den Katholiken das Kniebeugen und das Bekreuzigen mit Weihwasser. Mir scheint – und das mag gegen Willy Brandt sprechen –, er geht zu zaghaft mit den Herren in der Gegen- und in der eigenen Partei um, und da unterliegt er nicht einer persönlichen, sondern einer historischen Schwierigkeit: Er hat kein Vorbild in der deutschen Geschichte, er muß sich an sich selbst bilden, und seine Partei, so scheint es, macht ihm wenig Mut.

Ich finde es verhängnisvoll und falsch, Willy Brandt mit Friedrich Ebert zu vergleichen, der nun wirklich von zwei gegensätzlichen Kräften, von den Herren und ihren geborenen Gegnern, den Intellektuellen, ermutigt und letzten Endes abserviert wurde. Man muß sich, um das Herrenverhängnis recht würdigen zu können, an die Schnödigkeit Hindenburgs gegenüber Brüning erinnern, von dem Hindenburgs Schwiegertochter, als er abserviert wurde, sagen konnte, es sei doch gut, daß man die »plebs« nun los sei. Wohlgemerkt, das wurde von Heinrich Brüning gesagt, der ein überzeugter Hauptmann der Reserve und gutbürgerlicher Herkunft war: nicht unehelich, nicht Emigrant und auch kein Sozi. Wie müssen diese Herren und ihre Töchter erst über Friedrich Ebert gedacht haben. Als einer, der von 1930 an deutsche Geschichte bewußt erlebt hat, empfinde ich mich nicht als mit Kanzlern verwöhnt, und ich betrachte Willy Brandt als Wunder, analysiere ich die permanente Herren-Nachfolge und die Schnödigkeit ihres Tons, die bei den Herren Wörner und Marx für mich mitklingt.

Es wird Zeit, daß Deutschland von der »plebs« regiert wird, und bedürfte dieses Wort nicht einer umfangreichen und umständlichen Reinigung, hätte es nicht immer noch einen Beiklang, der als kränkend empfunden werden könnte, so würde ich Willy Brandt als das bezeichnen, womit ich mich selbst ohne weiteres bezeichnen werde: als Plebejer. Da Plebs und Demos wenn auch nicht exakt, so doch annähernd das gleiche bedeuten, so könnte man vielleicht legitimerweise den Begriff der Plebokratie einführen, denn Demos hat auch im Griechischen durchaus die verächtliche Nebenbedeutung von Volksmenge oder Volksmasse. Plebejisch wäre dann, nimmt man die Worte wieder beim Schopf, nicht verächtlicher als demokratisch. Der berühmte Junge oder das Mädchen aus dem Volke hat sich seine demokratische Zukunft bisher so vorstellen müssen: Ein Herr oder eine Dame zu werden oder den einen oder die andere zu heiraten; man hatte die Herrenbarriere zu nehmen, die Herrenriten über sich ergehen zu lassen (da gilt die Tatsache, ein uneheliches Kind gezeugt zu haben, dann nicht einmal mehr als Kavaliersdelikt, sondern als Rosette im Knopfloch!). Man hatte schneidig, rücksichtslos, erfolgreich zu sein; dieses Modell, das ein paar mehr oder weniger humane Variationen haben mag, dem 25 die ihm innewohnende Herablassung schon habituell geworden ist, hat, da es nicht nur in Kirchen, auch in allen christlichen Vereinen praktiziert wurde, das Wort »christlich« für mich, angewendet nicht auf Personen, sondern auf Institutionen, die es für sich beanspruchen, zu einem Schimpfwort gemacht.

Willy Brandt konnte gar nicht aus irgendeinem »christlichen« Hintergrund kommen, und das ist kein Nach-, es ist ein Vorteil und er sollte einem seiner Todfeinde, dem Herrn Höffner[38] in Köln, nicht zum Geburtstag gratulieren, wenn er sich nicht vorher vergewissert hat, daß dieser ihm, dem Bundeskanzler der Bundesrepublik Deutschland, auch mal gratuliert hat; wenn ja, dann mögen »Potentaten« Geburtstagsglückwünsche austauschen, überflüssige Telegrammgebühren, wie ich finde, aber bitte; was zu befürchten ist, daß Herr Höffner Willy Brandt auch nicht andeutungsweise für einen »Potentaten« hält, sondern für einen Betriebsunfall, der möglichst bald durch Barzel oder Strauß repariert werden sollte.

Es gibt in der CDU/CSU keine auch nur annähernd mit Willy Brandt vergleichbare Figur oder Person. Nicht einmal auf dem witzigsten und ausgelassensten Herrenabend käme irgendeiner auf die Idee, etwa Hans Katzer als möglichen Bundeskanzler zu erwägen, und – was noch schlimmer ist, auch er selbst käme wohl in seiner allzu großen Bescheidenheit nicht auf die Idee. Er ist doch Vertreter der Arbeitnehmerschaft, und die machen doch nur schätzungsweise neunzig bis fünfundneunzig Prozent des Demos oder der Plebs aus. Ein »Mann aus dem Volk« kann nie Herr übers Volk werden.

---

38 Josef Höffner (1906-1987), katholischer Theologe, ab 1969 Erzbischof von Köln.

Willy Brandt müßte unbestritten der Kandidat des Demos sein, nach dem man die Demokratie benennt.

Willy Brandt steht am Anfang einer kurvenreichen Strecke, die noch lange nicht genommen ist: Die Untertanen des ehemaligen Herrenvolks sind sich noch nicht klar darüber, ob sie wieder Herren haben und sein möchten, oder ob sie sich selbst, dem Volk, nicht wenigstens ein wenig Herrschaft zutrauen können. Noch ist die neue Zeit, die Willy Brandt repräsentiert, nicht gekommen; das liegt an ihm, am Volk, an dessen Herren. Die zweite Regierungsperiode Brandt würde schwerer als die erste: nicht mehr das Übergewicht Außenpolitik. Innenpolitik wird diese Regierungsperiode beherrschen; man wird ihm die »Linksradikalen« anrechnen, die Inflation, die Bildungspolitik vorhalten; sämtliche internationalen Krisen wird man ihm als nationale aufhalsen; ich weiß nicht recht, ob ich das alles Willy Brandt wünschen möchte; er wird viel Mut, Bestärkung und Zuversicht brauchen, von den Wählern, aus dem Volk. Seine Partei ist so rasch bereit, die Stühle zu räumen, und es riecht noch und immer wieder nach großer Koalition; das wäre der schlechteste aller schlechten Auswege.

Die Worte Plebs und plebejsch bedürfen noch einer Ergänzung durch die bisher noch nicht entdeckte und (auch im sozialistischen Realismus) noch nicht beschriebene »plebejische Sensibilität«, der man sehr rasch die Anführungsstriche nehmen muß. Die Herren sind nämlich nie sensibel oder gar zimperlich gewesen: weder in ihrem sexuellen noch in ihrem finanziellen Gebaren. Das haben sie immer ihren Frauen überlassen, die Klavier spielten, Rilke lasen, Vernissagen besuchten und gegebenenfalls irgendeinem sensiblen Jungen aus dem Volk zu Füßen liegen durften, wie etwa jenem Jesus von Nazareth. Die Nikodemusse waren immer rar. Es ist ein verfluchtes, durch Literatur und bildende Kunst bis in die Gegenwart hineintransportiertes Klischee, daß die »plebs« nicht sensibel, komplizierten Empfindungen nicht zugänglich oder deren nicht fähig sei. Willy Brandt tritt nicht nur dafür, er tritt für viele Klischees ähnlicher Art den Gegenbeweis an. Er sollte nicht zu zaghaft mit den Herren, innerhalb und außerhalb seiner Partei, umgehen. Die sind hart im Geben und im Nehmen, wenn's sich im Herrenclub abspielt. Von einem »Sozi« nehmen sie natürlich nichts, dem geben sie's nur.

18
WILLY BRANDT an HEINRICH BÖLL
BRD, der BK, 26.5.1972

Lieber Herr Böll,

nach meiner Rückkehr aus Wien fand ich Ihr Köln-Gedicht[39], für das ich Ihnen herzlich danke, und Ihr Manuskript. Nein, es ist nichts für mich Kränkendes darin. Allerdings kann ich die Dinge auch verständlicherweise nicht ganz so sehen wie Sie – schon deshalb nicht, weil mir der »katholische Hintergrund« fehlt. Aber wenn mir auch Ihre Einteilung in Herren und Plebejer ein wenig antiquiert erscheint, so ist es doch sicherlich richtig, dass sich, der unterprivilegierte Arbeitnehmer zum erstenmal nach dem Kriege unter dieser Bundesregierung anerkannt und für voll genommen fühlt. Dieser Emanzipationsprozess hat zu einer starken Solidarität geführt, wie sich nach dem gescheiterten Misstrauensvotum ganz klar gezeigt hat.

---

39 Gemeint das Gedicht »Köln III, Spaziergang am Nachmittag des Pfingstsonntags 30. Mai 1971«, veröffentlicht 1972 in: *Notizbuch. Neun Autoren – Wohnsitz Köln*. Köln: Kiepenheuer & Witsch, 1972.

Es gilt jetzt, diese Solidarität – nicht nur im Wahlkampf – zu bewahren und für die Weiterentwicklung unserer Gesellschaft zu nutzen.

Nochmals herzlichen Dank Ihr Willy Brandt

19
HEINRICH BÖLL an GÜNTER GRASS
Köln, Hülchrather Strasse 7, 2.6.1972

Lieber Günter Grass,

nur ungern und äusserst selten (immer nur in Notfällen), ziehe ich ein Versprechen zurück: so auch diesmal das Versprechen, mich an einer »katholischen Wählerinitiative« zu beteiligen: diese Zurücknahme ist nicht endgültig, nur vorläufig, sie bezieht sich auf den gegenwärtigen Stand der öffentlichen Auseinandersetzung um jene undefinierbare und bisher undefinierte Gruppe, die man »Linksintellektuelle« nennen mag. Die CDU/CSU und alle ihre publizistisch einflussreichen Helfer (die SPD hat deren offenbar keine) versuchen – und mit Erfolg – diese Regierung und diesen Staat von all jenen »Linksintellektuellen« zu trennen, die alles tun, getan haben und tun würden, um eine neue Regierung Brandt zu ermöglichen, nicht weil Willy Brandt das kleinere Übel, sondern weil er die einzige Möglichkeit ist. Was seine Person betrifft, habe ich keinen Zweifel, aber seine Regierung? Sein Kabinett, seine Helfer (wie Herr Kühn[40]) Sie lassen die Intellektuellen alle in jene Ecke drängen, in der ich (ausgerechnet ich – und mich muss

---

40 Heinz Kühn (1912-1992), SPD-Politiker, von 1966 bis 1978 Ministerpräsident von NRW.

ich, wenn ich die Sache objektiv sehen will, als Beispiel nennen) immer wieder mehr oder weniger offen als Helfershelfer, ideologisch oder intellektuell, der Bombenleger genannt werde. Die Eskalation dieser Denunzierung ist in vollem Gang: sie fing mit einem Kommentar des Bayrischen Rundfunks am 16.5.72 an, sie taucht auf eine merkwürdig unnachweisbare Weise versteckt, in Herrn Genschers Argumenten auf, wurde gestern in einer ZDF Diskussion verwendet – und ausserdem wurde gestern, am hochheiligen Fronleichnamsfest hier in dem winzigen Eifeldorf, in dem ich gelegentlich etwas Ruhe finde – mein Haus in einer Art Blitzaktion von bewaffneten Polizeibeamten (wahrscheinlich von der Sicherungsgruppe Bonn) umstellt (vier bis sechs mit Maschinenpistolen, einige davon als Beatniks getarnt, mit Jägerhütchen), während ein Kriminalkommissar mit einem Kollegen meine Gäste aufforderte, sich auszuweisen: es handelte sich um den Professor für Philosophie an der TH Stuttgart, Herrn Dr. Robert Spaemann und seine Frau, die unglücklicherweise (oder sollte ich sagen glücklicherweise?) keinen Ausweis mit hatte, die – »halbjüdisch« nach der Naziterminologie – in Berlin als Kind und junges Mädchen einiges hinter sich gebracht hat; sie wurde ausgefragt, betrachtet (sie sieht nicht ganz so aus, wie sich das kleine Fritzchen eine deutsche Professorengattin vorstellt), als wäre sie Ulrike.

Nun, das mag noch angehen. Der Parole von Herrn Genscher und Willy Brandt getreu haben wir alle brav und höflich »die Polizei bei ihren Fahndungsmassnahmen unterstützt«, ich habe sogar dem Herrn freiwillig angeboten, er könne mein Haus durchsuchen, er hat das – nicht _ganz_ überzeugt – abgelehnt.

Nein, lieber Günter Grass, ich wäre bereit, für Willy Brandt alles zu tun, aber ich kann nichts für eine Regierung tun, die die ganze demagogische Scheisse bis in die letzte Provinzecke durchsickern lässt. Meine letzte Äusserung in der B M[41] Sache stammt vom 9.2.72 – ich habe alles, was ich gesagt und geschrieben habe, noch einmal durchgesehen und ich finde beim besten Willen <u>nicht eine einzige Zeile</u>, in der ich irgendeine Form der angewandten und gepredigten Gewalt gebilligt hätte. Nicht eine halbe Zeile, und ich habe – Gott seis geklagt – ungefähr im ganzen 200.000 Zeilen bisher publiziert.

Damit wir uns nicht missverstehen: ich verlange keine Solidarität, und erst recht keine von der herablassenden, zeigefingerschwenkenden Art, wie Sie sie in Ihrem Artikel in der SZ vom 5./6.2.72 geäussert haben. Bitte nicht. Von einem Autor Ihrer Phantasie und Ausdruckkraft erwarte ich etwas mehr, als dass er sich hinter die Trockenheit von Herrn Posser stellt. Also, bitte: nicht so. Ich weiss, in welch einem Land ich lebe: ich lebe in einem Land, in dem ein Ministerpräsident möglich ist, der, hätte er mich 1943 oder 1944 geschnappt, mich dreimal zum Tode verurteilt hätte; in einem Land, in dem eine Publikation über diesen Herrn Filbinger[42] <u>keinen Skandal</u> verursacht, wohl aber ich einen Skandal darstelle.

Etwas noch wichtigeres veranlasst mich zur Zurücknahme meines Versprechens: es ist diesen Leuten gelungen und wird

---

41 BM steht für »Baader-Meinhof-Gruppe«.

42 Hans Filbinger (1913-2007), CDU-Politiker, von 1966 bis 1978 Ministerpräsident von Baden-Württemberg. Böll spielt auf Filbingers Vergangenheit als NSDAP-Mitglied und Marinerichter an. In dieser Eigenschaft hatte er zwischen 1943 und 1945 vier Todesstrafen gegen Wehrmachtssoldaten beantragt oder verhängt. Obwohl diese Verstrickungen bekannt waren, eskalierte die Affäre erst 1978, als Filbinger gegen den Ausspruch Rolf Hochhuths vom »furchtbaren Juristen« auf Unterlassung klagte, dabei den Rückhalt auch in der eigenen Partei verlor und zurücktreten musste.

Ihnen weiterhin gelingen, mich derart verdächtig zu machen, dass ich keine einzige katholische Wählerstimme einbringen kann. Ich merke es hier im Dorf schon heute: bisher habe ich mich mit den Leuten ganz gut verstanden – aber schon tritt Kühle ein: das hat man denn doch nicht gern, dass in den Fronleichnamsfrieden Pistoleros wie in einem Krimi eindringen; nein, die Menschen sind so friedlich und friedfertig wie ich.

Wenn Sie irgendetwas für mich tun wollen, veranlassen Sie Herrn Genscher, Anklage gegen mich zu erheben, falls er glaubt, ich habe mich schuldig gemacht; diese schwer nachweisbaren Verdächtigungen sind schweinischer als eine Anklage.

Und kommen Sie mir nicht mit Hysterie und Nerven verlieren: meine Nerven habe ich zwischen 1933 und 1945 verloren; ich kenne meine Frau seit 35 Jahren und seit 30 Jahren bin ich mit ihr verheiratet, und ich weiß, wenn sich _ihr_ der Magen umdreht, ist schwere Gefahr im Verzuge. Ich bin durch schwere Krankheiten, Verwundungen, einen permanenten Nervenkrieg zwischen 33 und 45 tatsächlich verschlissen und: ich habe keine Lust mehr.

Entbinden Sie mich also bitte von meinem Versprechen; ungern und äußerst selten bitte ich darum.

Herzliche Grüsse, auch an Ihre liebe Frau und Ihre Kinder

Ihr Heinrich Böll

20
HEINRICH BÖLL an HANS-DIETRICH GENSCHER
INTERNATIONAL P.E.N., Glebe House, London, 5.6.1972

An Seine Exzellenz
den Herrn Innenminister
der Bundesrepublik Deutschland
Herrn Hans-Dietrich Genscher
53 Bonn
Bundesinnenministerium.

Sehr geehrter Herr Minister,

in meiner Eigenschaft als Präsident des Internationalen P.E.N.-Clubs sehe ich mich gezwungen, Sie um Aufklärung über eine Aktion zu bitten, die am 1.6.72. gegen 16.00 Uhr um mein Haus und um das Dorf herum, in dem mein Haus liegt, durchgeführt wurde. Ungefähr 12-15 schwerbewaffnete Beamte, teils in Civil, teils in Uniform umstellten mein Haus, drangen in meinen Garten ein und – wie ich später von Dorfbewohnern erfuhr – staffelten sich zu einem Sicherheitscordon, der sich bis zum zwei Kilometer entfernten Nachbardorf hinzog.

Zwei Kriminalbeamte baten um Einlass; als ihnen dieser von meiner Frau gewährt worden war, baten sie, mich sprechen zu dürfen und forderten mich dann auf, ihnen unsere Gäste vorzuführen. Von Bundeskanzler Brandt wie von Ihnen wie jeder Bürger dieses Landes aufgefordert, die Polizeikräfte bei Fahndungsaktionen zu unterstützen, erlaubte ich den Herren Zutritt in unser Wohnzimmer. Dort wurden unsere Gäste – Frau Cordelia Spaemann und Herr Professor Dr. Robert Spaemann von der TH Stuttgart – aufgefordert sich auszuweisen. Sie mögen sich vorstellen können, sehr geehrter Herr Minister,

121

dass diese Aktion, die ich, sehr milde ausgedrückt, als äusserst merkwürdig bezeichnen möchte, auf allen Ebenen als peinlich empfunden wurde: von meinen Gästen, von meiner Frau und mir, von den Dorfbewohnern; letztere sassen an diesem schönen Fronleichnamsnachmittag – wie wir mit unseren Gästen – friedlich, friedfertig und bürgerlich bei Kaffee und Kuchen. Als Präsident des Internationalen P.E.N Clubs, den – wie Ihnen möglicherweise nicht bekannt ist – fast 80 Zentren mit etwa 8-9000 Mitgliedern angehören, fühle ich mich verpflichtet, Sie um Aufklärung darüber zu bitten, aufgrund welcher Vermutungen, Verdächtigungen, möglicherweise Denunziationen eine solche Aktion zustande kommen kann, die, zurückhaltend ausgedrückt, nicht nur ein wenig zu groß angelegt war, auch einen Verdacht zurückliess, den Sie möglicherweise aufklären können. Wenn also die Sicherheit des Bundesrepublik Deutschland durch ein paar aufklärende Worte Ihrerseits nicht gefährdet wird, bitte ich um diese Aufklärung. Als Staatsbürger und Steuerzahler erlaube ich mir festzustellen, dass mir – wie gewiss auch Ihnen – daran liegt, dass Polizeibeamte möglichst nicht gezwungen werden, sich in Ausübung ihres Dienstes lächerlich zu machen. Mir liegt – wie gewiss auch Ihnen – an einer effektiv und rationell arbeitenden Polizei. In diesem Falle sind für die Aktion zwei Adjektive zu verwenden: lächerlich und gruselig zugleich. Ich erwarte Ihre Antwort an meine Kölner Adresse 5 Köln 1, Hülchratherstr. 7 mit Durchschlag bitte an das Londoner Büro, das ich pflichtgemäss – wie andere Zentren – unterrichten muss.

Hochachtungsvoll Heinrich Böll

21
GÜNTER GRASS an WILLY BRANDT
Berlin-Friedenau, Niedstraße 13, 6.6.1972

Herrn
Willy Brandt
SOZIALDEMOKRATISCHE PARTEI DEUTSCHLANDS
5300 Bonn
Ollenhauerstraße 1

Lieber Willy,

heute habe ich von Heinrich Böll einen Brief bekommen, der, wie ich höre, Dir als Kopie vorliegt. Anbei die Kopie meiner Antwort. – Manchmal wundere ich mich, warum mir keine grauen Haare wachsen wollen.

Auf unser Gespräch am 16.6. freue ich mich, es ist mehr als notwendig, zumal die Wählinitiativeam17. und 18.6. zum letztenmal vor der Sommerpause zusammenkommt und sich prophylaktisch auf Neuwahlen einrichten will.

Freundliche Grüße Dein Günter.

22
GÜNTER GRASS an HEINRICH BÖLL
Berlin-Friedenau, Niedstraße 13, 6.6.1972

Lieber Heinrich Böll,

ich habe Ihren Brief gelesen und zu verstehen versucht. Ihre Betroffenheit spricht aus jedem Satz. Ich begreife vieles, weil

Sie es sind, der betroffen ist, auch wenn Ich jenen Schluß, den Sie ziehen, sofern er mich betrifft als ungerechtfertigt empfinde, sofern er die politische Sache betrifft, wie eine gemeinsame Niederlage werte.

Seit Jahren werde ich in den Zeitungen der Springerpresse (doch nicht nur dort) durch den Dreck gezogen, ohne besonderen Schutz gegen die anhaltende Verleumdungskampagne zu bekommen oder gar zu erbitten. Gemessen an dem, was Willy Brandt, seitdem er wieder in Deutschland lebt, hat aushalten müssen, ist das dennoch wenig, schlägt nicht ins Gewicht. Deshalb kann es mich nicht überraschen, wenn ein Teil der bundesdeutschen Öffentlichkeit auf Sie, Heinrich Böll, so und nicht anders reagiert; überrascht bin ich allenfalls, wenn Sie sich durch anhaltende und breitgestreute, schließlich nicht nur Ihre Person betreffende Verleumdungskampagnen immer noch verletzen lassen. So erreichen Strauß und Springer, was sie wollen: die Isolierung ihrer Gegner. So werden nur jene geschwächt, die die sozialliberale Koalition — und sei es aus Gründen der Selbsterhaltung — stützen und erhalten wollen.

Ihr Entschluß, bei der Sozialdemokratischen Wählerinitiative nicht mehr mitarbeiten zu wollen, macht mich traurig und ratlos.

Genau dieses, die Trennung von Heinrich Böll, hat kürzlich ein CDU-Bundestagsabgeordneter in einem Offenen Brief an Willy Brandt verlangt.[43] Zu Recht, meine ich, hat Willy Brandt diesem Mann nicht geantwortet. Zu Recht übergehen auch wir alle Versuche, den einen oder anderen Mitarbeiter der Wähler-

---

43 Autor des Briefs war der CDU-Abgeordnete Friedrich Vogel (1929-2005). Er warf unter anderem Böll vor, durch Worte den geistigen Hintergrund für den RAF-Terror geschaffen zu haben.

initiative zu isolieren. Jetzt sieht es so aus, als habe der CDU-Abgeordnete erreicht, was er wollte: die Schwächung seiner Gegner. Ich mag dennoch nicht glauben, daß Sie in dieser Sache Ihr letztes Wort gesprochen haben. Deshalb möchte ich Ihnen vorschlagen, mit mir zusammen den Rat von Freunden zu suchen. Wir könnten uns — wann und wo Sie wollen — mit Günter Gaus oder Peter Härtling, wenn Sie es für richtig halten, mit Willy Brandt zusammensetzen.

Was halten Sie von meinem Vorschlag? Ich glaube, diesen Versuch sind wir einander und ganz gewiß auch der politischen Sache schuldig, die wir (wie unterschiedlich auch immer) vertreten.

Eine Kopie dieses Briefes werde ich Willy Brandt schicken, der Ihren Brief, wie ich höre, kennt. Vielleicht weiß er uns etwas vorzuschlagen.

Ihnen und Ihrer Frau freundliche Grüße.

Ihr Günter Grass

23
HEINRICH BÖLL an GÜNTER GRASS
Köln, Hülchrather Strasse 7, 10.6.1972

Lieber Günter Grass,

mein Gott, wir wollen doch wohl nicht anfangen, wie bramarbasierende Veteranen unsere Narben zu zählen und vorzuzeigen, wobei dann Willy Brandts Kerbholz wahrscheinlich das längste wäre! Darum gehts doch gar nicht. Soll ich Ihnen einmal heraussuchen lassen, was seit Beginn der 50er Jahre, als Sie und viele »junge Schriftsteller« noch jegliches politische Engagement ablehnten, z. T. verhöhnten, so alles über mich abgesudelt worden ist? Nein. Lassen wirs also. Es geht um Herrn Genscher, der leider, leider – und was will ein Regierungschef mehr – ein sehr tüchtiger Minister ist: er hat das Grinsen der schweigenden Mehrheit. Was alles an »Aufklärung« versucht worden ist seit 45 – geht jetzt in wenigen Wochen vor die Hunde, rasch, schmerzlos, widerstandslos, weil fast die gesamte deutsche Presse durch dieses »Helfershelfer« Geschwätz eingeschüchtert ist, weil jegliches Differenzieren als Rechtfertigung von Bomben gilt. Das erinnert mich doch sehr an die Gleichschaltung von 33 – es tut mir leid, aber ich weiss keinen anderen Vergleich – es ist die Folge einer systematischen Hetze, und das fürchterliche ist: Ich kann Willy Brandt nicht einmal raten, noch mehr Verständnis oder gar Solidarität zu zeigen als er bisher getan hat: es würde ihn immer mehr Wählerstimmen kosten, immer mehr. Ich habe Ihnen ja geschrieben, dass meine Absage vorläufig ist – lassen Sie mir also Zeit, und von einem Gespräch, wie Sie es vorschlagen, verspreche ich mir nichts: ich habe die Nase voll von pragmatistischen Thesen. Ja. Ich bin krank, und ich habe wenig Zeit. Entbinden Sie mich also wenigstens von dem Versprechen, diese Wahlbroschüren mit zu verfassen. Ich kann nicht anderen Leuten erklären, was mir selbstverständlich ist: dass man SPD wählen sollte. Und ich kann nicht des deutschen Intellektuellen Pflichtgebet sprechen: Immer brav nach links schlagen, wenn ich nach rechts schlage. Diese Neutralisierung ist Wahnsinn, angesichts der Tatsache, dass Faschismus aller Art in unserer Gesellschaft weder justitiabel noch gesellschaftlich ein Makel ist. Diese Chance ist endgültig verpasst, und ich fühle mich nicht stark genug, noch einmal 20 Jahre meines Lebens an Aufklärungsarbeit zu setzen. Ich will gern mein Versprechen halten, in Trier, Aachen, Paderborn zu sprechen, wenn es losgeht – aber auch das Versprechen könnte sich als eine versteckte Art des Masochismus erweisen – was ich von diesen Schweinen zu erwarten habe, weiss ich spätestens seit der Bundestagsdebatte von vorgestern. Ob dieser versteckte Masochismus der SPD – und dem Herrn Genscher – Stimmen einbringen wird? Ich zweifle daran. Den Konservativen bin ich zu radikal, den Jungen nicht radikal genug. Mein Gott, ich spürs doch überall, auch privat.

Ich prophezeie Ihnen, dass die Scheisse bald kochen wird: allenthalben in deutschen Landen. Der Kriminalbeamte, der meine Gäste neulich verhörte, betete wortwörtlich das Gerede von CDU/Vogel vom »ideologischen Helfershelfer« ab. Herr V. hat das, was er im Bundestag gesagt hat, ja schon einmal vor 2 Wochen auf einer Pressekonferenz gesagt – es wurde von einer deutschen Zeitung (ausgerechnet den Dürener Nachrichten) gebracht. Die dpa weigerte sich geschämig, meiner Sekretärin den Text der Meldung herauszurücken. Das Ausland könne ja auf die Idee kommen, es gäbe in der BRD wirklich so etwas, wie Faschismus, den es natürlich reichlich gibt). Ich werde versuchen, vom Ausland aus zurückzuschlagen. Bitte, bitte – das ist mir ernst – tun Sie alles, um Willy Brandt an weiteren Solidaritätserklärungen zu hindern: es geht schief hierzulande, wenn ein Bundeskanzler das riskiert. Lassen Sie mir ein wenig Zeit und erlauben Sie mir die hochmütige Frage: was soll da ein Gespräch, wo der Innenminister der Regierung Brandt mit jedem Grinsen die Helfershelfer-Theorie stützt und wo er offensichtlich den Notstand vorbereitet.

Beste Grüsse, auch an Ihre Familie (ich schicke Durchschläge an Willy Brandt und Bundespräsident Heinemann)

Ihr Heinrich Böll

24
HEINRICH BÖLL an WILLY BRANDT
Köln, Hülchrather Strasse 7, 10.6.1972

Lieber Herr Bundeskanzler,

das soll die letzte Belästigung in dieser Literatenauseinandersetzung sein[44]. Lassen Sie sich durch meinen Pessimismus nicht anstecken und bitte: seien Sie vorsichtig. Dank für Ihren Brief[45]. Ich hoffe, Herr Lindlau lässt mir noch Zeit, ausgiebig zu korrigieren – ich schreibe sowas manchmal zu rasch und möchte dann später noch etwas »feilen«.

Herzliche Grüsse, Ihnen und Ihrer Familie
auch von meiner Frau

Ihr Heinrich Böll

---

44 Aus dem Brief ergibt sich zwar nicht eindeutig, um welche Auseinandersetzung es sich handeln könnte, aber der Kontext ist eindeutig: Vermutlich hatte Böll in der Anlage seine Briefe an Grass mitgeschickt, denn in einem handschriftlichen Vermerk Brandts bittet der sein Büro, Brief (und Anlagen?) für ein Gespräch mit Grass bereit zu legen.

45 Gemeint der Brief Brandts vom 26. Mai, in dem er Bezug nimmt auf Bölls Aufsatz in Dagobert Lindlaus Sammelband über Willy Brandt.

25
ERKLÄRUNG HEINRICH BÖLLS
Köln, Hülchrather Strasse 7, ohne Datum

Erklärung zu Äußerungen am 12.06.1972 in »Monitor« [46]

Zur Kenntnisnahme mit Gruß von Herrn Böll

i.A. Renate Grützbach [47]

Im Zusammenhang mit einigen Äusserungen, die ich am 12.6.72 in einem Monitor Interview getan habe, das fünf Minuten dauerte, habe ich folgende Erklärung abzugeben:

1. Am 15.5.72, dreieinhalb Monate nachdem ich mein letztes Wort über die BM Problematik gesagt hatte und die Polemik für abgeschlossen hielt, wurde in einem Fernseh-Kommentar des Bayrischen Rundfunks mein Name als einziger im Zusammenhang mit den ersten Bombenanschlägen genannt.

2. Am 26.5.72 erklärte der Bundestagabgeordnete der CDU Friedrich Vogel mich, indem er sich des Ausdrucks »die Bölls und Brückners« bediente, zum intellektuellen und ideologischen Helfershelfer des Terrors und forderte unsere Isolierung.

[46] Im Interview mit dem ARD-Magazin *Monitor* hatte sich Böll am 12. Juni 1972 zu der Hausdurchsuchung in Langenbroich geäußert und das Klima gegen Intellektuelle in der Bundesrepublik beklagt.

[47] Im Auftrag Böll hatte seine Sekretärin den Text an mehrere Redaktionen, aber auch an Politiker verschickt. Ein Durchschlag, der hier abgedruckt ist, ging an das Büro Brandts.

3. Am 1.6.72 fand die Polizeiaktion um mein Haus und das Dorf herum statt, in dem mein Haus liegt. Wieviel Beamten daran teilnahmen, ist schwer festzustellen. Ich sah 5-6, nach Beobachtungen von Dorfbewohnern waren es 12-20. Einigen wir uns auf 8-9. Dass diese Aktion stattgefunden hatte, sickerte durch und ich bat fünf Tage danach Bundesinnenminister Genscher um Aufklärung. Ich wiederhole: ich habe den Polizeibeamten nichts vorzuwerfen. Wenn ich mir vorstelle, dass 150.000 Beamte an diesem Tag wahrscheinlich bis zu 1.000.000 Autos kontrollierten und damit rechnen mussten, aus jedem Auto beschossen zu werden, kann ich mir eine gewisse Nervosität erklären. Nicht erklären kann ich mir, wieso ich besonders verdächtig gewesen sein soll.

4. Am 7. Juni, als im Bundestag die Debatte über innere Sicherheit stattfand, war ich zwischen 11 und 16 Uhr mit meinem Auto unterwegs und hörte auf verschiedenen Sendern Nachrichten: ich hörte fünfmal meinen Namen, nicht im Zusammenhang mit irgendwelchen literarischen Querelen, sondern im ZUSAMMENHANG MIT DER INNEREN SICHERHEIT DER BUNDESREPUBLIK DEUTSCHLAND. Vielleicht versteht man, dass ich keine Lust hatte, in ein Café oder Restaurant zu gehen, stattdessen zu einer Bekannten ging, deren Haus ich passiert [hatte] und sie bat, mir einen Kaffee zu machen. Als ich dort in die Küche trat – es muss gegen 18.30 Uhr gewesen sein – hörte ich wieder meinen Namen im oben erwähnten Zusammenhang. Immerhin hatte ich Gesellschaft bekommen: Günter Grass, Martin Walser und andere wurden nun ebenfalls genannt.

Vielleicht versteht man, dass ich, als ich gegen 20.00 Uhr wieder zu Hause bei meiner Frau war, keine Lust mehr hatte Nachrichten zu hören oder fernzusehen, und dass ich mich ungefähr so fühlte wie sich John Dillinger[48] seinerzeit gefühlt haben muss.

5. Einige Tage später besorgte ich mir den Text der Bundestagsdebatte, las ihn und es lief mir eiskalt den Rücken herunter, nicht, weil mein Name gefallen war, sondern weil ich feststellen konnte, dass die CDU/CSU offenbar entschlossen gewesen war, sich beim Problem »innere Sicherheit« auf eine Intellektuellenhetze einzuschiessen: beachtet man vor allem auch die Zwischenrufe, so hat man den Eindruck als wäre die Bundesrepublik Deutschland ernsthaft bedroht, nun nicht mehr von der BM Gruppe (da inzwischen auch Gudrun Ensslin gefasst worden war), sondern von den Helfershelfern, dem Humuslieferanten. Es war schon grauslich. Die einzigen Politiker, die Widerspruch äusserten, waren Bundeskanzler Willy Brandt, einige Abgeordnete der FDP und SPD. Kein einziger Abgeordneter der CDU/CSU widersprach auch nur mit einem Wort diesem Wahnsinn, der draufhinauslief, jegliches Differenzieren regelrecht zu kriminalisieren.

6. Das Protokoll dieser Sitzung ist für jedermann um den Preis von 2,80 beim Verlag Dr. Hans Heger, Bonn-Bad Godesberg erhältlich. Ich rate jedem auch nur halbwegs politisch Interessierten, es zu erwerben und zu lesen. Diese Lektüre ist die beste Vorbereitung für den kommenden Wahlkampf.

7. Was die Äusserungen über mich von Herrn Vogel (Friedrich CDU) und Dr. Schneider CSU betrifft, so sind sie – bedenkt man, dass sie fast 5 Monate nach dem umstrittenen Artikel gemacht wurden – von einer Infamie, die eines de-

---

48 John Dillinger (1903-1934), amerikanischer Gangster, der von der Polizei erschossen wurde.

mokratischen Parlaments unwürdig ist. Was Herr Dr. Schneider über Solshenyzin, Bukovski[49] und mich gesagt hat, sind einfach Lügen, wie sie nur entstehen können, wenn sich einer ausschliesslich bei »Bild«, bei der »Welt«, bei Herrn Löwenthal und im »Quick« informiert. Ich halte es für unter meiner Würde, einer solchen Infamie öffentlich zu widersprechen und den Eindruck zu erwecken, ich müsse mich verteidigen.

8. Wie ich erfuhr, soll Herr Friedrich Vogel inzwischen erklärt haben, an meiner persönlichen Integrität hege er keinen Zweifel. Zu erklären, wie beleidigend eine solche Äusserung ist, wäre zu kompliziert. Was ich beanspruche ist der mir statistisch zustehende Anteil an Nicht-Integrität, was bedeutet: mindestens so viel wie man Dr. Franz Josef Strauss zubilligt.

9. Bevor ich zu dem Monitor Interview fuhr, las ich das Protokoll der Bundestagsitzung noch einmal. Das Gruseln kam wieder und blieb. Was ich innerhalb der 3 Minuten, die mir blieben, um das Wichtigste zu sagen, sagte, entsprach meiner Einsicht, meiner Stimmung und meinem Zustand. Stimmung und Zustand wechseln; die Einsicht ist geblieben, dass jede, aber euch jede intellektuelle Arbeit (in die ich auch wissenschaftliche Arbeit einschliesse) unmöglich wird, wenn differenziertes Betrachten und Analysieren von Problemen kriminalisiert wird. Was der CDU/CSU

---

49 Alexander Solschenizyn (1918-2008) und Wladimir Bukowski (1942), russische Schriftsteller. Die Konservativen warfen Böll vor, sich als P.E.N.-Vorsitzender nicht genügend für den vom Sowjetregime verfolgten Bukowski einzusetzen. Böll dagegen verwies darauf, dass er seine Hilfe, wenn sie denn Erfolg haben solle, nicht öffentlich machen dürfe.

vorzuschweben scheint, ist nicht irgendeine Art von besserem Humus, sondern Wüstensand.

Ich gebe zu: ich hatte Angst und die Nerven verloren (wer je in einen Nervenkrieg verwickelt war, wird das verstehen). Die Angst habe ich noch, der Zustand meiner Nerven bessert sich. Ich will versuchen, die Angst zu erklären: ich hätte möglicherweise z.b. gern ein Gedicht, einen Essay über die 150.000 Polizeibeamten geschrieben oder über den körperlichen Zustand von Meins, Raspe und Gudrun Ensslin. Ich habe das nicht getan, nicht nur, weil ich den Dreck fürchte, der kübelweise von Springer- und jeglicher Sorte christlicher Zeitungen zu befürchten ist, auch, weil ich mir die Frage stellte: lohnt sich das?

10. Reduziert man das Problem um mich und meinen Namen (ich werde schon fertig mit diesem Problem) und stellt sich vor, welch einer Einschüchterung tausende oder gar zehntausende von Lehrern Redakteuren, Autoren, Professoren ausgeliefert sind – dann ist der Ausdruck Intellektuellenhetze berechtigt, zumal das Gerede von den »geistigen Vätern« weitergeht. Die Diskriminierung von Helmut Gollwitzer[50] etwa ist ein Verbrechen, weil er für viele junge Leute die einzige Autorität aus seiner, einer älteren Generation ist. Eine Demokratie, in der »Einzelkämpfern« eine solche Last aufgebürdet wird, ist in Gefahr. Demokratische Verfassung, demokratische Regierung sind permanent in Gefahr, wenn nicht demokratisches Selbstverständnis herrscht. Eine Bundestagsdebatte wie die vom 7. Juni gefährdet alles, was in 25 Jahren in diesem Land an Aufklä-

---

50 Helmut Gollwitzer (1908-1993), evangelischer Theologe, von 1957 bis 1975 Professor an der FU-Berlin, engagierte sich für die Studentenbewegung, war Weggefährte von Rudi Dutschke.

rung und Information geleistet worden ist und selbst wenn man sie von einem lediglich patriotischen Standpunkt aus betrachtet: es muss eine Art Selbstmordstimmung in der CDU/ CSU herrschen, wenn sie ausgerechnet die Kräfte (nicht Personen) auszulöschen gedenkt, die der Bundesrepublik Deutschland über den Ruf der Tüchtigkeit hinaus jenen Kredit intellektueller Art verschafft haben, ohne den jedes Land der Erde zu einem Roboterstaat verödet.

11. Es ist die Stunde der liberalen und konservativen Presse in diesem Land. Es kann ihnen nicht daran liegen, dass Tendenzen, wie sie am 7.Juni 1972 bei der CDU/CSU Faktion sichtbar und hörbar wurden, auch nur die geringste Chance haben, Wählerstimmen einzubringen; und dass Politiker Angst haben müssen, gegen die Intellektuellenhetze öffentlich aufzutreten, weil sie dann um Wählerstimmen fürchten müssen. Selbst der konservativste Intellektuelle oder Wissenschaftler weiss, dass geistige Arbeit ohne Risiko keine mehr ist.

12. Ich danke allen; die mich kritisiert und nicht denunziert haben. Ich danke dem VS, dem PEN Club, der Journalisten Union, vielen, die mir geschrieben und telegrafiert haben. Ganz besonders danke ich Willy Brandt, Herbert Wehner und den FDP und SPD Abgeordneten, die noch zu differenzieren versuchten, obwohl man sie an- und auszischte. Diese Sitzung des Bundestages war ein Albtraum.

Heinrich Böll

26
HERBERT WEHNER an LOTTE WEHNER[51]
Bad Godesberg, (handschriftlich), 18.6.1972

Meine Lotte!

Heute Vormittag hörten Greta und ich während des Frühstücks einen Vortrag, der dem 17. Juni und seiner Rolle in der nunmehrigen Wirklichkeit galt. Greta mußte mehrmals lachen, denn der Vortragende betonte seine Sätze so, daß es eben komisch wirkte. Aber das, was er sagte, war richtig und sogar wichtig. Er selbst hat sicher diesen Vortrag für »das« geistige Ereignis gehalten; gerade weil er wohl selten Gelegenheit bekommt, zu einem größeren Zuhörerkreis zu sprechen, tat er es wie ein Abschlußprüfling in früheren Zeiten bei feierlicher Gelegenheit. Greta hat nicht den vor Beginn angesagten Namen verstanden. Ich wußte, wie sich Jürgen Tern, der es war, fühlen mußte; der schnöde geschasste Herausgeber der »Frankfurter Allgemeinen« sprach, als habe er ein zukunftsweisendes Vermächtnis zu unterbreiten. Seine Gedanken waren auch wohlgeordnet und klar, aber ...

Meine Teilnahme am gestrigen Böll-Genscher-Gespräch hat wenigstens bewirkt, daß keiner den anderen zurechtgewiesen oder auf die Knie zu zwingen versuchte. Auch Ruhnau wirkte beinahe bescheiden. Böll ist tief pessimistisch. Er ging so weit, zu sagen, die Politiker der sozial-liberalen Koalition würden, wenn sie sagten, was er eigentlich erwartete, daß sie zu sagen gehabt hätten, die nächste Wahl verlieren; sie sollten sich deshalb nicht so weit vorwagen. Anderseits hat er aus dem Studium des Protokolls der Bundestagssitzung zum Thema »Inne-

---

[51] Lotte Wehner (1903 - 1979), geborene Burmester, zweite Ehefrau von Herbert Wehner, mit der er seit 1944 bis zu ihrem Tod verheiratet war.

re Sicherheit« bittere Vorwürfe gegen die Sprecher sowohl der CDU-Opposition als auch der Koalition; diese hätten sich ja auf den Jargon der CDU zwingen lassen. Beide Seiten zusammen führen ihn zu seinem Pessimismus. Ich habe wiederholt gesagt, wenn er und Leute wie er nicht mehr schreiben und sagen dürfen oder zu sagen wagen dürften, wie sie denken, ohne daß sie »klassifiziert« würden, und wenn zwischen den Männern der Exekutive (wie sie in Genscher und Ruhnau verkörpert sind) und den Schriftstellern nicht offen und sachlich geredet und gerichtet werden könnte, wie es an diesem Nachmittag im kleinen Kreis geschieht, dann wär's aus. Dem stimmten alle zu, aber was werden die weiteren öffentlichen Auslassungen bringen? Beim Auseinandergehen sagte mir Böll freundlich – und wie mir schien: betont –, wann ich Zeit und Gelegenheit fände, ihn mal einzuladen, käme er gern zu mir. – Nachmittags hatte er – en passant – darauf hingewiesen, wie die Kurve der Verkaufszahlen seines neuen Romans von einer bestimmten Zeit an niedergegangen und das Buch aus den Auslagen verschwunden sei. So ist's. Er hat erzählt, wie die alte Frau, der er das Haus in der Eifel abgekauft hatte, sich ihm gegenüber anders verhalte, seitdem die Polizei mit großem Aufgebot dort erschienen und eingedrungen war. Andererseits verstand er, was ich ihm vom erschossenen Hamburger Kriminalpolizisten gesagt habe. Es ist eine vertrackte Sache. Sie ist, auf einen Schriftsteller von Rang bezogen, überhaupt nur aufzulockern, wenn alle offen und nicht in abgestempelte (von »Bild« und Kremp gebrandmarkte) Fronten gepreßt oder gehetzt ihre Meinungen sagen und schreiben. Nur dann, wenn [unleserlich], kann auch das Tragische beschrieben werden, ohne als »Parteinahme« oder gar als »geistige Urheberschaft« denunziert werden zu können. Aber das ist wohl »zu schön« um wahr (das heißt wirklich) werden zu können.

Mein Nachmittagsgespräch bei (mit) Brandt bewegte sich – so blieb mein Eindruck – um den Kern herum, den er bei sich behielt. Wenn ich in einem Teilstück, das heißt zu einer Frage von ihm selbst, meine Erklärung gesagt hatte, wechselte er zu einem anderen Teilstück. Schließlich war die Zeit herum und ich mußte zu Böll-Genscher. Er hatte sich zurechtgelegt, »im August« den Anstoß zu der wiederholt »verschobenen« Operation Bundestagsauflösung und Neuwahlen zu geben; meine Antwort mußte ihn mehr als »nachdenklich« gemacht haben. Das ist nämlich eben auch nicht mehr als eine Seifenblase. Denn Haushalt 72 und 2. Rentenreform wird man nicht unerledigt liegen lassen dürfen, wenn man sie schon über die Sommerpause hinwegschleppt, wie es nun geschieht. Dann ist eben ein »August« -Termin völlig willkürlich und wäre höchstens durch ein ganz »unprogrammmäßiges« Ereignis von größter Tragweite zu erklären. Aber wird man weiter »hoppeln«, nachdem man vorher jeweils erklärt (entschuldigt) hatte, jetzt »noch nicht«. Zur Abwechslung wandeln die Illustrierten und wohl auch bald die Wochenblätter die Aussichten von Hinz und Kunz auf Regierungsposten ab. – Draußen recht starker Wind. Es ist vielleicht ganz ratsam, sich ihm etwas auszusetzen und dabei die Gedanken zu ordnen für das Guttenberggespräch und das abendliche mit Sven und Carl-Gustav. Jedes wird auf recht unterschiedliche Weise seine Anforderungen stellen. Und die dicht bepackte Sitzungswoche wirft ihre »Schatten« voraus. Wenn sie auch unterschiedlich zu Ende gehen muß. Am Ende allerdings steht Parteivorstands- und Parteiratssitzung, deren »Kern« inzwischen – bei Brandt erkennbar – verschwindet, weil er nichts Festes zu sagen haben wird und dadurch die Leute zu Ausflügen in Spekulationen »berechtigt«. Und das in Berlin, wo man so lange nicht gewesen ist. – Hab's gut mit den Gästen und grüße sie.

Herzinnig grüßt und küßt Dich

Dein Herbert

27
GUSTAV HEINEMANN an HEINRICH BÖLL
Davos, 16.6.1972

Lieber Herr Böll!

In einer Einsamkeit der Alpenberge über Davos erreichen uns Ihre Briefe vom 2. Juni an Grass, 5. Juni an Genscher und 10. Juni wiederum an Grass. Was wir uns ausmalten, war dieses: wir wären an diesem 1. Juni just ebenfalls Ihre Hausgäste gewesen, als die Polizei an- und einrückte! Leider haben Sie uns zu diesem Staatsakt nicht rechtzeitig eingeladen! Das wäre doch großartig gewesen.

Überall um uns herum sitzen sie da, die nur zu gern jedes Differenzieren in ein Rechtfertigen ummünzen. Das gilt es durchzustehen, – auf Hoffnung. Radikal darf man auch nach unserer Verfassung sein, die längst nicht alles festschreibt, was viele Zeitgenossen unantastbar machen möchten. Nur liefern eben etliche Vorgänge wie Baader-Meinhof oder an einigen Hochschulen den Reaktionären die billige Begründung für den Ruf nach law and order.

Was ich wohl verstehe aber für änderungsbedürftig halte, ist die Ungleichgewichtigkeit des publizistischen Aufhebens von den Vorgängen etwa bei den Jusos und bei vergleichbaren Turbulenzen in katholischen Studentengemeinden. Was in den Kirchen geschieht, hat längeren Atem und größere Tragweite als aller Klamauk sonstwo. Anders gesagt, das deutlichste Anzeichen dafür, daß wir in einer Zeit der Umbrüche stehen, sind die Auseinandersetzungen zumal (aber nicht nur) in der katholischen Kirche. Eine CDU sollte sich darüber viel mehr aufregen als über Jusos.

Sehen Sie eine Möglichkeit, von diesem Blickpunkt aus die Dinge in ein besseres Gleichgewicht zu rücken?

Wir sollten uns bald einmal sprechen. (Ich rief von Bonn aus schon einige Male an, ohne Sie zu erreichen.) Am 21. Juni geht es heimwärts.

Hier leben wir ohne Fernsehen und Rundfunk, aber die Weltgeschichte geht trotzdem weiter, – mal ohne uns.

Herzlichst Ihre

28
HANS-DIETRICH GENSCHER an HEINRICH BÖLL
Bundesminister des Innern, Bonn, 21.6.1972

Sehr geehrter Herr Böll!

Ihr Schreiben vom 5. Juni 1972, in dem Sie mich um Aufklärung über den noch Ihren Worten »lächerlichen und gruseligen« Einsatz der nordrhein-westfälischen Polizei am 1. Juni 1972 in Langenbroich gebeten haben und dessen Eingang ich Ihnen bereits bestätigt habe, beantworte ich im Einvernehmen mit dem Herrn Innenminister des Landes Nordrhein-Westfalen.

Erlauben Sie mir zunächst folgende grundsätzliche Feststellungen: Minister Weyer[52] und ich sind der Auffassung, daß unsere Polizeibeamten angesichts der erwiesenen Gefährlichkeit der Baader-Meinhof-Bande bei allen Einsätzen einen Anspruch darauf haben, ausreichend gesichert zu sein, auch durch die Art der Bewaffnung. Dies gilt auch und gerade bei der Überprüfung von Personen.

52 Willy Weyer (1917-1987), FDP-Politiker, von 1962 bis 1975 Innenminister von NRW.

Im Verlauf der Fahndungsmaßnahmen gegen Mitglieder des genannten Personenkreises sind, wie Sie sicher wissen, von den Terroristen mindestens 16mal Schußwaffen gegen Polizeibeamte verwandt worden; drei Beamte wurden getötet, sechs zum Teil schwer verletzt. Dies und die Umstände aller bisherigen Festnahmen von Bandenmitgliedern verlangen besondere Vorsichtsmaßnahmen. Die bisher festgenommenen Bandenmitglieder waren alle schwer bewaffnet, einige mit Explosivkörpern ausgerüstet.

Aus diesem Grunde kann ich den Vorwurf nicht akzeptieren, der in der Feststellung liegt, Polizeibeamte sollten möglichst nicht gezwungen werden, sich »in Ausübung ihres Dienstes lächerlich zu machen«. Dasselbe gilt für Ihre Charakterisierung des Einsatzes vom 1. Juni 1972 als »lächerlich und gruselig«.

Ich bin sicher, Sie werden daran nicht mehr festhalten, wenn ich Ihnen folgendes mitteile:

Im Zusammenhang mit der Festnahme von Baader, Meins und Raspe wurde am 1. Juni 1972 für das gesamte Bundesgebiet Fahndungsalarm nach einem aus Frankfurt entkommenen Fahrzeugkonvoi der Baader-Meinhof-Bande ausgelöst. Gegen Mittag des gleichen Tages ging dem Landeskriminalamt Düsseldorf ein Hinweis zu, wonach die gesuchten Fahrzeuge im Raume Daun-Wittlich-Euskirchen gesehen worden seien und sich in nördlicher Fahrtrichtung bewegten. Die daraufhin eingeleiteten Fahndungsmaßnahmen schlossen auch Langenbroich ein, wo sich Ihr Haus befindet.

Das Landeskriminalamt hatte veranlaßt, daß der Zugang zu Objekten überwacht wurde, bei denen die Gefahr nicht auszuschließen war, daß die Gesuchten dort evtl. Zuflucht suchen würden.

Hier ist ein klärendes Wort vonnöten: Die Erfahrung zeigt, daß Mitglieder der Baader-Meinhof-Bande sehr häufig ohne Zutun, ja ohne Wissen und Willen der Inhaber, Häuser oder Wohnungen aufgesucht haben. Die Überwachung des Zugangs zu solchen Objekten richtete sich daher ausschließlich gegen die flüchtigen Mitglieder der Bande. Sie diente zugleich dem Schutz der Hauseigentümer oder Wohnungsinhaber, weil die Absicht der Geiselnahme und -opferung von den Bandenmitgliedern nie voll ausgeschlossen wurde. Die Polizei hat deshalb nicht etwa das Einverständnis der Verfügungsberechtigten (Haus-/Wohnungsbesitzer) mit der Absicht der Flüchtigen unterstellt.

Zusätzlich zu der allgemeinen Befürchtung, daß flüchtige Bandenmitglieder den Versuch unternehmen könnten, in Privathäuern ohne Zutun der Bewohner Zuflucht zu nehmen, ging am 1. Juni gegen 14 Uhr bei der Polizei in Köln ein Hinweis ein, nicht der erste übrigens, der auf die Absicht von Bandenmitgliedern hindeutete, eventuell auch in Ihrem Haus Zuflucht zu suchen. Als außerdem gegen 15.30 Uhr des bewußten Tages festgestellt wurde, daß ein Taxi eine männliche und eine weibliche Person nach Langenbroich gefahren und beide – wie sich später herausstellte – bei Ihrem Haus abgesetzt hatte, hielt es der zuständige, den Einsatz leitende Polizeibeamte für notwendig, die Identität der beiden Personen festzustellen.

Sie werden es mit uns – dem Innenminister von Nordrhein-Westfalen und mir – für selbstverständlich halten, daß angesichts der Schwere der den Mitgliedern der Baader-Meinhof-Bande zur Last gelegten Verbrechen und angesichts der von ihnen ausgehenden Bedrohung des Lebens gerade völlig Unbeteiligter die Polizei allen, auch den kleinsten und unwahrscheinlichsten Hinweisen nachgehen muß.

Der Polizeibeamte hat Ihnen, als er Sie aufsuchte, die Fahndung geschildert. Ich erkenne gerne an, daß Sie dabei volles Verständnis für die polizeilichen Maßnahmen zeigten, ja sogar freiwillig eine Durchsuchung Ihres Hauses anbuten. Dies bestärkt mich in der Auffassung, daß Sie nicht weniger als tausende anderer Mitbürger, die sich in diesen Tagen auch Personen- und Kraftfahrzeugüberprüfungen unterziehen mußten, bereit sind, das Ihre dazu beizutragen, der Gewaltkriminalität in unserem Lande entgegenzutreten.

Da sich die Polizeikontrollen jedoch nicht gegen Sie, Ihre Angehörigen oder Ihr Haus richteten, war eine Durchsuchung nie beabsichtigt. Die beiden Beamten konnten sich darauf beschränken, den Ausweis Ihres männlichen Besuchers zu überprüfen. Weder bei Ihnen selbst, noch bei Ihren im Haus anwesenden Familienangehörigen wurde eine Personen- oder Alibiüberprüfung vorgenommen. Sie war auch nie beabsichtigt.

Gemeinsam mit Herrn Minister Weyer stelle ich fest, daß sich die Beamten bei der Überprüfung Ihrer Gäste absolut korrekt verhalten heben. Daß die Ausweiskontrolle in einem Raume Ihres Hauses stattfand, geschah mit Ihrem Einverständnis, und zwar durch nur zwei Beamte, während sich die übrigen außerhalb Ihres Grundstücks aufhielten.

Ich machte abschließend betonen, daß die Erklärung, die ich vor dem Deutschen Bundestag abgegeben habe, galt und gilt: »Wir werden auch bei der Bekämpfung des Terrors keinen Millimeter vom Wege des Rechts abweichen, aber wir werden das Recht mit Entschlossenheit anwenden«.

Darum ging es auch an jenem 1. Juni 1972 und nicht darum, Sie direkt oder indirekt zu verdächtigen.

Ich würde mich freuen, wenn Sie dies aus meinen Darlegungen ersehen wollten.

Mit freundlichen Grüßen Ihr Hans-Dietrich Genscher

29
HEINRICH BÖLL an HERBERT WEHNER
Köln, (handschriftlich), 22.6.1972

Lieber, verehrter Herbert Wehner,[53]

verzeihen Sie mir, daß ich den »Herrn« vergesse und Sie bitte, bei mir das gleiche zu tun. Ich bin sehr froh, Sie kennen gelernt zu haben, und die Grüße, die ich Ihnen von meiner Frau und meinem kranken Bruder wünschte, sind keine formale Schmeichelei. Ich denke, sie brauchen ein Klischee nicht zu fürchten. Das sind neue Formen der Ikonographie, schlimmer als die alten.

Ich glaube, wir brauchen uns nicht über Schwächen meines fraglichen Artikels zu streiten. Ich habe sie öffentlich zugegeben, mehr kann ich nicht tun. Was mich erschreckt an der Auseinandersetzung jetzt ist die Tatsache, daß ich so viel Schelte für so wenig Schuld nicht angemessen finde, also muß ich eine tiefangelegte politische Absicht vermuten.

Ich verstehe es gut, daß es Sie kränken oder erschrecken muß, wenn ich das Wort Faschismus hier und heute verwende, das Wort Emigration zwar nicht ausspreche, es aber andeute. Inzwischen, hoffe ich, ist das halbwegs geklärt durch mein Pressestatement.

53 Von diesem Brief Bölls gibt es nur eine von Wehner gefertigte Abschrift. Offensichtlich war ihm der Brief so wichtig, dass er ihn für sich privat abgeschrieben hat. Mit hoher Wahrscheinlichkeit, um ihn seiner Frau Lotte Wehner zu schicken, die die Sommerwochen alljährlich auf der schwedischen Insel Öland verbrachte. Wehner informierte sie während dieser Zeit brieflich intensiv über seine politische Arbeit in Bonn. Siehe auch Wehner-Brief an Lotte Wehner vom 18. Juni 1972.

Unsere (meiner Frau, meiner Familie) Erfahrung mit dem Faschismus ist ganz anders als Ihre: wir haben ihn täglich – alltäglich von sehr »netten« Leuten erfahren, gesteigert in der Schreckenszeit zwischen Juli 44 und Mai 45, denn auch die Nazischrecken hatten ja <u>Stufen</u>! Diesen Faschismus der »netten« Leute entdecke ich eben in diesen Denunzierungen, vor allem in deren Wirkung nicht bei Intellektuellen, nicht einmal bei der Springer-Scheiße – sondern beim Bäcker, Milchmann – bei den Leuten, mit und unter denen ich lebe. Es bleibt eben »was hängen«. Ich hoffe, wir können uns nun oft unterhalten. Und ich erwarte von Ihnen auch Belehrung. Meine Polemiken mit diesen Leuten (CDU-Springerpresse) sind ja schon 20 Jahre alt, und ich bin tatsächlich in der Position des »Einzelkämpfers«.

Herzlich, auf bald, mit Grüßen von meiner Frau

Ihr gez. Heinrich Böll

30
HEINRICH BÖLL an HANS-DIETRICH GENSCHER
INTERNATIONAL P.E.N., Glebe House, London, 29.6.1972

An Seine Exzellenz
den Herrn Bundesminister des Inneren
Herrn Hans-Dietrich Genscher

Sehr geehrter Herr Minister,

durch Ihr Schreiben vom 22.6.72, dessen Empfang ich hiermit dankend bestätige, sind die Massnahmen, die am 1.6.72 meine

Frau, meine Gäste und mich betrafen, hinreichend geklärt; auch deren Ursache. Selbstverständlich hatten Sie das Recht, diese Erklärung der Öffentlichkeit zu übergeben; ich bin sogar dankbar dafür, denn soweit etwas so Unklares wie »Verdacht« geklärt werden kann, haben Sie zu dieser Klärung beigetragen. Mehr können Sie nicht tun, mehr erwarte ich auch nicht.

Worüber gelegentlich – mündlich oder schriftlich – in Fortsetzung unseres Gesprächs vom 17.6. meditiert werden müsste, wäre die Dimension des Verdachts oder der Verdächtigung, wie sie entsteht, wenn im Rahmen durchaus notwendiger exekutiver Massnahmen, sogar gestützt auf diese, etwa sämtliche Medien der Springer-Presse, sich pseudoexekutiv gebärden, in die »Jagd« einschalten. In diesem Zusammenhang wird etwa das Wort »verharmlosen«, wenn Sie es gebrauchen und es gleichzeitig von dieser Sorte Presse gebraucht wird, zu einer Denunziation, die Sie nie beabsichtigt haben, die aber – irgendwo unten – so »ankommt«. Dies nur als Beispiel.

Was an der Situation »gruselig« war, will ich Ihnen zu erklären versuchen: es hätte nur einer der Anwesenden (etwa meine Frau, die einige hundert schwere Bombenangriffe und einige Hausdurchsuchungen durch die Feldpolizei der deutschen Wehrmacht hinter sich hat) die Nerven verlieren und Wegrennen sollen – was dann? Ich bitte Sie, zu bedenken, dass auch notwendige Massnahmen Gefahren heraufbeschwören können. Gewiss liegt Ihnen so wenig daran wie mir, diese Angelegenheit weiterhin öffentlich zu behandeln. Ich erkläre Sie meinerseits für erledigt und bitte Sie um Verständnis für die Verspätung meiner Antwort: ein Todesfall in der Familie und die damit verbundenen Umstände verzögerten meine Antwort.

Mit freundlichen Grüssen Ihr Heinrich Böll

31
HANS-DIETRICH GENSCHER an HERBERT WEHNER
Bundesminister des Innern, Bonn, 6.7.1972

An den

Vorsitzenden der SPD-Bundestagsfraktion

Herrn Herbert Wehner, MdB

Lieber Herr Kollege,

Herr Böll hat mir auf meinen Brief vom 21. Juni 1972, den ich beifüge, geantwortet. Auch davon darf ich eine Ablichtung beilegen.

Ich denke, unser Gespräch hat sich gelohnt.

Mit den besten Grüßen

Ihr Hans-Dietrich Genscher

32
HEINRICH BÖLL an WILLY BRANDT
INTERNATIONAL P.E.N., Glebe House, London, (handschriftlich), 15.9.1972

Lieber, verehrter Herr Bundeskanzler,

für Ihre beiden Briefe und die Zusendung Ihrer Rede möchte ich Ihnen sehr herzlich danken, nicht nur in meiner Eigenschaft – siehe Briefkopf. Ich bin froh, dass das PEN Treffen in West-Berlin nun gesichert ist.

Privat die Mitteilung, dass ich nun doch – soweit Zeit und Kräfte reichen – Wahlkampf für die SPD machen werde. Obs was hilft weiß ich nicht.

Herzlichen Dank und Grüße, auch von meiner Frau und auch an Ihre Familie

Ihr Heinrich Böll

33
WAHLREDE HEINRICH BÖLLS IN KLEVE
Heinrich Böll für die sozialdemokratische Wählerinitiative in Kleve, 3.10.1972

Wahlrede in Kleve[54]

Hätte Willy Brandt nach dem gescheiterten Mißtrauensvotum der CDU/CSU die Vertrauensfrage gestellt und es, wie am 22. 9., als sich sein Kabinett der Stimme enthielt, so eingerichtet, daß das Parlament aufgelöst worden wäre, so hätte er zu diesem Zeitpunkt eine gute Chance gehabt, mit seiner Osteuropapolitik als Hauptwahlkampfthema eine große Mehrheit bei Neuwahlen zu erreichen. Willy Brandt hat das nicht getan. Er hat nicht partei-, sondern staatspolitisch gehandelt; er hat seine Osteuropapolitik durchgeführt, und man kann wohl sagen, auch durchgestanden, und die CDU/CSU hat bei dieser entscheidenden Abstimmung eine so peinliche Rolle gespielt wie beim Mißtrauensvotum. Nicht Willy Brandt ist gescheitert, sondern die Opposition, die sich parteipolitisch-egoistisch geschickt, staatspolitisch, in dem sie Stimmenthaltung verordnete, bzw. verordnen ließ, unverantwortlich verhalten hat. Betrachtet man das Mißtrauensvotum als einen Versuch, ohne Neuwahlen eine CDU/CSU-Regierung zustande zu bringen, so ist es die CDU/CSU, die gescheitert ist trotz der vielen Abgeordneten,

54 Kölner Ausgabe, Band 18, S. 146-152

die zu ihrer Partei übergegangen sind. Ich nenne diese Herren nicht Überläufer (obwohl ich auch diesen Begriff nicht so ehrenrührig finde, wie er gemacht wird), sondern Übergänger, weil sie eine nationale und internationale Übergangsphase kennzeichnen. Die Bundesrepublik hat sich seit Beginn der sozial-liberalen Koalition gewandelt, mit ihr die Welt um sie herum. Es ist ein internationaler sozial-, also innenpolitischer und außenpolitischer Wandel von großer Bedeutung, in dem mühsam aufrechterhaltene Vorstellungen aufgegeben werden müssen, und das mag nicht jedermanns Sache sein. Ich mag die Abgeordneten, die ihre Farbe gewechselt haben, nicht pauschal denunzieren, nicht einmal wenn der eine oder andere sich als bestechlich erweisen würde. Es ist unmöglich, sich ein endgültiges Bild von jemandes Gewissen zu machen; manch einer kennt sein eigenes Gewissen gar nicht so genau. Gewissen ist keine unveränderlich feststehende Größe, die wie eine Präzisionsuhr funktioniert. Man redet ja auch jemandem ins Gewissen, und es kann einer sich selbst ins Gewissen reden. Man sollte auch in einer Gesellschaft, die den Profit predigt, nicht unbedingt jemand für gewissenlos erklären, der materielle Vorteile möglicherweise als mit seinem Gewissen vereinbar akzeptiert hat.

Der Versuch, ohne Neuwahlen eine neue Regierung zu bilden, ist also trotz der Übergänger gescheitert, und staatspolitische Verantwortung hat Willy Brandt daran gehindert, die Neuwahlen zu dem für ihn günstigsten Zeitpunkt zu ermöglichen. Die Anerkennung der neuen Geographie Osteuropas beruht nicht auf einer Schwäche Willy Brandts und seiner Berater; sie ist die Konsequenz des verlorenen Zweiten Weltkriegs, und die gesamte westliche Welt hat sich längst mit dieser neuen Geographie abgefunden, bevor Willy Brandt den Mut fand, die politischen und geschichtlichen Konsequenzen zu ziehen und mit den Staaten Osteuropas zu verhandeln. Das war keine dankbare, es war die schwerste außenpolitische Aufgabe, die die Bundesrepublik seit ihrem Bestehen zu lösen hatte. Nur Willy Brandt kann diese Politik, die ja noch lange nicht abgeschlossen ist, fortsetzen. Er hat das volle Vertrauen der Westmächte. Welches Ansehen Willy Brandt im westlichen Ausland genießt, ist hierzulande zu wenig bekannt, weil ein großer Teil der Presse bewußt und seit dem Beginn der sozial-liberalen Koalition falsch darüber informiert. Nicht nur in den sozialdemokratisch regierten Staaten Skandinaviens, auch in Großbritannien, in einem fast rein katholischen Land wie Irland, in Holland genießt Willy Brandt dieses Ansehen, das nicht nur auf seiner Ost-, auch auf seiner Westeuropapolitik beruht. Kein Bundeskanzler seit Adenauer hat dieses Ansehen genossen, und Adenauers Ansehen beruhte ja nicht nur auf seiner unbestrittenen Gegnerschaft zum Naziregime, zu einem anderen Teil auch auf der Nützlichkeit der Bundesrepublik Deutschland als Konfrontationsbasis gegen die sozialistischen Länder Osteuropas. Schon die Regierungen Erhard und Kiesinger haben vergebens an Adenauers Kredit anzuknüpfen versucht, und die gegenwärtige CDU/CSU versucht es immer mit dem von den westlichen Verbündeten längst aufgegebenen Konfrontationsrezept. Dieses Rezept war schon während der letzten Regierungsperiode Adenauers nicht mehr gültig. Verbissen in das Konfrontationsrezept, ganz und gar konzentriert auf die Konzeption eines Wiederaufbaus, der auf einseitigen Privilegien beruhte, haben die fünf CDU/ CSU-Regierungen auch dringende innere Reformen vernachlässigt! Immer noch steht die Bundesrepublik Deutschland in der Bildungsstatistik der EWG an letzter Stelle, obwohl ihre wirtschaftliche Kraft und Blüte unbestritten sind.

Auch in der Opposition sehe ich Kräfte, die wissen, daß man nun wirklich nicht mehr länger vom Erbe Adenauers zehren kann und daß eine gewisse brutale Euphorie, mit der man industrialisiert und Profite erwirtschaftet hat, korrigiert werden muß. Im Artikel 14 des Grundgesetzes heißt es: »Das Eigentum und das Erbrecht werden gewährleistet. Inhalt und Schranken werden durch Gesetze bestimmt.« Und es heißt weiter: »Eigentum verpflichtet. Sein Gebrauch soll zugleich dem Wohl der Allgemeinheit dienen.« Und weiterhin heißt es: »Eine Enteignung ist nur zum Wohle der Allgemeinheit zulässig. Sie darf nur durch Gesetze oder aufgrund eines Gesetzes erfolgen, das Art und Ausmaß der Entschädigung regelt.« Das sind nicht Zitate aus einem verbrämt marxistischen Manifest, sie stammen aus dem Grundgesetz der Bundesrepublik Deutschland, vom Parlamentarischen Rat ausgearbeitet, dessen Präsident Konrad Adenauer war. Und wenn zwischen der Wörtlichkeit des Abschnitts 1, in dem von Schranken des Eigentums gesprochen wird, der Wörtlichkeit des Abschnitts 2, in dem es heißt: »Eigentum verpflichtet«, und der Wörtlichkeit des Abschnitts 3, in dem Enteignung unter zu regelnden Bedingungen als möglich bezeichnet wird, wenn zwischen diesen Wörtlichkeiten Spannung entsteht, wenn immer noch die Interpretation des großen Worts »Eigentum verpflichtet« ausgeblieben ist, so sollte man nicht junge Leute, die das Grundgesetz wörtlich nehmen und auf eine Auslegung seiner Wörtlichkeit warten, denunzieren und ihnen mit einer Praxis antworten, die lautet: Eigentum verpflichtet lediglich zu mehr und mehr und immer mehr Eigentum.

Nicht dem Flugblatt einer radikalen Jugendgruppe, sondern der unverdächtigen Wochenzeitung *Die Zeit* entnehme ich die Mitteilung, daß der CDU-Wirtschaftsrat seit Beginn der sozialliberalen Koalition offen versucht hat, Publikationsorgane, die mit der Regierung sympathisierten, durch den Entzug von Anzeigen unter Druck zu setzen. Wenn man bedenkt, daß in einem Jahr bis zu 4 Milliarden Mark für Inserate ausgegeben werden, so sieht man möglicherweise, wozu Eigentum zu verpflichten scheint. Diese Summe und ihre Verteilung an Brave und Nichtbrave wirft ja außerdem ein Licht auf die ebenfalls durch Grundgesetz garantierte Pressefreiheit und Informationsfreiheit. Eine solch offen betriebene Manipulation hat durchaus Zensurcharakter, und man sieht also, wer hier die Pressefreiheit bedroht, während die SPD medienpolitisch sich eher auf dem Rückzug befindet.

Wie schwer diese Bundesregierung es gehabt hat, nicht nur durch den Parteiwechsel von Abgeordneten, auch gegen eine dirigierte Publizistik, nicht nur eine geschichtlich bedeutsame außenpolitische Wende herbeizuführen, sondern auch noch, und das in knapp 3 Jahren, wenigstens einen Teil der innenpolitischen Reformen durchzusetzen, die Lage Berlins zu verbessern, Vermögensbildung auszubauen, das Betriebsverfassungsgesetz zu reformieren, das Wohngeld zu erhöhen, das Mietrecht zu verbessern und die ersten Umweltschutzgesetze einzuleiten sich vorzustellen, wie schwer das gewesen ist, dazu bedarf es nur geringer Phantasie. Was man Willy Brandt als Führungsschwäche anzukreiden versucht hat, war nur die Folge eines neuen demokratischen und offenen Regierungsstils und die Folge eben jenes geschichtlich bedeutsamen Übergangs, der durch die Übergänger gekennzeichnet war.

Und schauen Sie sich an, was aus all den sensationell angekündigten Enthüllungen geworden ist: nichts. Herr Barzel schämte sich nicht, seine vorzeitige Rückkehr aus dem Urlaub mit der *Quick*-Affäre zu begründen. Er kam wie ein Retter des Vaterlandes, fast des Abendlandes – und was ist aus der *Quick*-Affäre geworden? Eine miese kleine Story, die wahrscheinlich vor einem Finanzgericht verkümmern wird.

Die CDU/CSU, die jetzt im Wahlkampf natürlich demonstrativ Einigkeit zeigt, ist eine personell und programmatisch zerfallene Partei, die wenige Wochen vor der Wahl plötzlich ihr sozialreformerisches Gesicht entdeckt hat, und wenn da Geldentwertungsgeschrei erhoben wird, so möchte ich endlich, endlich wissen – was der Öffentlichkeit bisher vorenthalten worden ist –, wie sie gestoppt werden könnte, international und national; da sie in der Bundesrepublik Deutschland im Zusammenhang mit Reformen gesehen werden muß, möchte ich gern wissen, auf welche Reformen dann verzichtet werden soll. Ohne exakte Angaben, wie, woran man denn sparen möchte, wenn man gleichzeitig Vermögensbildung verspricht, ist alles Geschwätz über Inflation einfach unverantwortlich in einem Land, das zwei totale Geldentwertungen innerhalb von 45 Jahren erlebt hat und wo ein solches Wort einfach Panik auslöst.

Bei einer Anhörung im Bundestag zur Wasserversorgung wurde mitgeteilt, daß bis zum Jahre 2000 - das klingt wie eine utopische Jahreszahl, aber es sind nur noch 28 Jahre bis dahin –, um eine Wasserkatastrophe zu verhindern, 234 Milliarden Mark aufgebracht werden müssen, davon 40 Milliarden, um erkennbare Versäumnisse zu korrigieren, und 194 Milliarden für die laufend notwendigen Investitionen. Das sind 10 Bundeswehretats, die notwendig sein werden, um uns nur mit Wasser zu versorgen. Setzt man diese Summe in Beziehung zu gewissen Preiserhöhungen, so fragt man sich, wie teuer wird unser Trinkwasser, unser Badewasser werden, wenn diese immense Summe nicht aufgebracht wird? Was wird es uns nutzen, wenn Milch, Brot, Butter, Zigaretten, Autos nicht wesentlich teurer werden, wir aber für einen Kubikmeter Wasser möglicherweise auf dem Schwarzmarkt 500 Mark werden bezahlen müssen, und wahrscheinlich dann 10 oder 20 Jahre weiter die gleiche Summe für einen Kubikmeter Atemluft. Der mehr oder weniger gesunde Egoismus der Gemeinden, Regionen, Bundesländer, nicht einmal der der Bundesrepublik, wird dann nicht viel einbringen, weil solche Probleme nicht mehr im nationalen Rahmen gelöst werden können. Es wird wohl bald eine europäische Wasser- und Luftbehörde geben müssen, und das Wort »Haushalt« wird eine ganz neue Bedeutung bekommen, weil es um den Sauerstoff- und Stickstoffhaushalt der ganzen Erde gehen wird, und der Wohlstand der Industriestaaten wird möglicherweise nicht mehr an ihrem Bruttosozialprodukt, sondern nach Atemluft und Trinkwasser bemessen – jeder Politiker, der behauptet, ohne Steuererhöhungen auszukommen, belügt sich selbst oder andere, und jeder Politiker, der einen unaufhaltsam wachsenden Konsum verspricht, lügt ebenfalls. Eine programmatisch wie personell zerfallene oder zerfallende Parteienunion wie die CDU/CSU ist solchen Aufgaben nicht gewachsen. Ich definiere diesen Verfall oder Zerfall auch als positiv. Das Erbe Adenauers ist aufgezehrt. Die totale Profitwirtschaft ist am Ende, und nur die Kräfte, die sich in und während der sozial-liberalen Koalition gezeigt haben, sind diesen Aufgaben gewachsen. Der personelle Zerfall der CDU zeigte sich an der Schwierigkeit, auf eine Kandidatur Dr. Kiesingers zu verzichten, zu spät, um einen anderen Kandidaten als Dr. Barzel, der eine Art automatischer, ersessener Kandidat ist, zu finden, und die bange Frage, ob man, wenn man Dr. Barzel wählt, nicht Dr. Strauß wählt, ist berechtigt, und welch ein innen- und außenpolitisches Risiko Dr. Strauß darstellt, braucht hier kaum analysiert zu werden. Das stellt sich selbst dar. In ihrer Spitze ist die CDU/CSU von inneren Machtkämpfen bedroht, und es wäre bedenklich, gefährlich, einer solchen Partei die Macht im Staat in die Hand zu geben. Der Staat könnte für sie zur nackten Beute werden. Ich erinnere Sie an den CDU-Parteitag in Düsseldorf, auf dem sich die CDU in ihrem ureigenen, im bis zum Überdruß und Wahnsinn industrialisierten Bundesland Nordrhein-Westfalen ihre Sozialausschüsse von den Herren Strauß und Dregger abkanzeln ließ. Wer sich auch nur schwach an diesen Parteitag erinnert, auf dem Dr. Helmut Kohl sich auf eine peinliche Weise schweigend verhielt, dem wird dieser sozialpolitische Reformkurs, der nun wenige Wochen vor der Wahl herausgekehrt wird, verdächtig vorkommen müssen. Es spricht, was die bevorstehende Wahl betrifft, alles für Willy Brandt, für seine Regierung und sein Programm und nichts für die gegenwärtige

CDU/CSU. Nichts, ganz sicher nichts, wenn man – wie es für mehr als 85 % der Bevölkerung zutrifft – Arbeitnehmer ist. Rechnen Sie die Summe von 234 Milliarden Mark, die ein Ausschuß als erforderlich zur Rettung unserer Wasserversorgung errechnet hat, auf Ihr Kaffee- oder Ihr Badewasser in zehn Jahren um, dann werden wir sehr teures, fast kostbares Wasser trinken, und möglicherweise wird uns dann eine Erhöhung des Benzin- oder Zigarettenpreises nicht mehr so sonderlich interessieren. Diese Preiserhöhung für Wasser jedenfalls ist unumgänglich, nachdem man in blinder Brutalität, einzig und allein auf Umsatz und Profit bedacht, diese Erde, die unsere Heimat ist, vernachlässigt hat. Der Übergang in eine Phase der Korrekturen ist notwendig; diese Phase hat unter der Regierung Brandt/Scheel begonnen und kann nur durch sie fortgeführt werden.

34
REDE HEINRICH BÖLLS AUF SPD-BUNDESPARTEITAG
Heinrich Böll auf dem Bundesparteitag der SPD in Dortmund, 12.10.1972

Gewalten, die auf der Bank liegen[55]

Es ist in den vergangenen Jahren in diesem Land viel Gewalt sichtbar geworden, viel über Gewalt gesprochen und geschrieben worden. Stillschweigend hat man sich darauf geeinigt, unter Gewalt nur die eine, die sichtbare zu verstehen: Bomben, Pistolen, Knüppel, Steine, Wasserwerfer und Tränengasgranaten.

---

[55] Kölner Ausgabe, Band 18, S. 153-156

Ich möchte hier von anderer Gewalt und anderen Gewalten sprechen, von jenen, gegen die die sozial-liberale Koalition erreicht hat, was sie erreichte: gegen die massive publizistische Gewalt einiger Pressekonzerne, die in erbarmungsloser Stimmungsmache die Arbeit erschwert und Verleumdung nicht gescheut hat. Hätte die sozial-liberale Koalition nur so viel Prozent der Presse, wie sie Wählerstimmen gehabt hat, in fairer Kritik und demokratischer Loyalität hinter sich gehabt.

Die Zeitungen und Zeitschriften, die diese Qualitäten aufbrachten, hat man schon früh auf eine Empfehlung des CDU-Wirtschaftsrats auf die simpelste Weise unter Druck zu setzen versucht, indem man ihnen Anzeigen entzog. Und wenn man weiß, daß jährlich rund vier Milliarden Mark für Inserate ausgegeben werden, kann man sich vorstellen, welche Gewalt hinter solchen Empfehlungen steckt. Und das, obwohl die Herren, die Einfluß auf gewisse Publikationsorgane ausüben, immer so zufrieden aus Moskau zurückkommen, seitdem die Verträge, gegen die man gleichzeitig in seinen Zeitungen polemisieren läßt, abgeschlossen sind. Ist da der Verdacht erlaubt, sich vorzustellen, daß ein Teil der zukünftigen Gewinne aus dem sogenannten Ostgeschäft gegen die sozial-liberale Koalition verwendet wird? Es gibt also nicht nur Gewalt auf den Straßen, Gewalt in Bomben, Pistolen, Knüppeln und Steinen, es gibt auch Gewalt und Gewalten, die auf der Bank liegen und an den Börsen hoch gehandelt werden. Wenn Sie, meine Damen und Herren, immer noch nicht wissen sollten, wo Ihr Gegner zu finden ist – die Finanzierung dieses Wahlkampfes sollte Ihnen die Augen öffnen.

Eine weitere Gewalt, gegen die Sie Ihre Politik durchzusetzen hatten, war das eingefleischte, fast schon angeborene Gefühl vieler Bürger dieses Staates, denen die Sozialdemokraten als Opposition ja ganz recht waren, denen es aber doch wie eine

Art Staatsstreich, mindestens wie eine ziemliche Unverschämtheit vorkam, daß Sozialdemokraten regierten.

Regieren mußten Sie außerdem gegen eine kaum kontrollierbare Gewalt, die ich nicht denunzieren mag, weil ich sie nicht definieren kann. Selbst wenn wahr wäre, daß gewisse Profite – Profit bedeutet ja nicht nur Geld – beim einen oder anderen Abgeordneten eine Rolle gespielt haben könnten, so sollte Sie doch das nicht wundern in einer Gesellschaft, deren tägliches Gebet, deren Erziehungssystem um Profit, Gewinn, Umsatzsteigerung, Beförderung, Rekord geht.

Vor einigen Jahren hat man – ein wenig zu früh, wie sich angesichts der Debatte um die Ost-Verträge gezeigt hat – die Nachkriegsära für beendet erklärt. Vergessen hat man dabei wohl, daß möglicherweise auch die Phase eines teilweise blinden, brutalen Aufbaus beendet sein könnte, und was nun zu kommen habe, sei eine Phase der Korrekturen, der Profitkorrekturen an Menschen, an der Landschaft, an den Elementen Wasser, Luft, Erde.

Korrekturen möglicherweise auch an diesem überstrapazierten Instrument Gewissen, das auf Profit synchronisiert ist, welche und wieviel Gewalt verbirgt sich in und hinter einer Profitgesellschaft? Ich überlasse es den Philosophen und Theologen, das herauszufinden und uns eines Tages zu offenbaren, was daran christlich hätte gewesen sein können.

Und wieviel Lebenswertes wird durch all diese Gewalten, die unseren Alltag kommandieren, verhindert, deformiert, gefälscht? Welche Art der Lebensentwertung findet da statt, wenn man auf den Straßen Tempo sät und Tod erntet, wenn Gewalt gegen Sachen, wenn auch unfreiwillig, die Produktion fördert, eingeklemmt zwischen blindem Profit, wie falsche Versprechen ihn bringen, und dem Lebenswerten, das man hinter sich zurückläßt? Welche Konflikte stehen da bevor?

Und nun, in diesem Augenblick, wo Sie gegen massivsten Widerstand die Lösung des allerschwersten außenpolitischen Problems der Bundesrepublik, die Liquidierung der Folgen des Zweiten Weltkriegs, eingeleitet haben, wobei Ihre politischen Gegner Geschichtsenthaltung geübt haben, in diesem Augenblick, wo Sie beginnen könnten, sich den oben angedeuteten Konflikten zu stellen, tritt derselbe Gegner mit einem sozialpolitischen Reformgesicht in den Wahlkampf.

Nicht mehr das Abendland ist bedroht, nein, jetzt wird zum Aushängeschild, was nicht alle, aber gewisse Unternehmer jahrzehntelangen sozialen Klimbim genannt haben. Mir wird bange, bange auch um Herrn Katzer, wenn ich ihn da in fast schon brüderlicher Umarmung mit genau den Herren Strauß und Dregger sehe, die ihn aus dem Landesparteitag der CDU in Düsseldorf vor nicht ganz zwei Jahren auf die zynischste, schnödeste Weise torpediert haben, während die Herren Köppler[56] und Kohl Stillschweigen übten. Ich wüßte eine sehr gute Parole für den nächsten Parteitag der CDU, ein Zitat aus dem Grundgesetz: Eigentum verpflichtet. Und wozu Eigentum? Zu mehr und immer mehr und immer noch mehr Eigentum.

Die mehr oder weniger ersessene Kandidatur von Herrn Barzel, die peinliche Art von Gewalt, die Herrn Strauß blind zu machen scheint, gegen die Zeichen einer veränderten Welt, eines veränderten Klimas – ich kann mir nicht denken, daß eine große Partei sich selbst und andere für länger oder immer mit diesen Zumutungen konfrontieren möchte. Ich möchte doch gern wissen, wie dieser plakatierte christlich-soziale Sozialreformismus sich zwischen Fortschritt, Versprechungen und Stabilität durchwursteln sollte.

---

56 Heinrich Köppler (1925-1980), CDU-Politiker, von 1970 bis 1980 Vorsitzender der CDU-Fraktion im nordrhein-westfälischen Landtag.

In diesem CDU/CSU-Paradies würde dann alles steigen: die Löhne, die Aktiengewinne, die Gemeinschaftsausgaben, die Sozialleistungen, sogar die Rüstungsaufwendungen, wie Herr Barzel neulich andeutete – alles würde steigen, nur die Preise würden stabil bleiben und die D-Mark hart und fest.

Es würde auch nicht die geringsten Interessenkonflikte, also keinerlei Gewalt geben, und wenn wir dann endlich eine Totalgesellschaft von Vermögensunabhängigen geworden sind, wer wird dann noch arbeiten für die Zinsen, von denen wir leben wollen? Ich nehme an, die beiden Brüder, das kleine und das klitzekleine Fritzchen, die da in der Tretmühle Tempo geben und immer noch an die Chancengleichheit glauben.

Ich kann Ihnen, Herr Bundeskanzler, die Rolle des Zuschauers in diesem Paradies nicht gönnen. Sie werden gebraucht, um Gewalt, die eine wie die andere, zu verhindern, um Frieden zu garantieren; um zu verhindern, daß eine personell wie programmatisch verfallene Partei die Macht übernimmt; gebraucht, um zu garantieren, was selbstverständlich ist, aber dann nicht mehr selbstverständlich wäre: daß Rechtsprechung, Rechtspflege, Strafvollzug keine Instrumente der Rache sind; gebraucht, um einigen vergessenen Artikeln des Grundgesetzes Farbe und Wirklichkeit zu verleihen, um die Reform des Strafvollzugs durchzuführen.

Noch ein paar Sätze zu der Eigenschaft, in der ich hier spreche. Ich spreche im Namen der Sozialdemokratischen Wählerinitiative, die aus mehreren hundert Gruppen und zigtausend freiwilligen Helfern besteht, die alles tun, um eine zweite Regierung Brandt zu ermöglichen. Ich definiere diese Initiativen, die täglich mehr werden, als eine Gegengewalt von Bürgern, die, erschrocken über den finanziellen Aufwand, der gegen Sie mobilisiert wird, erkennen, was auf dem Spiel steht: der Übergang von einer Unternehmer- zu einer Arbeitnehmer-, von einer von Vorurteilen bestimmten zu einer aufgeklärten Gesellschaft. Und so ist es gewiß kein Zufall, daß zum ersten Male in der deutschen Geschichte eine Gruppe von katholischen Theologen, Professoren, Publizisten – ich nenne nur die Namen Dirks[57], Lengsfeld[58], Greinacher[59], Erb[60] – offen und energisch als Wahlhilfe für die SPD wirken. Beim nächsten Wahlkampf wird es dann hoffentlich nicht mehr notwendig sein, konfessionelle Adjektive zu verwenden. Eines kann ich Ihnen, glaube ich, voraussagen: Die zweite sozial-liberale Koalition wird es nicht leichter haben als die erste, und von Kritik, auch von unserer, wird sie nicht verschont bleiben.

35
WAHLKAMPFREDE WILLY BRANDTS IN KÖLN

Pressemitteilung SPD-Parteivorstand zu Brandt-Rede im Wahlkampf in Köln, 14.11.1972

Es ist schön, dass ich hier Gelegenheit habe, den Nobelpreisträger Heinrich Böll vor vielen Augen und Ohren zu sagen, wie

---

57 Walter Dirks (1901-1991), katholischer Theologe und Journalist, Herausgeber der *Frankfurter Hefte*.

58 Peter Lengsfeld (1930-2009), katholischer Theologe, seit 1967 Professor für Ökumenische Theologie an der Universität Münster.

59 Norbert Greinacher (1931), katholischer Theologe, ab 1969 Professor für Praktische Theologie an der Universität Tübingen.

60 Alfons Erb (1907-1983), langjähriger Vizepräsident der Pax-Christi-Bewegung, Begründer, Geschäftsführer und Ehrenpräsident des Maximilian-Kolbe-Werkes, das sich um überlebende Opfer der NS-Vernichtungspolitik kümmerte.

sehr wir uns mit ihm und für ihn über die Auszeichnung gefreut haben, die ihm zuteil geworden ist.

Nicht nur weil er ein Mann ist, der unseren Weg in kritischer Aufmerksamkeit beobachtet und nun freilich auch begleitet. Sondern weil durch ihn unsere deutsche Sprache ausgezeichnet wurde, die wir lieben – die Sprache, die uns Heimat ist. Sie ist Ausdruck und Wesen der deutschen Nation, die auch über die Grenzen der beiden Staaten hinweg für uns Realität ist und bleibt: zuverlässigere Basis einer Zusammengehörigkeit als manche Mythologie.

Es scheint mir bemerkenswert, dass die deutsche Literatur dort Weltbedeutung gewinnt, wo sie klar aus einer Landschaft, auch einer urbanen Landschaft, herauswächst:

1929 Thomas Mann und Lübeck

und 1972 Heinrich Böll und diese rheinische Stadtlandschaft;

ein Seitenblick auf Danzig ist in diesem Zusammenhang erlaubt

und das macht den eigentlichen Reichtum und die Kraft unserer Kultur sichtbar, die dort, wo sie auf eine ehrliche Weise deutsch sein kann, Weltprovinz ist, in der die Weltbürgerlichkeit, die Weltliteratur gedeiht, die man in Weimar vorausgedacht hat.

Die Sprache Bölls ist Ausdruck einer guten Ernüchterung. Sie hat das Salz der Realität, in der wir die Vernunft unseres Volkes angesiedelt wissen wollen: seiner neuen sozialen, seiner geistigen und politischen Realität.

Aus dem humanen und in einer guten Einfachheit christlichen Realismus, der hier erkennbar ist, holen wir die Ermutigung, die wir brauchen, um in der gegebenen Wirklichkeit dauerhafte und zugleich offene Lebensformen für unser Volk zu finden.

Wir sind Heinrich Böll für die Hilfe dankbar, die er uns durch sein Schreiben und Reden, vor allem auch durch sein Fragen, sein Zweifeln und seine Mahnung bietet. Und wir wünschen ihm weiterhin viel Gutes.

36
HEINRICH BÖLL VOR DER SPD-BUNDESTAGSFRAKTION
Rede in Bonn, 13.3.1974

Die Raubtiere laufen frei herum[61]

Meine Damen und Herren,

zunächst möchte ich Ihnen danken für die Gelegenheit, hier mehr mit als zu Ihnen zu sprechen. Versuchen wir zunächst, uns von dem dummen Klischee zu befreien, wir, Intellektuelle und Schriftsteller, wären die Moralisten oder das Gewissen der Nation. Wir sind nichts weiter als in diesem Land arbeitende und Steuer zahlende Staatsbürger, die sich möglicherweise – ich betone: möglicherweise – gelegentlich besser artikulieren als irgendein Staatsbürger, der ebenso das Gewissen der Nation verkörpert, sei er Arbeiter, Bankdirektor, Lehrer, Abgeordneter. Der Beichtspiegel der Nation, falls Sie Ihr Gewissen prüfen möchten, ist das Grundgesetz; und da Gesetze, Politik, Rechtsprechung zunächst aus Worten bestehen, kommt uns Autoren, die wir mit Worten einen gewissen Umgang pflegen, vielleicht die Rolle der Interpreten zwischen den verschiedenen Wortbereichen zu, die immer wieder aneinandergeraten, wodurch Reibung und auch Gewalt entstehen.

---

61 Kölner Ausgabe, Band 18, S. 286-289

Wenn etwa Politikern aller Parteien das Wort von der freiheitlich demokratischen Grundordnung, die in Gefahr sei, etwas zu flüssig aus dem Mund geht, so gestatte ich mir den ersten Zweifel, indem ich frage: Ist diese freiheitlich-demokratische Grundordnung, die im Grundgesetz versprochen ist, schon erreicht? Weder Rechts- noch Linksradikale, sondern Polizeibeamte waren es, wie ich kürzlich (am 2. 11. 1973) in der Zeit las, die zu 83 Prozent die Meinung äußerten, reiche Leute kämen vor Gericht besser weg – ich ergänze hier: als Arme. Doch da steht in eben jenem Grundgesetz in Artikel 3: »Niemand darf wegen seines Geschlechts, wegen seiner Sprache, seiner Heimat und Herkunft, seines Glaubens, seiner religiösen oder politischen Anschauungen wegen benachteiligt oder bevorzugt werden.« Ist die freiheitlich-demokratische Grundordnung, die da immer als von Radikalen gefährdet hingestellt wird, also hergestellt – oder bestehen da möglicherweise noch erhebliche Lücken zwischen dem ausdrücklichen Versprechen des Grundgesetzes und seiner Verwirklichung? Und wieviel Gewalt – latente und virulente – verbirgt sich in diesen Lücken?

Ich will hier nicht wieder über meinen Lieblingsartikel (14,2) meditieren, der da anfängt: »Eigentum verpflichtet«. Vielleicht können wir uns darauf einigen, daß es nach den verschiedenen Heimatvertreibungen, die, was uns Deutsche betrifft, ja keineswegs 1945, sondern 1933 begonnen haben – wir leben ja fast in so einem Jahrhundert der Heimatvertreibung –, nun eine neue Heimatvertreibung gibt, die man Profitvertreibung nennen könnte? Nun, wir wissen doch, Vertriebene neigen zur Radikalität. Ein erheblicher Teil der Radikalität, die etwa in Irland sichtbar wird, ist immer noch die zum Teil erlebte, zum Teil vererbte Radikalität von Vertriebenen, denen man buchstäblich – und ebenfalls aus Profitgründen – mit Spezialinstrumenten, die von Spezialtruppen der britischen Armee angewendet wurden, das Dach über dem Kopf wegriß und sie auf die Straße oder nach Amerika verfrachtete: Es waren diese

Vertriebenen und ihre Nachkommen, die etwa um 1850 herum radikale Organisationen gründeten, die Vorläufer der heutigen IRA.

Wenn man hierzulande von Verstaatlichung oder Vergesellschaftung spricht, so nützt das wenig. Immer noch und immer wieder zittern vor diesen Worten nicht die, denen sie gelten, sondern genau die Falschen, nämlich die, die sich da ihr Dach oder Dächelchen erspart oder gebastelt haben. Sie haben Angst, nicht die anderen, die Raubtiere, die frei herumlaufen.

Ich erwähne diese beiden Dinge – das noch nicht erfüllte Versprechen von der freiheitlich-demokratischen Grundordnung in puncto Rechtsprechung – die Verachtung der Raubtiere für den Artikel 14,2 und die permanent geschürte Angst der Nichtraubtiere, weil ich den Eindruck habe, daß das schwindende Selbstverständnis und Selbstbewußtsein Ihrer Partei an diesen beiden Punkten mit Erfolg zerstört wird.

Wenn Herr Erhard jetzt – und wo schon? Natürlich in einer Springer-Zeitung! – sein Schweigen bricht, brechen Sie auch Ihr Schweigen und erklären Sie einmal mir und anderen, was vom Tage der Währungsreform an aus den ersparten im Mark eines Arbeiters geworden ist, die auf sieben Mark schrumpften, und was aus der 100-Mark-Aktie eines Aktionärs geworden ist, die keiner Schrumpfung unterlag. Blicken Sie zurück, aber fliehen Sie nach vorne. Erklären Sie den verängstigten Nicht-Raubtieren, welche Privilegien 1949 verteilt wurden, was draus geworden ist. Ich habe bei den Verhandlungen und Diskussionen über Löhne und Streiks viel über kleine und mittlere Einkommen gehört und über Opfer, die gebracht werden den müssen. Kein Wort habe ich über Gewinne – und das müßten die Gewinne seit 1949 sein – gehört und über die unsäglichen Opfer derer, die – wenn man sie so reden hört – ihre Unternehmen nur betreiben, um Arbeitsplätze zu schaffen.

Opfer – das ist ohnehin ein merkwürdiges, düsteres Wort in einer Gesellschaft, die sich aus Interessenvertretungen zusammensetzt. Wer opfert da wem oder wen?

Nach den Wahlen von 1972 sah es so aus, als käme die Opposition, die es immer noch nicht fassen kann, daß nicht mehr sie regiert, auf eine konstruktiv-patriotische Bahn. Nach der – von wenigen Ausnahmen abgesehen – seitens der CDU/CSU schändlichen, ich wiederhole: schändlichen Verfassungsdebatte und nach den Versuchen, die offensichtlichen Fortschritte der Unterhändler Bahr[62] und Gaus[63] nicht nur zu stören, sondern zu zerstören, scheint die Opposition nur noch darauf aus, unheilvolle Angst zu schüren. Sie begehrt den Staat, und sie begehrt ihn – ich zitiere, was Ihr verstorbener Kollege Arndt[64] einmal gesagt hat – als Beute. Während ich dies hier ausspreche, bedaure ich es schon, denn ich bin sicher, daß es in der Opposition Kräfte gibt, die nicht auf Angst und nicht auf Beute setzen. Man hört nur so wenig von ihnen.

Kürzlich fand hier im Fernsehen eine Diskussion statt mit dem Titel: »Ist der Staat noch handlungsfähig?« Ich habe mir das

---

62 Egon Bahr (1922-2015), SPD-Politiker, nach der Bundestagswahl 1969 Staatssekretär im Bundeskanzleramt unter Brandt. Als Unterhändler in Moskau und Ost-Berlin maßgeblich verantwortlich für die Ausarbeitung der Ostverträge.

63 Günter Gaus (1929-2004), Publizist und Politiker, wurde 1973 Staatssekretär im Bundeskanzlersamt und richtete nach dem Grundlagenvertrag mit der DDR 1974 die Ständige Vertretung der Bundesrepublik bei der DDR ein, deren Leiter er bis 1981 war.

64 Klaus Dieter Arndt (1927-1974), von 1965 bis zu seinem Tod SPD-Bundestagsabgeordneter, seit 1973 stellvertretender Fraktionsvorsitzender.

nicht ganz angesehen, ich habe da nur mal reingeschaut und abgeschaltet, weil da Herr Dr. Strauß wieder einmal einen zaghaften Moderator und drei zaghafte Journalisten überwalzte. Um dem Moderator und den Journalisten gerecht zu werden, möchte ich hinzufügen: Wie soll man gegen eine Walze andiskutieren? Abgeschaltet habe ich nicht aus Ärger, sondern aus Langeweile. Wenn da einer keine einzige Frage konkret beantwortet, auf kein Problem eingeht, immer recht gehabt hat, recht hat und logischerweise immer recht haben und recht gehabt haben wird und niemals, niemals ernsthaften Widerspruch aus seiner Partei bekommt – so ist das – wenn man das so einige Jahrzehnte lang verfolgt – doch nur noch langweilig.

Das nebenbei. Ich erwähne die Sendung nur, weil ich kurz vor oder nach der Diskussion einen Artikel in der amerikanischen Zeitschrift *Newsweek* las. Der Artikel hatte die Überschrift: »Europa von Bonn aus gesehen«, und ich zitiere ein paar Sätze draus, die mir auffielen (als Kontrast zum Titel der Sendung: »Ist der Staat noch handlungsfähig?«): »Es gibt einige, die sagen, daß Deutschland – gemeint ist die Bundesrepublik Deutschland – schon offen die Führungsrolle in Europa übernommen hat. Da die Deutsche Mark die einzig relevante Währung in der europäischen Floatinggruppe ist, stellt Deutschland den Kern einer Währungsgruppe dar, die Belgien, die Niederlande und die skandinavischen Länder umfaßt. Auf politischem Gebiet ist Kanzler Willy Brandt heute der einzige Staatsmann, der in allen westeuropäischen Ländern starken Anklang findet, und sein Land ist das einzige, in dem alle größeren Parteien wirklich an die europäische Einheit glauben. Denkt man an die Skandale im Weißen Haus, an die Gesundheitsprobleme im Elysee, die Verwirrung in Whitehall – der Artikel war vor den englischen Wahlen geschrieben –, so trifft unbestreitbar zu, was die ›Washington Post‹ vergangene Woche feststellte, ›daß von allen westlichen Demokratien die einzige, die weiterhin unter starker und sicherer Führung steht, Deutschland ist.‹«

Das ist eine schmeichelhafte Feststellung, gewiß zu schmeichelhaft, ich zitiere sie nur, um Ihnen zu zeigen, wie, während hier mal wieder die Angst vor dem Untergang geschürt wird, andere Demokratien mit Neid auf die Bundesrepublik blicken. Vielleicht sollten wir uns darüber unterhalten, wie weit wir diese Schmeichelei akzeptieren.

37
HELMUT SCHMIDT an HEINRICH BÖLL
Telegramm, 22.5.1974

herrn heinrich boell
huelchrather strasze 7
5 k o e l n

sehr geehrter herr boell,

in diesen tagen haben sie die praesidentenschaft des internationalen pen-club abgegeben, die sie seit 1971 mit umsicht, mit gespuer fuer die politische verantwortlichkeit des schriftstellers und mit persoenlicher konsequenz ausgefuellt haben.

durch ihre taetigkeit haben sie die funktion des schriftstellers der gesellschaft neu belebt, intellektuelle und moralischen maszstaeben zu setzen, denen sich politiker nicht entziehen koennen. dafuer danke ich ihnen im namen der bundesregierung.

fuer ihre weitere arbeit wuensche ich ihnen alles gute
helmut schmidtbundeskanzler+++

uebermittelt: 24.5.74 0845

38
BÖLL ZUM ABSCHIED VON HEINEMANN[65]

Heinrich Böll zum Abschied von Gustav Heinemann als Bundespräsident, 28.5.1974

Radikaler im öffentlichen Dienst

Was soll daraus werden, wie soll das ausgehen, wenn ein Präsident der Bundesrepublik Deutschland, der mit dem Etikett »unbequem« versehen ist, von einem ebenso etikettierten Autor gewürdigt wird? Da die Unbequemlichkeit des Präsidenten und die des Autors eine gewisse Verwandtschaft zeigen, müßte dieser Vorgang – nach der simplen mathematischen Erkenntnis, daß minus mal minus, doch auch plus mal plus ein Plus ergeben – eine ziemlich bequeme Sache werden. Ich will versuchen, zunächst einmal die banale Paradoxie anzugeben, die darin liegt, daß unbequeme Deutsche im Ausland so gut zu gebrauchen sind. Sie eignen sich vorzüglich zum Export, zum Vorzeigen; sie erbringen eine nicht unbedingt unfreundliche Presse, Zeitungsausschnitte, die man aufkleben und archivieren kann, und kaum etwas gilt ja als so sicheres Zeichen des Erfolgs wie Zeitungsausschnitte. (Dabei fällt mir ein, daß offenbar noch keiner auf die Idee gekommen ist, solche zu fälschen – neue Perspektiven eröffnen sich!) Erweitern wir also das Etikett und schlagen folgende Formel vor: Im Inland unbequem, im Ausland bequem. Die Idiotenbezeichnungen dafür lauten: Botschafter des guten Willens – Repräsentant des besseren Deutschland, und niemand fragt sich so recht, keiner

---

65 Der Text war ursprünglich als Rede Bölls beim Empfang des deutschen P.E.N.-Zentrums zum Abschied von Bundespräsident Gustav Heinemann geplant. Sie wurde aber wegen einer Verhinderung Bölls nicht gehalten, sondern in der *Süddeutschen Zeitung* vom 29./30. Juni 1974 veröffentlicht. Text entnommen: Kölner Ausgabe, Band 18, S. 319-321.

scheint darüber nachzudenken, welche politische Schizophrenie solche Funktionen ersinnt und welche sie bei den Trägern dieser Funktionen hervorrufen kann. Verbirgt sich hinter dieser Funktionalisierung einer Person – sei es nun der Bundespräsident oder irgendein Autor, der in Griechenland oder Israel Vorträge hält – nicht der unbewußte oder gar bewußte Wunsch: am liebsten sehen wir euch draußen? Das ist eine Frage – und keine rhetorische. Es sollte doch, finde ich, was für einen selbstverständlich ist, nicht honoriert werden – auch nicht von Gesinnungsgegnern übrigens, die da am nationalen Daumen lutschen und ihn nur aus dem Mund nehmen, um zu zetern. Manches Gezeter ist ja direkt Schmeichelei. Anerkennung verdient nur das Wie, und hier nun endlich, lieber Gustav Heinemann, kann ich es mir ein bißchen bequemer machen. Die Anerkennung Ihrer Tätigkeit gilt nicht nur der Tatsache, wie unbequem Sie waren, mehr noch der Tatsache, wie sie unbequem waren. Diese Kombination von Offenheit, Takt, Trockenheit, Beharrlichkeit und Humor – nichts zu verschweigen, niemanden zu verletzen und doch alles auszusprechen, niemals gerührt oder pathetisch zu werden, und doch immer bewegt, nicht nachzugeben – wäre das ohne Humor möglich? Und welchen Hintersinn hätte Humor, wenn man ihn nicht bei Gelegenheit verlieren könnte und verlieren müßte, denn auch er, der undefinierbare Humor, läßt sich nicht funktionalisieren. Wer wüßte das besser als die, die von Beruf Humoristen sind und denen die Schwermut dauernd vor der Tür steht, weil sie spüren müssen, wie Humor zu platter Lustigkeit erniedrigt, als dummes Lachen im Vordergrund alles Hintergründige zerschlägt, wie allzu rascher Applaus die Scherben auf den Kehricht fegt. Ebendas. Raschen Applaus hatten Sie nie; man spürte wohl den Humor, in ihm aber immer den Ernst, ohne den er sich unmöglich macht: Lustigkeit kam da selten auf, selten auch gute Laune, wenn Sie da in die Hintergründe unserer Geschichte stiegen, wo so viel Lustiges ja auch nicht zu entdecken ist. Das Ergebnis offener Trockenheit, in der nichts verschleiert wurde, war denn auch Befreiung, ob Sie über oder zu Polizeibeamten sprachen, über Kirchen, Weltkriege, Reichsgründung. Erlauben Sie mir, es so unfeierlich auszudrücken, wie Sie sich auszudrücken pflegten: Es war schon eher wohltuend, und es war eine Ehre für viele von uns Schriftstellern, die gleichen Feinde zu haben wie Sie: die Daumenlutscher nämlich.

Sie waren so offen, daß man machmal den Eindruck haben konnte, Sie wären ein Radikaler im öffentlichen Dienst, aber nicht nur deshalb werden wir Sie vermissen. Es ist nicht nur ein Scherz, wenn ich sage: Wieder ein Radikaler im öffentlichen Dienst weniger; denn was haben Sie anderes getan, als das deutsche Geschichtsverständnis, das deutsche Bewußtsein, deutsche Selbstgefälligkeit, wie sie gelegentlich auftritt, bis an die Wurzeln bloßzulegen, wenn auch behutsam. Und was ist ein Radikaler anderes als jemand, der bis an die Wurzel zu gehen versucht? Alle Zahnärzte sind notwendigerweise Radikale, wenn auch nicht immer im öffentlichen Dienst. Gewiß sind nicht alle Radikale behutsam und nicht jeder, der sich so nennt, per se gerechtfertigt – aber auch nicht jeder, der so genannt wird, stellt eine Gefahr dar. Die Gefahr besteht wohl eher darin, daß es zuwenig Radikale im öffentlichen Dienst geben wird, daß man Nachdenklichkeit einschüchtert, eine Vordergrunddemokratie schafft, in der es kaum noch erlaubt sein wird, bis an die Wurzeln dieses unseres Staates, der Bundesrepublik Deutschland, zu gehen, die ja nicht zufällig entstanden ist, sondern Ursachen, unter anderem eben den Zweiten Weltkrieg als Ur-Sache hat, der ja ebenfalls nicht zufällig entstanden ist, sondern ebenfalls Ursachen hat, unter anderem die Ursache blinder Untertänigkeit, jene Obrigkeitssucht, die Sie, lieber Gustav Heinemann, selbst rangmäßig höchste Obrigkeit, oft und immer wieder als schlechte, wenn nicht schlechteste aller Tugenden-Untugenden bezeichnet haben. Wie radikal obrigkeitssüchtige, befehlssüchtige, absolut untertänige Ordnungs-, Verwaltungs-, Rechtsorgane werden können – das haben wir ja erlebt, und es sind noch keine 30 Jahre vergangen, da waren wir alle dieser Radikalität ausgeliefert oder unterworfen. Der Ausdruck Radikale im öffentlichen Dienst ist also vieldeutig, und es ist lebensgefährlich, ihn ohne geschichtlichen Hintergrund mitzuliefern, auf alle jene anwenden zu wollen, die ebendas nicht sein wollen: untertänig, unterworfen, auf die Obrigkeit blind vertrauend. Natürlich – ich wiederhole es, weil Mißverständnisse der Daumenlutscher liebster Lolli sind – ist nicht jeder oder jede, die sich radikal definiert oder gebärdet, blind anzuerkennen; es geht hier nur um das Wort Radikalität. Ohne sie ist wissenschaftliche Arbeit gar nicht möglich, weder in der Philosophie noch in der Theologie oder Chemie, ohne sie ist Literatur gar nicht möglich, auch Demokratie nicht. Und wenn man sich in Erinnerung rufen möchte, wie wir zu unserer Demokratie gekommen sind, so wollen wir nicht vergessen, daß diese kostbare Pflanze importiert worden ist.

39
HEINRICH BÖLL ZUM 70. GEBURTSTAG WEHNERS
Böll zum 70. Geburtstag von Herbert Wehner, 11.6.1974

George Bernard Shaw: an Herbert Wehner[66]

Heinrich Böll stellte einen Beitrag zur Verfügung, der bereits am 31. 8. 1974 in der Frankfurter Rundschau erschienen war. Aus

---

66 Herbert Wehner, Beiträge zu einer Biographie, Hg. Gerhard Jahn, Köln: Kiepenheuer & Witsch, 1976, S. 52-61

zeitlichen Gründen war es ihm nicht möglich, einen Originalbeitrag zu dem Band zu liefern. Er schrieb an die Herausgeber: »Was ich Ihnen bieten kann: kein Original, sondern jenen fiktiven Brief von Shaw an Wehner, den ich vor einem Jahr geschrieben habe – es ist eine Hommage, und ich weiß nicht, ob ich eine bessere je hinkriege.«

My dear Mr. Wehner,

wenn ich Ihnen so zuhöre (setzen wir voraus, daß meine teleauditive Kommunikation hevorragend organisiert ist!), wird der ehemalige Musikkritiker in mir wieder wach, und ich fange an, angesichts der neuen Töne, die Sie in die parlamentarische Rhetorik eingebracht haben, die »Neutöne« zu begreifen und beginne gleichzeitig zu bedauern, daß ich von der Musik zur Literatur hinübergewechselt habe; in der Literatur muß man sich ja auf Worte einlassen, die ihre Vieldeutigkeit nicht verlieren, auch wenn man die vorgesehene Bedeutung immer und immer wieder einhämmert. Was habe ich mir für eine Mühe gemacht, meinen Landsleuten und Zeitgenossen meine Vorstellung vom Übermenschen klarzumachen: vergebens, denn immer noch und immer wieder wird die britische Version oder Vorstellung vom Übermenschen via Eton in Oxford und Cambridge ausgebrütet, und wenn da wieder einmal ein neues politisches Genie angekündigt wird und auftaucht, denke ich immer: den kennst du doch, und dann fällt mir ein, daß ich seinen Großonkel, Großvater oder den Schwiegervater seiner Großtante tatsächlich gekannt habe und sie miteinander verwechsle, weil sie sich alle zum Verwechseln ähnlich sind. Ich setze voraus, daß Sie Patriot genug sind, gefestigter Patriot, und sich nicht insgeheim einem Nationalismuskomplex erlegen fühlen, wenn Ihnen dieses in der britischen Politik immer wiederkehrende Gesicht nicht sonderlich imponiert. Um es deutlich, fast grob zu sagen: Die Briten sind keine Neutöner. Sie, mein Bester, sind einer, und ich habe schon vor einiger Zeit angefangen, mein »Doutschlandbild« erheblich zu korrigieren, und es war nicht der philosophierende Literat in mir, es war der ehemalige Musikkritiker, der aufgrund der neuen Töne in Ihrer Rhetorik hinter neuen Tönen neue Gesichter entdeckt hat. Ehrlich – wie Sie Ihre Pianissimi, Furiosi, Moderati organisieren und instrumentieren, wie Sie es verstehen, Wohlüberlegtes als Improvisation darzubieten; wie Sie durch langes und langsames, kaum verständliches Knurren und Murren Ihre Zuhörer einlullen (man sollte den rhetorischen Begriff des Lullknurrens dafür einführen) und dann plötzlich aus dieser scheinbar introvertierten Stille heraus zu husten beginnen und dann mit dem Hammer zuschlagen und irgendeinem christlichen Schnösel eins über den glatten Schädel geben! Ist Ihnen klar, daß Sie sowohl den Preßlufthammer wie den brodelnden Kochtopf in die Musikalität der Rhetorik eingeführt haben und daß auch das, was Ihnen mißglückt, noch wohlüberlegt wirkt, sozusagen als Ausdruck einer wohltemperierten Disharmonik? Sie sollten sich an einen kleinen Essay wagen mit dem Titel: Die dramaturgische Verwendung des Hustens in der Rhetorik. Nun knurren und murren und muffeln Sie mir nicht gleich dazwischen, weil Sie vielleicht jetzt schon feststellen möchten, daß ich, der ich nicht einmal auf meine alten, schon gar nicht auf meine ältesten Tage, ein Schmeichler geworden bin, Ihnen zu schmeicheln beginne.

Geduld, Geduld, der Tadel – und zwar erheblicher – wird bald folgen. Ich brauche doch wohl einem Soldaten Ihrer bewährten formalistischen Begabung nicht zu erklären, daß es ohne Inhalt gar keine Form gibt, sondern nur jene Förmlichkeiten, über die Butler und Kellner immer schon besser Bescheid wissen als die Präsidenten und die Könige. Dieses Gerede über Form und Inhalt, über Engagement etc., das sind doch Kinkerlitzchen, mit denen man die Schul- und Universitätsjugend von den Problemen ablenkt; das ist möglicherweise noch etwas für Journalisten und Conferenciers, für die große Garde der Vorkauer oder Vorschmecker, und wenn Sie sich bitte daran erinnern wollen, daß der Vorschmecker die Funktion hatte, die Vergiftung des Königs zu verhindern, so wissen Sie, was die Vorkauer und Vorschmecker heute für eine Bedeutung haben: der Poesie das Gift zu nehmen, die gefährliche Beimischung, die wir das Ingredienz X nennen wollen, die beides enthält: Zerstörung und Ordnung. Nehmen Sie es also nicht als reine Schmeichelei, wenn ich Sie einen Poeten der Rhetorik nenne, und beklagen Sie mit mir die Tatsache, daß die Vorschmecker immun geworden sind; leider fällt keiner von ihnen je tot um.

Nun, um es kürzer zu machen: über Ihre Formen bin ich auf Ihre Inhalte gekommen, nicht umgekehrt, und um es technisch auszudrücken: hinter Ihrem Husten entdeckte ich mehr »Aussage« als während einer einstündigen Rede eines im konventionellen Sinn »rhetorischen Stars«, der jene Förmlichkeiten des Nichtssagenden beherrscht.

Nun aber, nachdem ich Ihnen hoffentlich halbwegs einleuchtend die Art meines Einstiegs in Ihre politische Rolle erklärt habe, komme ich zu dem, was mich an Ihnen bekümmert. Bitte, wie ertragen Sie dieses Gerede von der neuen Mitte, das jetzt in Ihrer Partei so geläufig – ich möchte fast sagen – schon läufig geworden ist? Was liegt denn, wenn man den Begriff Mitte topographisch interpretiert, etwa in der Mitte der Städte, der alten und der neuen? Die Banken, die Kathedralen, die Versicherungsgebäude. Will Ihre Partei etwa dorthin? Außerdem ist Mitte doch nur dann ein verständlicher Begriff, wenn man an regelmäßige geometrische Figuren denkt: Kreis, Viereck, Rhombus etc. Aber – ich bitte Sie! – haben denn Staat, Gesellschaft, Wirtschaft und Kultur eine übersichtliche geometrische Figur? Sie sind nicht einmal rund, schon gar nicht kreisrund. Wie wollen Sie denn da irgendeine Mitte feststellen? Nehmen wir einmal an, die Gesellschaft, deren Mitte Sie suchen müßten, erwiese sich als unregelmäßiges Dreiundachtzigeck oder gar Einhundertelnunddreißigeck? Da läge die Mitte keineswegs in der Mitte, sondern möglicherweise links oder rechts unten. Ich nehme doch an, die Mitte – oder was die meisten Deutschen dafür hielten – war im Jahr 1933 dieser Hindenburg: Muß ich Ihnen erklären, was aus dieser Mitte geworden ist? Was in der Mitte Ihres Parlaments los ist, das wissen Sie doch. Und wenn Sie nun auf die Idee kommen sollten, diese ominöse Mitte als den Ort der Vernunft gegen mich auszuspielen, so müßte ich erst einmal fragen: wessen Vernunft oder welche Vernunft, denn ich fürchte, daß Sie dann die römische Version von Vernunft meinen, die die Vernunft von Krämern, Juristen und Obristen war, eine durchaus nützliche Vernunft, die aber ergänzt werden muß. – Und nun erlaube ich mir, mich selbst zu zitieren: »Der vernünftige Mensch paßt sich der Welt an; der unvernünftige Mensch versucht hartnäckig, die Welt sich anzupassen. Darum hängt jeder Fortschritt vom unvernünftigen Menschen ab.« Schauen Sie sich doch nur die mörderische Unvernunft an, mit der die Ölkonzerne sich die Welt passend machen, das ist der wahre Fortschritt – für den Kapitalismus, versteht sich. Diese Unvernunft ist alles gleichzeitig: logisch, amoralisch, unvernünftig bis zum Exzeß, und wenn ich mir erlauben darf, Sie daran zu erinnern, wieviel offene und verkappte Ölkriege es schon gegeben hat, so warne ich Sie vor jeder Art von Vernunft, mit der Sie diese Unvernunft möglicherweise bekämpfen möchten. Dagegen hilft nur die Unvernunft derer aus Ihrer Partei, die Sie tadeln lassen. Hören Sie sich doch nur die durchaus vernünftigen Kommentare Ihrer Wirtschaftsfachleute und -journalisten an, die alle, aus ihrer idealistischen Vorschmeckermitte heraus, an die Vernunft appellieren und diesen Leuten mit Geldstrafen drohen! Das ist ungefähr so, als wenn Sie bei einer Sturmflut einen Stein ins Meer werfen und dann drohend die Faust erheben und sagen: »Du böses, böses Meer, jetzt hast du's ja zu spüren bekommen!« Und vergessen Sie mir nicht: »Die Liebe zum Fairplay ist die Tugend des Zuschauers, nicht des Kämpfers!« Sie aber, mein Bester, sind kein Zuschauer, sondern ein Kämpfer, und ich prophezeie Ihnen, der Kampf — und nicht nur der Kampf gegen die Ölkonzerne —wird härter, als sogar Sie ahnen. Dieser auf eine so merkwürdige Weise banale wie absonderliche Vorgang, den Sie zutreffend die »Steinerei« nannten und ebenso zutreffend als den Auswuchs einer umfangreichen Verschwörung diagnostiziert haben, war nur ein Anfang, und doch haben auch Sie nicht auf die unklaren und ungeklärten Affären des Mr. Strauß verwiesen und nicht einmal hin und wieder Ihren gestrengen Zeigefinger dorthin ausgestreckt, wo – ziemlich genau in der Mitte übrigens – ein gewisser Mr. Mende sitzt.

Wissen Sie nicht, daß Fairplay diesen Leuten gegenüber Selbstmord ist? Sind Sie etwa immer noch nicht entlenzt, entglobket und wissen immer noch nicht, daß die mit allen Mitteln arbeiten, nur nicht mir fairen?

Damit komme ich zu einem weiteren Punkt, der mir erhebliche Sorgen macht. Immer wieder versuchen Sie, parlamentarisch-parteipolitisch als solche definierte Christen beim Wort zu nehmen und ärgern sich dann, wenn Ihnen der blanke Zynismus entgegenschlägt. Nun bin ich ziemlich sicher, daß in solchen Augenblicken weniger der Moralist als der Formalist in Ihnen explodiert, denn natürlich drückt sich in den Worten »christlich«, »sozial«, »demokratisch« ein moralischer Anspruch aus, und Sie hätten eben diesen Anspruch gern einmal genau definiert. Sie sind also, wenn Sie sich ärgern – und Sie sollten doch wissen, daß man auch mit seinem Ärger ökonomisch umgehen muß, ich hasse nun einmal, wie Sie wissen, Verschwendung – formal durchaus im Recht. Dann aber muß ich Sie an Ihre fünfundzwanzigjährige Erfahrung in diesem Parlament erinnern und Sie fragen: Ist Ihnen inzwischen nicht klargeworden, daß diese moralisch so anspruchsvollen Namensgebungen nicht den geringsten moralischen, sondern lediglich einen technischen

Wert haben? Sie haben die Funktion etwa - sagen wir - von Schleifsteinen, auf denen die Messer gewetzt werden, das gesamte Instrumentarium, das man während der »Steinerei« verwendet hat. Sie sollten doch bemerkt haben, daß diese Mitte fast immer geschlossen aufheult - man hört es bis hierhin! -, wenn Worte wie »sozial«, »Frieden« oder »Moral« fallen. So heulte in den Erzählungen früherer Zeiten nur der Teufel auf, wenn man ihn mit Weihwasser besprengte oder das Kreuz über ihm schlug. Und wissen Sie immer noch nicht, daß ein Begriff wie Moral immer nur gegen Ihre Partei, nie gegen die verwendet werden darf? Das war doch der Hintergrund der »Steinerei«. Muß ich Sie an Heinrich den Vierten von Frankreich erinnern, der den Giftmischern, Kardinälen, Spitzeln, Huren, Messerwetzern und Messerstechern von der Liga erklären wollte, daß es ihm wirklich um Frieden ging, und um Macht nur, um Frieden zu schaffen und zu erhalten? Die Leute von der Liga wußten einfach nicht, was er meinte. Sie hielten ihn entweder für total unvernünftig oder für einen Heuchler, und weil er auch noch Weibergeschichten hatte, konnten sie ihn sogar noch als »unmoralisch« von ihren Kanzeln herab denunzieren lassen, denn sie, die ganze Regimenter von weiblichen und männlichen Huren in Marsch setzten, waren ja aufgrund des römischen Segens in jedem Fall moralisch. Sie wetzten die Messer an christlichen Schleifsteinen, und Europa bekam, was Heinrich der Vierte möglicherweise hätte verhindern können: seinen Dreißigjährigen Krieg, und Krieg war die Vernunft der Epoche.

Sie, der Sie gewisse geschichtliche Vorgänge überschauen, wissen doch, daß gegenwärtig in Ihrem Land ein Vorgang eingeleitet wird, den man nur mit der Gegenreformation vergleichen kann. Und fällt Ihnen nicht auf, daß die drei Hauptablaßprediger — man hat ja während der Gegenreformation kilometerweise Beichtstühle produziert und Ablässe wieder eingeführt -, daß diese drei nicht nur allesamt »barocke Züge« haben, sondern sich auch noch was darauf zugute halten; und sie stammen ja auch alle drei aus den südlichen Gefilden Ihres so merkwürdigen Vaterlandes, wo der Feudalismus sich am längsten gehalten hat und Beichten und Barock immer beliebt waren. Und eins wissen wir doch, diese merkwürdige Variante des Christentums, die sich Katholizismus nennt, hat ja durchs Beichten, durch ihre Ablässe und Absolutionen die Moral nicht verbessert, sondern geradezu zerstört.

Mein lieber Herr Wehner, die Zeiten, die da kommen sollen, sind härter als Sie ahnen, denn Ihre puritanische Redlichkeit verbietet Ihnen oder hindert Sie, das Ausmaß der Tücke zu erkennen.

Wenn diese Leute Ihnen Ihre kommunistische Vergangenheit vorwerfen, dann fürchten Sie ja nicht den Kommunismus als solchen (was immer das inzwischen sein mag), sondern sie fürchten in ihm und in Ihnen die protestantisch-puritanische sittliche Rigorosität, die er enthält.

Einer von den drei Neubarocken, ein besonders glattgebügelter Nachfahre des Petrus Canisius, geniert sich tatsächlich nicht, von »christlicher Verantwortung« zu sprechen. Er definiert sie natürlich nicht, aber vielleicht fragen Sie ihn einmal gelegentlich – öffentlich, versteht sich –, welche geschichtliche Manifestation von christlicher Verantwortung er anzubieten hat? Die südamerikanische, die portugiesische, spanische, griechische? Es herrscht nämlich viel christliche Verantwortung in der Welt, und auch die Liga war eine der angebotenen Varianten. Zur Zeit der Gegenreformation hat man die Angst vor der Hölle gezüchtet, jetzt schürt man die Angst vor dem Verlust der Stabilität, die nicht von den Ölkonzernen, sondern durch Lohnerhöhungen gefährdet wird.

Versuchen Sie Ihren arbeitenden Landsleuten einmal klarzumachen, was aus ihnen ohne die Arbeiterbewegung geworden wäre, deren letzten, wenn auch schwächlichen Ausläufer ja Ihre Partei in diesem Parlament darstellt. Wahrscheinlich würden sie noch heute mit der Mütze in der Hand in der Tür ihres Feudal- oder Fabrikherrn stehen und sich demütig dafür bedanken, daß der Herr tatsächlich über das Kind, das er ihrer Tochter oder ihrer Frau gemacht hat, die Patenschaft übernimmt und dafür einen silbernen Tauftaler springen läßt.

Und was das am meisten Beunruhigende an dieser neuen Gegenreformation ist: diesmal sind die Protestanten auf ihrer Seite! Der Erfolg der konfessionellen Mischung in dieser Partei bestand ja letzten Endes darin, daß die ligistischen Korruptionselemente die »Anständigkeit« der Protestanten, wie bläßlich und heuchlerisch sie immer gewesen sein mag, mit großem Erfolg infiziert haben. Ob man wieder kilometerweise Beichtstühle aufstellen wird? Ich nehme an, die Gitter, hinter denen die Angst versteckt und gleichzeitig gezüchtet werden kann, werden diesmal die Gitter von Bank- und Sparkassenschaltern sein. Gitter aber in jedem Fall. Natürlich kann man es als Fortschritt definieren, wenn an die Stelle von Beichtstuhlgittern Bank- oder Sparkassengitter getreten sind.

Ich bedaure es sehr, daß ich Ihnen noch weiterhin mit dem einen oder anderen Wort lästig fallen muß. Was soll zum Beispiel dieses Gerede von den Radikalen? Ich setze natürlich voraus, daß es modische Formen der Radikalität gibt; diese Radikalen stammen immer aus bürgerlichen Kreisen, Radikalität ist für sie eine Form der Unterhaltung, aus der sie jederzeit aussteigen können, und es gibt natürlich überall Elemente, die sich poetisch gerieren, definieren und aufführen, aber nicht wahr haben wollen oder zu dumm sind, um zu wissen, daß Poesie Ordnung und Zerstörung enthält. über diese beiden Gruppen brauche ich mich mit Ihnen wohl nicht zu streiten, aber Radikalität als solche zu diskriminieren und gar Radikalenerlasse zu planen — das ist nichts Geringeres als geistiger

Selbstmord mit den Mitteln der politischen Heuchelei. Ist etwa Mr. Strauß nicht radikal? Sind die Ölkonzerne nicht radikal? Und ist denn nicht einer in Ihrem Parlament, der einmal die Radikalität der Banken definiert und entlarvt? Und da wollen Sie jungen Menschen verbieten radikal zu sein? Ein Gesetz gegen Radikalität müßte konsequenterweise die Ausübung aller Künste verbieten und gleichzeitig jede Art der legalen Vollstreckung: jede Verhaftung ist ein radikaler Vorgang und jeder Gerichtsvollzieher, der in der Ausübung seines Berufes hin und wieder einen gepfändeten Gegenstand tatsächlich abholen lassen muß, ist ein Radikaler im öffentlichen Dienst. Ein Priester, der das Evangelium vorliest, ein Lehrer, der ein Drama von Kleist oder ein Gedicht von Hölderlin lesen und interpretieren läßt, ein städtischer Gärtner, der die Rosen im Garten des Oberbürgermeisters beschneidet – lauter Radikale im öffentlichen Dienst. – Schaffen Sie also die Theater ab, die Verlage, Zeitungen und Zeitschriften, lassen Sie staatlicherseits jedem Staatsbürger morgens durch einen Spezialservice drei Beruhigungstabletten verabreichen, verbrennen Sie sämtliche Bücher und Bilder, lassen Sie alle Plastiken zerhacken: dann haben Sie den Friedhof, der mit Radikalenerlassen offenbar angestrebt wird.

Verzeihen Sie mir, wenn ich eine dumme Frage stelle: Seid Ihr Deutschen etwa wahnsinnig geworden, und kann man diese Form des Wahnsinns vielleicht mit Normenwahn bezeichnen? Wo ist je geistiges Leben ohne Radikalität entstanden, und wo ist das menschliche Leben in seinem biologischen Ursprung je ohne Radikalität möglich gewesen? Schaffen Sie also bitte gefälligst auch die Zeugung ab, die ja ein ziemlich radikaler Vorgang ist. Zerstören Sie alle Schallplatten, Noten, Tonbänder mit der Musik eines gewissen Ludwig van Beethoven und züchten Sie sich eine Rasse von Demokratierekruten, die nichts von Demokratie wissen, sondern nur »an sich« Demokraten sind. Welche politischen Zukunftsvisionen haben Politiker, die so etwas wie Radikalenerlasse erwägen? Ich nehme doch an, daß Ihr Staat Gesetze hat und daß sich halbwegs genau feststellen läßt, wer sie übertritt – jedenfalls innerhalb der Grenzen, die die Klassenjustiz von eh und je geschaffen hat und innerhalb der Lücken, die sie für die Wohlhabenden ließ. Genügt Ihnen das nicht? Muß da auch noch jeder, jeder junge Mensch, der sich ein paar Gedanken macht, bedroht, bestraft, entmutigt werden? Der Ausdruck »Bürgerliches Gesetzbuch« spricht ja schon für sich. Was wollen Sie mehr? Wir wissen doch, daß das bürgerliche Gesetzbuch keine andere Funktion hat als den Privatbesitz zu schützen, und wir wissen auch, daß Proudhon gesagt hat, Privateigentum sei Diebstahl, und daß das der Wahrheit ziemlich nahekommt. Wollen Sie Proudhon verbieten oder die künftigen Proudhons im Keim ersticken? Und haben Sie nicht gesehen, wohin law and order führen – zu Agnew und Nixon!

Und noch ein Wort, das da neuerdings fast in aller Mund ist: Europa. Wollen Sie wirklich zulassen, daß die neueste Definition Europas von Krämern und Waffenhändlern vorgenommen wird? Sie wissen doch so gut wie ich, daß die europäische Tradition in Leningrad und Prag und Warschau glaubwürdiger gepflegt wird als in diesem Brüssel, wo man Scheingefechte um Eierpreise und Milchsubventionen führt. Im Augenblick scheint Westeuropa jedenfalls lediglich an Feilschereien interessiert: um Flugzeuge, Kopfsalat, Kartoffeln und Käse, um Maschinengewehre und Erdgas wird gefeilscht, um Aufträge, Prozente, Spesen, um und aus Ehrgeiz — wollen Sie mir bitte einmal erklären, wo da die geistigen Werte verborgen sind, die man ja neuerdings nicht einmal mehr heuchelt? Oder wollen Sie mir einzureden versuchen, es ginge doch ums Christentum, wozu ich Ihnen doch eingangs meine Meinung angedeutet habe? Da sich sogar der Protestantismus an der Gegenreformation beteiligt und der Sozialismus immer mehr verkommt? Woher kommt denn die *geistige Erneuerung?* Diese Frage kann ich Ihnen nur negativ beantworten: *aus Westeuropa ganz sicher nicht,* und damit überlasse ich Ihnen alle anderen Kontinente und den übrigen Teil Europas zur Lokalisierung Ihrer Hoffnung.

Viel Gutes kann ich Ihrer Partei nicht voraussagen. Es sei denn, es geschehe ein Wunder: daß die Deutschen sehend würden, diesmal nicht, um die Attraktion zu sehen, die Ihre Partei darstellt, sondern den Schrecken, der von den Neobarocken ausgeht. Wenn die regieren, würden natürlich die Preise und Steuern sofort sinken und man würde den Deutschen erlauben, international so stabil zu sein, wie sie sein könnten, wären sie nicht – nun ja, Deutsche. Die Welt, mein bester Mr. Wehner, hat nun einmal Angst, und wenn Sie sich für einen Augenblick bitte aller Zimperlichkeit entkleiden wollen, die gewisse Vergleiche nun einmal hervorrufen, und sechzig Jahre zurückdenken, als die Welt den Wilhelminismus fürchtete, so werden Sie mir vielleicht zugeben, daß dieses Deutschland, sechzig Jahre später, in seinen beiden Teilen immer noch oder schon wieder beängstigend tüchtig ist, auf eine beängstigende Weise arbeitsam (und nichts als arbeitsam) – und daß man ihm, diesem Deutschland (schließen Sie die Augen oder halten Sie sich die Ohren zu, denn es kommt etwas vergleichsweise Schreckliches), natürlich niemals die Führungsrolle erlauben wird, die ihm gerechterweise zukäme; und offen gesagt: es ist auch besser so, denn unheimlich bleibt Ihr, und im Augenblick seid Ihr auch unheimliche Demokraten. Vielleicht liegt es daran, daß Ihr in Eurer Geschichte so wenig Demokratie gehabt habt, weniger als zum Beispiel Chile.

Ich hoffe, ich habe ein klein wenig zu Ihrer Erheiterung beitragen können.

Besorgt, aber nicht verzagt

Ihr G. B. S.

P. S. Sollten Sie je den Ehrgeiz verspüren, auch einmal eine internationale Organisation gründen zu wollen, so schlage ich Ihnen vor: gründen Sie ein »Weltinstitut zur Lenkung wirtschaftlicher Absurdität« und regen Sie als erste Maßnahme an, daß man die Autos, die man nicht mehr los wird, in die Hungergebiete exportiert unter dem Slogan »Im Auto stirbt sich's leichter«.

Ihr G. B. S.

40
HELMUT SCHMIDT an HEINRICH BÖLL
Bundeskanzler H.S./DU, Bonn, 14.1.1977

Sehr geehrter, lieber Herr Böll!

In der »Frankfurter Rundschau« vom heutigen Tage lese ich von Ausführungen, die Sie laut »FR« über mich in einem Interview mit »Le Monde« gemacht haben. Danach hätte ich in der Rentenfrage »vollkommen dumm und überflüssig« »taktiert«.

Mich hat dieses erstaunliche und offenkundig uninformierte Diktum sehr berührt. Ich möchte deshalb Sie sehr herzlich bitten zuzustimmen, daß wir uns in Bälde einmal über diesen Fall unterhalten. Das Ausmaß an Irreführung, Enttäuschung und Zorn, die diese Affäre über mehrere Stadien hinweg mir bereitet hat, will ich Ihnen im Augenblick nicht schildern. Ich würde Ihnen aber gern den ganzen Hergang erzählen in der Hoffnung, Sie erkennen zu lassen, wieviel komplizierter politische Vorgänge manchmal liegen, als Außenstehende dies aufgrund bloß vordergründiger Information erkennen können, und wie sehr politische Verantwortung oft dazu zwingt, öffentliche Verantwortung für Vorgänge zu ertragen, die man in Wahrheit höchstenfalls zu einem kleinen Teil selbst zu verantworten hat.

Unabhängig von dem Gespräch, das ich mir erhoffe, möchte ich Ihnen heute eines versichern: Ich habe in der Frage der sozialen Sicherung und insbesondere in der Rentenfrage mich seit Jahren tief innerlich engagiert. Ich habe Fleiß und Mühe darauf verwendet; und ich habe zu keinem Zeitpunkt etwas gesagt, erklärt oder geschrieben, daß nicht nach bestem Wissen und Gewissen geprüft war.

Ich habe mein Büro gebeten, sich telefonisch mit Ihnen in Verbindung zu setzen.

Mit besten Grüssen

stets Ihr Ihnen ergebener Helmut Schmidt

Persönlich
Herrn
Heinrich Böll

Durchschlag zur Kenntnis an:
Herrn Sts Bölling
Herrn Sts Dr. Schüler
Herrn StM Wischnewski

41
HEINRICH BÖLL an HELMUT SCHMIDT
Köln, Hülchratherstr. 7, 25.1.1977

Verehrter Herr Bundeskanzler,

in den kommenden Wochen werde ich zur Behandlung und Kur (wohl bis Mitte März) in einer Klinik sein, also leider nicht zu einem Gespräch verfügbar. Ich bedaure es sehr, dass es bisher zu keinem Gespräch gekommen ist: einmal waren Sie krank, dann ich etc. Natürlich stehe ich Ihnen nach meiner Rückkehr zur Verfügung. Zur Sache selbst: ich kann die in der *Frankfurter Rundschau* zitierten Adjektive weder bestreiten noch bestätigen. Das Interview mit Herrn Vernet wurde in deutscher Sprache geführt, dann natürlich ins Französische übersetzt, aus *Le Monde* wieder rückübersetzt, und dabei können Ungenauigkeiten entstanden sein. Die Tendenz des Interviews kann ich bestätigen, und ich bin sicher, dass Daniel Vernet nichts verfälscht hat. Ich. bitte Sie herzlich, sehr verehrter Herr Bundeskanzler, davon auszugehen, dass ich mir der Kompliziertheit nicht nur dieses (des Renten)Problems, sondern fast aller Probleme bewusst bin; dass ich nichts für so einfach halte oder als so einfach ansehe. Ich bin sicher, glaube ihnen ohne jede Einschränkung, dass Sie die Fragen der sozialen Sicherheit verantwortungsvoll prüfen und handeln. Was an dieser Sache mir so schlimm erschien, war der Zeitpunkt (am gleichen Tag wurde die Diäten erhöht – berechtigterweise, wie ich glaube) und es war schon schnöde, ein Wahlversprechen so rasch zu brechen (vielleicht brechen zu <u>müssen</u>!, aber dann käme wieder der Zeitpunkt und die psychologische Komponente ins Spiel).

Nun, vielleicht können wir wirklich einmal – nicht nur über das – sprechen. Eins können Sie vorrausetzen: einer, der Romane schreibt, weiss, dass es Konflikte gibt. Im übrigen dauerte das

Interview zwei-drei Stunden, behandelte hauptsächlich den Antikommunismus, seine Entstehung, und ich habe Herrn Vernet klar zu machen versucht, dass dieser eben nicht nur ein Produkt der Propaganda der Adenauer-Ära sei, sondern auf den Erfahrungen mit der Besetzung durch die rote Armee, mit der DDR etc. beruht, etwas, das Franzosen gar nicht gern hören. Ich bitte Sie, mir zu glauben, dass ich Ihre berechtigte Empfindlichkeit den zitierten Adjektiven gegenüber respektiere und es sehr bedauern würde, Sie persönlich gekränkt zu haben.

Mit besten Grüssen

Ihr sehr ergebener Heinrich Böll

42
HEINRICH BÖLL an WILLY BRANDT
Köln, Hülchrather Strasse 7, z. Zt. Schweiz (handschriftlich), 16.2.1977

Lieber, verehrter Willy Brandt,

herzlichen Dank für Ihre Weihnachts- und Neujahrsgrüße. Natürlich würde auch ich Sie gerne wiedersehen, ich bin aber noch bis April oder Mai nicht so recht aktionsfähig – muss kuren, kuren, werde sorgfältig beobachtet und behandelt – aber mit Erfolg.

Vielleicht können wir uns im April oder Mai sehen.

Herzliche Grüße, auch an Ihre Familie

Ihr Heinrich Böll

43
WILLY BRANDT an HEINRICH BÖLL
Vorsitzender der SPD, p.t. Münstereifel, 6.10.1977

Herrn
Heinrich Böll
z.Zt. Recklinghausen (7.10.)
durch KH Bentele[67]

Lieber Heinrich Böll,

wir hatten unsere Verabredung verschoben. Jetzt muss ich Ihnen aber doch ein paar Zeilen schreiben.

Ich glaube zu wissen, wie die Hetze und die Belästigung Ihrer Familie auf Sie wirken. Umso mehr freut mich, dass in Ihrem Gespräch mit dem *STERN* das Wort Hoffnung aufkommt. Sie sind nicht so allein, wie Sie sich manchmal fühlen mögen.

Wenn es, hoffentlich bald, zu unserer Begegnung kommt, möchte ich auch darüber sprechen, wie wir uns nicht nur unserer Haut wehren, sondern geistig-politisch offensiv werden können.

Mit herzlichen Grüßen, Ihr Willy Brandt

P.S.: Es scheint die Aussicht zu bestehen, dass unser gemeinsamer Moskauer Bekannter seinen Plan verwirklichen kann.

---

[67] Karlheinz Bentele (1947), Wissenschaftler und SPD-Politiker, 1977 Mitarbeiter im SPD-Parteivorstand.

**44
HEINRICH BÖLL an WILLY BRANDT**
Köln, Hülchrather Strasse 7, 18.10.1977

Lieber Willy Brandt,

ich bin durch diesen ganzen Wirbel mit allem, Arbeit, Terminen, Plänen, Abwicklungen, so durcheinander geraten, dass ich die kommenden Wochen noch nicht überschauen kann – erst »Ordnung« schaffen muss. Ich fürchte, es wird nichts werden mit dem 27.10.[68], aber wenn ich es eben schaffe, werde ich kommen. Sonst müssen wir – einen anderen Termin abmachen.

Herzliche Grüsse Ihres Heinrich Böll

**45
HEINRICH BÖLL an WILLY BRANDT**
Köln, Hülchrather Strasse 7, 11.12.1977

Lieber Willy Brandt,

gerade höre ich im Radio, dass Sie diese Woche nach Moskau fahren. Ich weiss nicht, ob Sie auch Kopelew[69] im »Gepäck«

---

68 Aus einer Anmerkung geht hervor, dass die Sekretariate von Brandt und Böll diesen Termin für ein Treffen vereinbart hatten. Ob er zustande gekommen ist, lässt sich nicht klären.

69 Lew Kopelew (1912-1997), russischer Schriftsteller, wurde zum Ende des Zweiten Weltkriegs zu zehn Jahren Lagerhaft verurteilt, weil er sich als Offizier

haben, dessen Sache - auch von ihm - noch nicht entschieden ist. Herr Falin[70] hatte mich durch Herrn Portugalow[71] wissen lassen, dass K. wahrscheinlich – in seiner Eigenschaft als Jude – ausreisen könne, eine Rückkehr aber nicht garantiert werden kann! Ich habe K. diese harte Alternative mitgeteilt, ihm auch gesagt, dass keiner hier ihm die Rückkehr garantieren kann. Er muss also selbst entscheiden.

Ich habe, seit ich diesen Brief an ihn schickte, noch keine Nachricht von ihm, nehme an, dass ihm diese harte Entscheidung zu schwer fällt – und er dann doch wird bleiben wollen. Bei meinen verschiedenen Gesprächen – das letzte beim Empfang zum 60. Jahrestag der Revolution – wurde mir klar gemacht, dass man das Ostpreussen-Kapitel in K s Buch für eine der schlimmsten Beleidigungen hält (*fast* schlimmer als Solshenyzin) – und dass »man« überzeugt ist, ich hätte das Manuskript herausgeschmuggelt (Letzteres trifft nicht zu! Ich schwörs! Ich bin – mal wieder! – unschuldig!)

Ich weiss nicht, ob Sie K. werden sehen, ob sie was für ihn tun können. Eins können Sie vielleicht andeuten und sogar mög-

für eine menschenwürdige Behandlung der deutschen Bevölkerung bei der Eroberung Ostpreußens eingesetzt hatte. Nach seiner Freilassung setzte er sich für Regimekritiker ein und geriet damit erneut ins Visier der Sowjetführung. 1963 lernte er Heinrich Böll kennen. Nach seiner Ausbürgerung 1981 durch das Breschnew-Regime zog er nach Köln.

70 Valentin Falin (1926), von 1971 bis1978 Botschafter der Sowjetunion in der Bundesrepublik Deutschland.

71 Nikolai Portugalow (1928-2008), sowjetischer Journalist und Politiker, übersetzte nach eigenen Angaben einige Texte Bölls, kam in den siebziger Jahren mit Falin als Korrespondent in die Bundesrepublik.

licherweise erreichen: dass man ihm sein Telefon wieder öffnet. Er ist krank und sitzt dort ohne Telefon! Herr Portugalov sagte mir, dass »sie« (ich nehme an, er und Falin sind mit »sie« gemeint) ihm in puncto Telefon nicht helfen können, deutete an, dass Sie das möglicherweise erreichen könnten. Seltsame Welt! Aber vielleicht können Sie wirklich etwas in Moskau für K. tun.

Sehr herzliche Grüsse, auch an Ihre Familie

Ihr Heinrich Böll

**46
WILLY BRANDT an HEINRICH BÖLL**
Vorsitzender der SPD, Bonn, 14.12.1977

Lieber Heinrich Böll,

nun geht das Jahr zuende, ohne daß man sich erneut gesehen hat. Vor mir liegt eine Reise nach Japan und Indien. Ich kann also am nächsten Mittwoch nicht kommen, um Ihnen zum Sechzigsten zu gratulieren. Aber ich möchte nicht aufbrechen, ohne Ihnen geschrieben und die besten Wünsche auf den Weg gebracht zu haben.

Sie haben sich, vielen grotesken Anfeindungen dieses, in mancher Hinsicht so wenig guten Jahres zum Trotz, nicht entmutigen lassen. Ich wünsche, Sie können diesen ruhigen Mut beibehalten.

In der Rückschau dürfen wir, also jene politische Konstellation, die heute Verantwortung für die Bundesrepublik Deutschland trägt, nicht so tun, als seien wir nur erfolgreich gewesen; als könnten wir ohne Abstriche stolz auf Geleistetes sein; als stünden wir rundum gefestigt da. Gewiß, etwas an jedem ist wahr. Aber wir haben auch einzuräumen, daß wir uns bei vielem hindurchlavieren mußten. Ich weiß wohl, wir haben den Wind nicht im Rücken. Aber ich spüre auch, daß wir einiges haben abwehren können.

Das, was unter dem Stichwort Terrorismus hierzulande geschehen ist, hat unser Volk nicht verändert! Aber vielleicht ist sichtbarer geworden, daß sich in der Richtung des Fortschritts weniger verändert hatte, als viele von uns geglaubt oder gehofft hatten. Es ist eben doch wahr, daß wir, sofern wir uns nicht von Stimmungen oder Ressentiments unterpflügen lassen wollen, geistig wehrhaft sein müssen. Es ist bezeichnend und alarmierend, daß man für die Verteidigung der geistigen Freiheit reden und schreiben und sich einsetzen muß in einem Staat, der aus der Antithese zur extremen Unfreiheit entstanden ist und sich darauf viel zugute hält. Aber darin liegt wohl schon der Trugschluß: Das Reaktionäre war nur zurückgedrängt, dem Freiheitlichen war nur eine Chance gegeben worden.

Lassen Sie uns, jeder für sich und gelegentlich miteinander und mit anderen, darüber nachdenken, wie man weiterkommt. Pessimismus kann eine Ausflucht sein, kein Ausweg. Sie sind, in Wahrheit, kein Pessimist; ich bin es auch nicht.

Ich weiß, daß vieles an uns, den schon etwas älteren, liegt. 1972, Sie waren gerade mit dem Nobelpreis ausgezeichnet worden, haben manche unserer Landsleute nur widerwillig zugestimmt; der Böll ging ihnen gegen den Spießerstrich. Jemand hat damals (gegen diese Stimmung) geschrieben, das sei eine typisch deutsche Variante des Chauvinismus: daß man die unbequemen Bürger nicht zur Nation rechne. Dieses Jahr hat manch ähnliche Stimmungen und Stimmen zutage gefördert; aber es hat auch diejenigen wieder näher aneinander gebracht, die so etwas nicht durchgehen lassen wollen.

Unter dem Strich sieht es nicht nur so aus, daß unser Staat besser regiert wird, als man es von den meisten anderen Staaten sagen kann. Und daß wir weder wirtschaftlich noch sozial schlecht dastehen. Es ist auch so, daß die um Liberalität, um staatsbürgerliche und geistige Freiheit Besorgten heute beruhigter sein können als sie es im Laufe des Jahres zuweilen sein konnten.

Andere werden Ihnen schreiben und sagen, wofür sie Ihnen, lieber Heinrich Böll, als Schriftsteller und als Gestalt des europäischen Kulturlebens dankbar sind. Ich schließe mich dem an, füge aber den Respekt vor dem besorgten Demokraten hinzu.

Ich möchte nicht, daß Sie sich draußen fühlen – auch deshalb diese Zeilen.

Ich wünsche Ihnen und Ihrer Familie alles Gute.

Viele zählen auf Sie, gerade auch hier in Deutschland.

Herzliche Grüße gez. Willy Brandt

Kopie an Pressestelle zur Veröffentlichung von Auszügen

47
HELMUT SCHMIDT an HEINRICH BÖLL
BRD – Der BK, Bonn, 21.12.1977

Sehr geehrter lieber Heinrich Böll,

meinen herzlichen Glückwunsch zu Ihrem 60. Geburtstag, einem Tag, an dem es nahe liegt, Bilanz zu ziehen.

Ein solcher Rückblick wird jedoch für einen Menschen wie Sie, wenn ich dies richtig beurteile, neben vielen positiven Erinnerungen auch manchen Zweifel und manchen kritischen, ja selbstkritischen Gedanken fördern. Für die Menschen, für die Sie geschrieben haben und für die Gesellschaft, an die Sie — manchmal vehement – appelliert haben, scheint mir diese Bilanz klar und insgesamt positiv. Ich bin davon überzeugt, dass diese Gesellschaft und diese Zeit, in der wir leben, Sie gefordert haben, wie es kaum anderen geschehen ist. Sie haben die Herausforderungen angenommen und, wie ich meine, dabei die Chance genutzt, Zeichen zu setzen.

So sehr Sie die Nähe zu den Menschen gesucht haben, zum Staat haben Sie immer ein Verhältnis kritischer Distanz bewahrt, mehr wohl noch zu Organisationen und Verbänden, die allesamt die Interessen der Bürger vertreten wollen. Sie haben nur zu oft Ihre Zweifel geäussert, ob hier tatsächlich die Interessen des Individuums wahrgenommen werden. Eine solche Haltung ist legitim und notwendig. Es ist meine feste Überzeugung, dass wir in einem Zeitalter mannigfacher Überorganisation mehr denn je auf die Phantasie und den gestaltenden Willen des Einzelnen angewiesen sind.

Sie sind, lieber Heinrich Böll, ein gefeierter Schriftsteller. Darauf sind wir stolz. Nicht nur des Glanzes wegen, den Ihnen – und damit uns allen – ein Nobelpreis und eine Fülle anderer verdienter Auszeichnungen verleihen, sondern gerade wegen der literarischen Arbeit, mit der Sie unser Leben seit 1947 begleitet haben. In Ihren Büchern und Schriften haben Sie uns, die Älteren und die Jüngeren, oftmals Wahrheit fühlen lassen, die in Gefahr geriet, verdrängt zu werden.

Ich wünsche Ihnen Gesundheit, produktives Schaffen und Erfolg für noch viele Jahrzehnte.

48
HERBERT WEHNER an HEINRICH BÖLL
Bad Godesberg, (handschriftlich), 21.12.1977

Lieber Heinrich Böll!

Ein Gruß unter den vielen, die Sie heute erreichen möchten. Es kommt von Herzen, ist nicht wohlgeformt, ist nicht tönend, soll nicht anspruchsvoll wirken. Ich möchte Ihnen zu verstehen geben, daß die Bundestagsfraktion der SPD Ihnen etwas Liebes für Ihren Lebensweg mitgeben will.

Keine großen Worte und kein klingendes Spiel, sondern der unbeholfene Versuch, Sie fühlen zu lassen, daß viele in Ihnen den Mitfühlenden und den verwandte Regungen in Sätze formenden Bruder erkennen: Weil Sie nicht auftrumpfen, sondern sinnieren, tasten und fürsprechen, helfen Sie so vielen.

Zur Zeit ist's finster. Aber es wird auch wieder licht werden[72].

72 Eine Anspielung auf eine Schreibtischlampe, die die SPD-Bundestagsfraktion Böll zum Geburtstag schenkte.

HERBERT WEHNER 21. Dezember 1977.

Lieber Heinrich Böll!

Ein Brief unter den vielen, die Sie heute erreichen möchten. Er kommt von Herzen, ist nicht wohlgeformt, ist nicht tönend, soll nicht anspruchsvoll wirken. Ich möchte Ihnen zu verstehen geben, daß die Bundestagsfraktion der SPD Ihnen etwas Liebes für Ihren Lebensweg mitgeben will.

Keine großen Worte und kein klingendes Spiel, sondern der nüchterne Versuch, Sie fühlen zu lassen, daß viele in Ihnen den mitfühlenden und die verwandte Regungen in Sätze formenden Bruder erkennen. Weil Sie nicht aufstampfen, sondern einreden, tasten und fürsprechen, helfen Sie so vielen.

Zur Zeit ist's finster. Aber es wird auch wieder licht werden. Nehmen Sie, bitte, meinen Brief und meine guten Wünsche für Sie als Zeichen, daß in unseren Reihen viele Sie lieb haben.

Sie und Ihre liebe Frau grüßt herzlich
Ihr
Herbert Wehner.

Nehmen Sie, bitte, meinen Gruß und meine guten Wünsche für Sie als Zeichen, daß in unseren Reihen viele Sie lieb haben.

Sie und Ihre liebe Frau grüßt herzlich

Ihr Herbert Wehner

49
DIETER LATTMANN[73] ZUM 60. GEBURTSTAG VON BÖLL
Vorwärts, 22.12.1977

Ende der Bescheidenheit

»Diese verfluchten Äpfel, deren fauliger Geruch angeblich Schiller stimulierte, haben viel Unheil angerichtet; sie haben zu einem Klischee beigetragen, das für einen dümmlichen Kult zurechtgeschnitten ist. Der faulige Geruch des gesamten EWG-Apfelbergs bringt uns nicht eine einzige Zeile von Schiller ein – jedenfalls nicht von Friedrich.«

Der dies sagte, war Heinrich Böll. Ort: Liederhalle Stuttgart. Zeit: Samstag. der 21. November 1970 gegen 21 Uhr. Im Saal, im Foyer und in Nebenräumen hörten dreieinhalbtausend zu. Junge Leute saßen in den Gängen auf dem Boden. Sie waren hereingebrochen, als die Veranstaltung begann. Jetzt kauerten die Vordersten von ihnen unter den Dreifußgestellen, auf de-

---

[73] Dieter Lattmann (1926), Schriftsteller und SPD-Politiker, von 1972-1980 MdB, gemeinsam mit Heinrich Böll, Günter Grass und Martin Walser 1969 Mitbegründer des Verbandes deutscher Schriftsteller (VS), bis 1974 dessen Vorsitzender.

nen Kameras surrten. Es herrschte eine einmütige hellwache Aufmerksamkeit. Als erster hatte Willy Brandt gesprochen. Kein Bundeskanzler vor ihm war zu den Schriftstellern gekommen.

Brandt hatte gesagt: »Geist und Macht, das angeblich so strenge Gegensatzpaar, üben oft und gern Rollentausch. Denn so mächtig der Einfluß der Politik auf die Gesellschaft sein mag, längst hat sie ihre Macht teilen müssen: gerade Sie als Schriftsteller sollten Ihren Einfluß nicht unterschätzen.« Es war der erste große und allgemeine Schriftstellerkongreß in der Bundesrepublik seit 22 Jahren, seit jenem Autorentreffen in der Frankfurter Paulskirche, ehe es diese Bundesrepublik gab. Eingeladen hatte dazu der am 8. Juni 1969 in Köln unter Bölls Devise »Ende der Bescheidenheit« gegründete Verband deutscher Schriftsteller, der VS, dessen Zielsetzung von Anfang an erklärtermaßen gewerkschaftlich war.

Für das Zustandekommen der »Einigkeit der Einzelgänger« (so das Motto des Stuttgarter Schriftstellerkongresses) hat Heinrich Böll Ende der sechziger Jahre und seitdem wie kaum ein anderer Unverwechselbares geleistet. Gemeinsam mit Günter Grass, der unmittelbarer politisch auftrat, sich bei den Parteien und in der Gesetzgebung klarer auskannte und bei Brandt, Wehner und Heinemann selbstverständlicher aus und ein ging – gemeinsam mit Grass und phasenweise Martin Walser, war Böll eine magnetische Figur im Kraftfeld der sich organisierenden Autoreninteressen im Schriftstellerverband, der zur Industriegewerkschaft Druck und Papier strebte und sich ihr 1974 als Fachgruppe anschloß.

Berühmt wurde Bölls Gründungsrede, die er dem VS im Kölner Gürzenich ins Stammbuch schrieb: »Verschaffen wir uns erst einmal Überblick über die volkswirtschaftliche Relevanz unserer merkwürdigen Sozialprodukte, bevor wir uns vom kulturellen Weihrauch einnebeln lassen, dann erst kommen wir aus unserem Resolutionsprovinzialismus heraus. der unsere wieder einmal erhobenen Zeigefinger golden schimmern macht, uns im Feuilleton als Gewissensfunktionäre und Korrektoren für das windschiefe Vokabularium der Politiker willkommen heißt, und hängen wir uns den hingestreuten Lorbeer nicht an die Wand, streuen wir ihn dorthin, wohin er gehört: in die Suppe.«

Die Methode war scheinbar einfach: Dadurch, daß sich einige der international namhaftesten Schriftsteller der Bundesrepublik hinter die sozialen, rechtlichen und wirtschaftlichen Forderungen des Schriftstellerverbands stellten, erhielt der VS öffentliche Stimme und eine gewisse Durchsetzungskraft.

Der öffentliche Boykott – ein deutsches Ereignis

Denn angesichts der notorischen Betriebsblindheit der meisten Politiker gegenüber den Erfordernissen dem Kulturstaats spielt künstlerische und literarische Prominenz am ehesten die Initialrolle im widerspruchsvollen Kontakt zwischen Politik und Kultur.

Böll, der Sechzigjährige, anfangs heimatloser Linker und Individualist der »Gruppe 47« und später Präsident des internationalen P. E. N., hat mit zunehmenden Jahren die solidarische Verpflichtung gegenüber seinen Schriftstellerkollegen immer entschiedener auf sich gezogen und dabei in Kauf genommen. daß sich an seinem Denken, Schreiben und Handeln die Geister scheiden. Was er ebenso akzeptierte – vor allem, wenn es um die Unterstützung von Autoren und Wissenschaftlern in der östlichen Welt ging –, war häufig die Notwendigkeit des Schweigens um den Preis öffentlichen Unbegreifens. Erst die Flut von Aggressionen in Form von politischer und menschlicher Diffamierung hat ihn manchmal bitter gemacht.

Daß der Literaturnobelpreisträger Böll heute gemeinsam mit dem Friedensnobelpreisträger Brandt in aufgebrachten Reaktionen eines Teils der Öffentlichkeit einem Boykott aus Pauschalurteilen und Nichtwissenwollen unterliegt, ist ein ungemein deutsches Ereignis – der Beispiele sind in unserer Geschichte Legion. Ausgerechnet Böll, dessen Grundthemen die Fehlbarkeit des Menschen und alles Sich-in-Frage-Stellen sind, wirft man mit Vorliebe eine angebliche hochpriesterliche Unfehlbarkeitshaltung vor.

Als Mißverständnis ist das nicht abzutun. Eher handelt es sich um eine nationale Mißweisung zwischen dem schwer beeindruckbaren Teil der Gesellschaft und ihren grundsätzlichen Kritikern. Böll, der oft für andere in die Bresche sprang, braucht jetzt die umgekehrte Erfahrung, daß nüchterner Bürgersinn für ihn eintritt. Denn in einem Klima, in dem man den Begriff des »Radikalen«, also des an die Wurzel Gehenden zum Instrument der Verunglimpfung hat verkommen lassen, ist er – wie beinahe jeder wichtige Schriftsteller – ein Radikaler im öffentlichen Dienst in dem Sinn, daß ohne die radikale Forderung nach einer moralischen Politik keine politische Kultur gelingt.

50
HEINRICH BÖLL an WILLY BRANDT
Köln, (handschriftlich), 14.1.1978

Lieber Willy Brandt,

Ihr Brief gehört zu den wichtigsten Glückwünschen, wobei der Geburtstag als solcher nebensächlich, was <u>vorher</u> geschah, wichtiger war.

E: 17/1 78

14.I.78

/WB

Ber 17/1

Lieber Willy Brandt,

Ihr Brief gehört zu den wichtigsten Glückwünschen, wobei der Geburtstag als solcher weniger wichtig, was <u>vorher</u> geschah, wichtiger war.

Ich habe tausende bestärkende, ermutigende Briefe, die meisten von Unbekannten bekommen – und bin heute denen, die die Hetze angefangen haben, fast dankbar – sie haben etwas wie das Gegenteil bewirkt (diesmal ging es schief) – so haben sie mir eine Solidarität provoziert, die kaum zu erwarten war.

Nein. Sie brauchen nicht zu fürchten, weniger denn je, daß ich mich hier nicht zu Hause fühle. Da sind wir schon zu Hause.

Ihre Frau erzählte neulich von Ihrem malenden Sohn, ich schicke Ihnen, Ihrer Familie hier etwas von meinem malenden Sohn!

In aller Herzlichkeit, mit Grüßen an Ihre Familie, auch von meiner Frau

Ihr alter

Heinrich Böll

Ich habe tausend bestärkend, ermutigende Briefe, die meisten von »Unbekannten« bekommen – und bin heute denen, die die Hetze angefangen haben, fast dankbar – sie haben zwar nicht das Gegenteil bewirkt (diesmal ging es tief) – so haben sie doch eine Solidarität provoziert, die nicht zu erwarten war.

Nein, Sie brauchen nicht zu fürchten, weniger denn je, daß ich mir hier nicht »zu Hause« fühle.

Wo sind wir schon zu Hause.

Ihre Frau erzählte neulich von Ihrem malenden Sohn, ich schicke Ihnen [/] Ihrer Familie hier etwas von meinem malenden Sohn!

In aller Herzlichkeit, mit Grüßen an Ihre Familie, auch von meiner Frau

Ihr alter Heinrich Böll

51
HERBERT WEHNER an HEINRICH BÖLL
Bonn, Telegramm, 30.5.1978

herrn heinrich boell
huelchratherstr 7
koeln/1

Lieber heinrich boell bitte Lassen sie sich nicht in verbitterung hetzen durch das was ein gericht ihnen angetan hat stop herzlich gruesst sie und ihre liebe frau

ihr herbert wehner mit familie

52
HEINRICH BÖLL an HERBERT WEHNER
Köln, (handschriftlich auf empfangenem Telegramm), ohne Datum

Lieber Herbert Wehner,

von Verbitterung keine Spur, ich habe nur Angst vor der Ausbreitung der Verleumdungsfreiheiten wie sie in der kulturell verödeten Welt der Springer-Presse blüht.

Mein Dank für die Hellseherei Ihrer Äußerung und Grüße an Ihre Familie – auch von meiner Frau

H.B.

53
SPD-BUNDESTAGSFRAKTION ZUM BGH-URTEIL BÖLL/SFB
Informationen der SPD-Bundestagsfraktion, Ausgabe 575, Bonn, 1.6.1978

Betr: Urteil des Bundesgerichtshofs im Rechtsstreit Böll / SFB-Walden

Der Sprecher der Sozialdemokratischen Bundestagsfraktion, Knut Terjung[74], erklärt:

In ihren »Informationen«, Ausgabe 554, hat die Sozialdemokratische Bundestagsfraktion ein privates Telegramm veröffentlicht, das der Fraktionsvorsitzende Herbert Wehner am 30. Mai 1978 dem Schriftsteller Heinrich Böll geschickt hat:

---

74 Knut Terjung (1940), von 1974-1983 Pressesprecher der SPD-Bundestagsfraktion.

»Bitte, lassen Sie sich nicht in Verbitterung hetzen, durch
das, was ein Gericht Ihnen angetan hat.«

Der Veröffentlichung des Wortlauts des Telegramms war hinzugefügt:

»Wehner nannte als Grund für dieses Telegramm die ›Art
und Weise‹, in der eine letztinstanzliche gerichtliche Entscheidung, durch die Böll erreichen wollte, daß er gegen eine ungeheuerliche Art von Beschimpfung und Bezichtigung
durch den ›bedeutenden‹ Herrn Walden geschützt würde,
begründet worden ist.«

Die Bewertung des Verhaltens des Bundesgerichtshofes seitens Herbert Wehners richtet sich also eindeutig nicht gegen
die Entscheidung selbst, sondern gegen deren *Begründung*.
Die Bundesrichter halten eine Interpretation von Äußerungen
des Nobelpreisträgers Heinrich Böll für vertretbar, wonach er
für den terroristischen Mordanschlag auf den Berliner Kammergerichtspräsidenten von Drenkmann moralisch mitverantwortlich sei. Die Art und Weise der Begründung macht die Gefahren für das geistige Klima in der Bundesrepublik Deutschland deutlich, vor denen die SPD nachdrücklich gewarnt hat,
so in ihrem Parteitagsbeschluß vom November 1977:

Die notwendige Auseinandersetzung mit dem Terrorismus
kann nur erfolgreich sein, wenn es gelingt, das Bewußtsein
zu stärken, für die Differenzierung zwischen legitimen demokratischen Auseinandersetzungen auch mit radikalen
politischen Meinungen einerseits und der menschenverachtenden Zerstörungsstrategie der Terroristen andererseits.
Maßlose Angriffe konservativer Politiker gegen kritische
Intellektuelle, Pastoren, Künstler und Schriftsteller beweisen erneut, daß rechte Demagogen in Deutschland den
Kampf gegen den Terrorismus mißbrauchen (zur Denunzia-

tion liberaler und sozialistischer Demokraten als verfassungsfeindlich). Die Sozialdemokraten verteidigen Heinrich Böll, Günter Grass, Bischof Scharf, Luise Rinser, Thaddäus Troll, Heinrich Albertz, Helmut Gollwitzer und alle anderen zu Unrecht angegriffenen Demokraten.

Rechte Ideologen behaupten, die Verbrechen der Terroristen entsprängen einer Hinneigung zur Gewalt, die in einem Demokratieverständnis seine Wurzel habe, das Konflikte und Probleme in unserer Gesellschaft betone. In dieser Behauptung liegt eine Infragestellung der Demokratie selbst. Denn es gibt keine Gesellschaft ohne Konflikte. Die Lebensordnung des demokratischen Rechtsstaates will gerade auch der friedlichen Lösung sozialer und politischer Konflikte dienen. Sie akzeptiert die Existenz von Konflikten, schließt aber Gewalt als Mittel zu ihrer Lösung aus.

Ebenso gefährlich für unsere Demokratie ist der Versuch rechter Scharfmacher, Sozialdemokraten in die Nähe der Terroristen zu rücken. Die Sozialdemokraten haben Terror als Mittel der Politik stets entschieden abgelehnt und bekämpft. Ihr Ziel ist seit jeher die gewaltlose Veränderung gesellschaftlicher Verhältnisse zur besseren Verwirklichung der drei Grundwerte: Freiheit, Gerechtigkeit und Solidarität. »Organisieren sie sich als ein allgemeiner deutscher Arbeiterverein zu dem Zwecke einer gesetzlichen und friedlichen, aber unermüdlichen, unablässigen Agitation für die Einführung des allgemeinen und direkten Wahlrechts in allen deutschen Ländern«, schrieb Ferdinand Lassalle zu Beginn der Arbeiterbewegung im Jahre 1863 dem Zentralkomitee zur Berufung eines allgemeinen deutschen Arbeiter-Congresses zu Leipzig.

Der Versuch, aus dem Problem des Terrorismus parteipolitisches Kapital zu schlagen, ist kurzsichtig. Denn die Bekämpfung des Terrors erfordert auch, daß sich die demokratischen Kräfte in unserem Lande auf diesem Gebiet einig werden. Soweit in der Sache unterschiedliche Auffassungen bestehen, muß in einer Atmosphäre gemeinsamer Verantwortung beraten werden. Unser Volk erwartet auf diesem Felde nicht den Sieg der Koalition über die Opposition oder den Sieg der Opposition über die Koalition, sondern den Sieg des demokratischen Rechtsstaates über den Terrorismus.

Worum es Herbert Wehner geht, ist keine »Urteilsschelte« durch den Gesetzgeber, sondern engagiertes Eintreten für Meinungsfreiheit auch kritischer Intellektueller in unserem Gemeinwesen. Sein Anliegen ist das Anliegen der gesamten SPD: Demokraten wie Heinrich Böll gegen alle Äußerungen zu verteidigen, die deren moralische Integrität in Zweifel ziehen oder in Zweifel ziehen lassen.

Die Opposition, die in scharfmacherischer Polemik gegenüber den Äußerungen Herbert Wehners – kurz vor zwei wichtigen Landtagswahlen – auf unterstes Niveau herabsteigt, disqualifiziert sich selbst.

Der Deutsche Richterbund hätte besser daran getan, nicht nur voreilig den in Zeitungen wiedergegebenen Telegrammtext, sondern die vollständige Äußerung Herbert Wehners (»Informationen« Nr. 554) zur Kenntnis zu nehmen. Es wäre wünschenswert, daß sich auch der Deutsche Richterbund die Sorge der SPD um das geistige Klima in der Bundesrepublik zu eigen macht.

54
BRIEFENTWURF WILLY BRANDT AN HEINRICH BÖLL
Gefertigt von Martin E. Süskind[75] mit handschriftlichen Anmerkungen Brandts, 1.6.1978

Lieber Heinrich Böll[76],

Sie mögen sich an die Zeilen vom Dezember des vergangenen Jahres erinnern, als ich Ihnen schrieb, zum Geburtstag, ich möchte nicht, dass Sie sich draussen fühlen. Und dass ich zugleich mir selbst klarmachte und Ihnen signalisierte: Dass dem Freiheitlichen bei uns nur eine Chance gegeben, das Reaktionäre nur zurückgedrängt sei. Sie antworteten mir damals, ich brauchte nicht zu befürchten, dass der Böll sich bei uns nicht zu Hause fühle. Wo sei man schon zu Hause...

Warum schreibe ich Ihnen heute offen und öffentlich? Ich bin froh über Ihr Wort, dass Sie nicht verbittert seien, erschrocken zugleich über die Urteilsbegründung, soweit sie mir bekannt geworden ist. Danach soll es wohl doch erlaubt sein, Sie der geistigen Mittäterschaft am Terrorismus zu bezichtigen. Das ist grotesk.

Meine »Schelte« richtet sich gewiss nicht dagegen, dass der rechtliche Rahmen für geistige und politische Auseinandersetzungen weit gezogen wird. Aber es kann nur zum energischen Widerspruch herausfordern, wenn es zutrifft, dass das insoweit höchste deutsche Gericht gemeint hat, Sie hätten sich

---

75 Martin E. Süskind (1944-2009), Journalist, von 1975-1979 Redenschreiber Willy Brandts.

76 Nicht zu klären, ob der Entwurf als Reaktion auf das Urteil des Bundesgerichtshofs in Sachen Böll gegen Walden abgeschickt worden ist. Allerdings hat sich Brandt öffentlich ähnlich kritisch zu dem Urteil geäußert.

durch »provozierende, zuweilen sogar bösartige Kritik« an Zuständen in unserer Gesellschaft sozusagen selbst und selbst verschuldet an den Pranger gestellt. Wenn der politische Standort des Kritikers fortan von rechtswegen herangezogen werden kann zur Begründung, welche Kritik an ihm erlaubt und welche verboten sei, so sind wir auf einem gefährlichen Weg.

Ich habe öffentlich erklärt, dass ich mich verbunden fühle mit der kritischen und freiheitlichen Intelligenz in unserem Land. Was wäre besonderes an dieser Aussage, wenn wir uns in einer »normalen« Zeit befänden? Wozu müsste man dieses hervorheben, wenn man nicht wüsste, dass viele sich in eine Ecke gedrängt fühlen, in die sie nicht hineingehören?

Wir dürfen die Anstrengungen, eine neue Liberalität, eine neue Freiheitlichkeit im Geistesleben und in der Politik zu erringen, nicht aufgeben. Der Terrorismus hat unseren Staat nicht angeschlagen, aber er hat das Klima derart mitbestimmt, dass man sagen kann: das demokratische Selbstbewusstsein, auf welches wir uns so viel zugute hielten, kann Schaden leiden.

Es muss sein, dass Frauen und Männer, Mitbürger wie Sie, das Recht behalten und sich das Recht nehmen dürfen, dem Wort von der Freiheit des Geistes Sinn und Inhalt zu geben. Die dabei helfen können, haben meinen Ansporn – auch gegen Tendenzen, die in der Rechtssprechung nicht ihren Ursprung haben, wohl aber ihre Rechtfertigung finden könnten.

Mit herzlichen Grüßen
Ihr W.B.

55
WILLY BRANDT an HEINRICH BÖLL
Vorsitzender der SPD, Bonn, Erich-Ollenhauer-Haus, 22.1.1980

Lieber Heinrich Böll,

dieser Tage sprach ich mit meinen Mitarbeitern darüber, einen Kreis von Freunden – über den Rahmen der Partei hinaus – zusammenzubringen, um über die bedrohliche Lage zu Beginn dieses Jahres 1980 zu sprechen.

Bei dieser Gelegenheit wurde mir klar (oder in Erinnerung gerufen), dass Sie nicht zuhause, sondern im Krankenhaus sind. Ich möchte Ihnen, mit herzlichen Grüssen, alle meine guten Wünsche übermitteln.

Ihr Willy Brandt

56
HEINRICH BÖLL an WILLY BRANDT
Köln, Hülchrather Strasse 7, 16.5.1980

Lieber Willy Brandt,

verzeihen Sie meine verspätete Antwort auf Ihren liebenswürdigen Brief. Wie Sie gewiss erfahren haben, war ich sehr lange sehr krank, bin jetzt auf dem Weg der Genesung, die allerdings wahrscheinlich auch ein halbes Jahr oder länger dauern wird.

Natürlich würde ich mich freuen über ein Gespräch. Ich weiss aber noch nicht, wann ich dazu fähig sein werde.

Ich danke Ihnen herzlich Ihr Heinrich Böll

57
HEINRICH BÖLL an HELMUT SCHMIDT
Köln, Hülchrather Strasse 7, 5.3.1981

Anregungen zum »Tag des Buches«

An den
Herrn Bundeskanzler
der Bundesrepublik Deutschland
Herrn Helmut Schmidt
z. Hdn von Herrn Albrecht Müller[77]

Lieber Herr Schmidt,

nach einigen Rückschlägen, Rückfällen (auch Schmerzen, die leider keine Wehwehchen waren), mit zunehmend nachlassendem Gedächtnis (Narkosen, die Medikamente etc) bin ich noch nicht in der Lage, Ihre für mich so ehrenwerte Bitte in einer Weise zu erfüllen, die einen Gesamtüberblick über das wahrhaft gewaltige Thema auch nur andeutungsweise »liefern«, geschweige denn mit Zitaten ausschmücken könnte. Nehmen Sie es also bitte nicht als Anmassung, sondern nur als Anregung, wenn ich Ihnen drei meiner Reden schicke, die ich zu vergleichbaren Themen gehalten habe; ich überlasse Ihnen diese kurzen Texte zur beliebigen Ausschlachtung, falls Sie etwas Brauchbares finden und ohne jegliche Verpflichtung, etwa aus mich hinzudeuten.

Mir liegt sehr an der *Sache*. *Anregungen* möglicherweise also, mehr nicht, und wenn Sie einen Überblick, historische Zitate

---

[77] Albrecht Müller (1938), SPD-Politiker und Publizist, 1981 Leiter der Planungsabteilung im Bundeskanzleramt.

etc brauchen, so erlaube ich mir, Ihnen meinen Freund und Kollegen Walter Jens zu nennen, der das alles wahrscheinlich präsent hat.

Generell zum Thema möchte ich sagen, dass es, glaube ich, nicht bezweifelt werden kann: die Autoren, die in der zweiten deutschen Republik publiziert haben, sozusagen mit ihr gross geworden sind, haben eine besseres, ein positiveres Verhältnis zu dieser Republik als es die Autoren der ersten Republik hatten; das entspricht nicht nur meinen Erkenntnissen, die ich aus Lektüre dieser Autoren gewonnen habe, entspricht auch meiner *Erfahrung* mit Ihnen als ehemaliger Präsident des PEN, und es entspricht ebenfalls meiner Erfahrung, dass der »Ruf«, der internationale, der Bundesrepublik zu einem grossen Teil auf dem Ansehen Ihrer Literatur beruht, das gewöhnlich unterschätzt wird. Ich will hier nicht nach »compliments for authors« fischen, aber ich denke, das ist eine *politische* Tatsache. Ich will auch nicht in das ausgeleierte Horn stossen, das da ausposaunt, die Intellektuellen, die Autoren, hätten die Weimarer Republik zerstört. Sie wissen es als erfahrener Politiker besser als ich, wer sie zerstört hat. Ich habe während meiner vierjährigen Tätigkeit als »Präsident«, national und international, auf Kongressen, bei Diskussionen, Sitzungen (die oft langweiliger sind als Treffen zahnärztlicher Vereinigungen, die für Zahnärzte vielleicht gar nicht so langweilig sind wie Schriftsteller-Treffen für Schriftsteller!) keinen einzigen Kollegen (deutschen) kennen gelernt, der nicht demokratisch oder republikanisch (oder beides) gewesen wäre. Eine gewisse Zeit modischen Geschwätzes ist ja zum Glück vorüber (und sollten Sie – was ich nicht glaube – je -politisch- Angst vor Schriftstellern haben, so möchte ich Sie beruhigen: sie sind zur Konspiration absolut unfähig!).

Da ich nicht annehme, dass Sie Zeit haben, meine drei Reden zu lesen (die jüngste ist 15 Jahre alt, aber ich fand in den Reden, die ich seitdem gehalten habe, nichts besser) habe ich mir erlaubt, ein paar Passagen an- oder zu unterstreichen:

Der Gedanke der (politisch und aesthetisch) notwendigen Grenzüberschreitung, das Zu-weit-Gehen müssen, um herauszufinden, wie weit man gehen kann – sprachlich natürlich: wer innerhalb der (von wem auch immer) gesteckten Grenzen bleibt, ist in diesem Sinn kein Autor, gedanklich und sprachlich muss er weitergehen als »erlaubt« ist, und oft genug haben dann Autoren (in weiterem Sinn, also auch Publizisten), den Politikern »geholfen«, die noch nicht so weit gehen konnten; Beispiel: DDR, Anerkennung, Oder-Neiße oder moralische Probleme wie Todesstrafe, Homosexualität, Sexualität überhaupt ... sie sind in vergleichbaren Bereichen nicht immer *Vordenker* (mancher Politiker denkt wie sie), aber *Vor*sprecher und -prescher, und natürlich sind sie *auch* Kritiker, d.h sie prüfen und prüfen meistens – etwa Gesetze »aufs Wort« – und das kann sehr ärgerlich sein, und sie bekommen natürlich dann auch Ärger.

Kein Autor, der einer sein möchte, hält sich an vorgeschriebene Sprache, oder gar verwaltete Sprache (Beispiel das Wort »Mord«, das für einen Politiker, auch für einen Juristen natürlich, eine ganz andere Dimension hat; ist, wenn ein Polizeibeamter einen »mutmasslichen« Kriminellen oder Terroristen erschiesst, ist das Tötung? ein schlimmes Wort, ist es Hinrichtung? noch schlimmer ist es immer Notwehr? und warum treffen sie alle so gut? wie nennt man das; natürlich ist der Beamte kein Mörder und hat doch nach Ansicht des einen oder anderen Autors einen Mord begangen; oder der Streit um die Worte »Gruppe« oder »Bande« für die BM Leute – objektiv lächerlich, der Streit – ich war als Junge natürlich auch in einer Bande und Gruppen können schlimmer sein als Banden, aber vorschreiben lassen kann sich ein Autor die Bezeichnung nicht.

Was Worte bewirken können, darüber finden Sie einige Gedanken in meiner Rede aus dem Jahr 59. Ein Hauptmissverständnis zwischen Politikern und Autoren entsteht dadurch, dass Reden, Aufsätze von Autoren, auch zu politischen Themen, natürlich *auch* Literatur sind, dass sie aus einer anderen *Wörtlichkeit* bestehen, möglicherweise sogar poetisch sind und *doch* politisch.

Ich sehe, ich gerate ins Schwätzen, verzeihen Sie. Ich hoffe, mein Brief und die paar angestrichenen Stellen in den Reden enthalten ein paar mögliche Anregungen – hinzufügen muss ich noch, dass es natürlich auch Autoren sind, die Unheil anrichten: »Feindbilder« schaffen, Rassenhass »begründen« etc.

Mit freundlichen Grüssen Ihr Heinrich Böll

Anlage 3 Reden

58
HELMUT SCHMIDT an HEINRICH BÖLL
Der Bundeskanzler, Bonn, 16.4.1981

Lieber Heinrich Böll,

herzlichen Dank für Ihren ausführlichen Brief mit Anregungen zu meiner Rede am »Tag des Buches«.

Mich hat gefreut, was Sie aus Ihrer Erfahrung als ehemaliger Präsident des P.E.N. berichten: daß unsere Schriftsteller heute ein positiveres Verhältnis zur Bundesrepublik haben als es die Autoren der Weimarer Zeit zu ihrer Republik hatten. Ich stimme auch Ihrer Feststellung zu, der internationale Ruf unseres Landes beruhe zu einem großen Teil auf dem Ansehen der deutschen Literatur im Ausland. Dies ist ein Kapital, das auch der Politik oft helfen kann.

Ihr freundlicher Brief und die beigefügten Reden von Ihnen sind für die Vorbereitung meiner Ansprache sehr hilfreich. Noch einmal vielen Dank für die Mühe, die Sie sich gemacht haben.

Mit guten Wünschen für Ihre Gesundheit,
und freundlichen Grüßen

stets Ihr Willy Brandt

59
HEINRICH BÖLL an WILLY BRANDT
Köln, 5.3.1982[78]

Lieber Willy Brandt,

heute, vor wenigen Stunden erreichte mich ein dringender Hilferuf von Adam Mischnik[79], habe seinerzeit mit ihm in Köln das KOR-Programm vorgestellt (völlig unbeachtet von der

78 Nach einer handschriftlichen Notiz Bölls ist der Brief auf den 5. März 1982 datiert. Aus dem letzten Satz ergibt sich indes, dass der 5. März 1983 gemeint sein muss. Denn offensichtlich bezieht sich Böll mit der Bemerkung, »morgen werden wir wissen, ob es nicht doch gut war, den Grünen zu helfen«, auf die Bundestagswahl vom 6. März 1983, bei der schwarz-gelb eine Mehrheit bekam und die Grünen erstmals in den Bundestag einzogen.

79 Adam Michnik (1946), polnischer Publizist und Regimekritiker.

Presse, übrigens – und ausserdem sein sozialistisches Programm). Bisher hat Mischnik, den ich immer durch Mittelsmänner grüssen liess, nie um etwas gebeten: nun ist seine dringende Bitte, ihn und seine Mitstreiter (Kuron u.a.) vor einem Sondergericht, einem Geheimverfahren, zu bewahren, das theoretisch jedenfalls, Todesstrafe verhängen könnte, wahrscheinlich aber mindestens 12-25 Jahre verhängen wird. Er bittet mich – per Kassiber und dringend! – alles zu tun – zunächst noch nicht öffentlich! – um das Sondergerichtsverfahren zu verhindern, auf einer öffentlichen Verhandlung zu bestehen – bittet durch mich auch Sie und die Sozialistische Internationale zu mobilisieren. Ich weiß nicht, welche Möglichkeiten Sie haben – etwa Mitterrand, Gonzales, auch die Italiener zu dringenden Vorstellungen bei den jeweiligen polnischen Botschaftern zu bewegen. Die Sache ist wirklich ernst, sehr ernst. M. möchte, dass im Moment noch <u>nichts öffentlich</u> geschieht (schon gar nicht durch mich, der ich aus den perversesten Gründen persona ingratissima bin). Bitte, versuchen Sie auf energisch betriebenem diplomatischem Wege die Polnische Regierung darauf aufmerksam zu machen, dass ein Geheimverfahren (Sondergericht) einen enormen Rückschlag für die polnische publicity in der Welt bedeuten würde. Es geht auch um Mischniks und seiner Mitstreiter Leben. Sie sind geschwächt, nicht gefoltert, aber hart traitiert. Was in Polen Besorgnis erregen muss, ist die Tatsache, dass man die Intellektuellen von den Arbeitern trennt, weil letztere zu jeder Gewalt bereit sind, die Intellektuellen aber immer zur Mässigung geraten haben. Was ich so nebenbei erfahren habe, aus direkter Quelle, klingt finster. Ich gebe die Bitte von M. an Sie weiter, sprechen Sie bitte mit den einflussreichen Persönlichkeiten der Sozialistischen Internationale (Palme auch u Jenkins). Ich selbst kann öffentlich nichts tun, Sie zunächst nur »geheim«. Hoffen wir, daß es gut geht.

Mit herzlichem Dank für Ihre Geduld und ebenso herzlichen

Grüssen (morgen werden wir wissen, ob es nicht doch gut war, den Grünen zu helfen! Also: nichts für ungut).

Ihr Heinrich Böll

60
HEINRICH BÖLL an HELMUT SCHMIDT
Köln, Telegramm, 17.9.1982

bundeskanzler der bundesrepublik deutschland
herrn helmut schmidt
adenauerallee 141 (5300)bonn/1

dank fuer und glueckwunsch zu ihrer rede
annemarie und heinrich boell[80]

61
HELMUT SCHMIDT an HEINRICH BÖLL
Der Bundeskanzler, Bonn, 28.9.1982

Sehr geehrte Frau Böll,
lieber Heinrich Böll,

ich danke Ihnen sehr für Ihr ermutigendes Telegramm vom 17.

---

[80] Das Telegramm vom 17. September bezieht sich auf Helmut Schmidts Rede am gleichen Tag im Bundestag. Es war seine letzte Regierungserklärung, der Bruch der sozialliberalen Koalition besiegelt.

September 1982. Ich habe mich bemüht, zu einer Klärung der
Verhältnisse beizutragen. Ich hoffe, daß das gelingt und man
dann darauf aufbauen kann.

Mit meinen herzlichen Grüßen Helmut Schmidt

62
BÜRO WILLY BRANDT an VIKTOR BÖLL
Persönliches Büro Willy Brandt, Bonn, Bundeshaus, 17.5.1982

Herrn
Viktor Böll
Literaturarchiv der Stadtbücherei
Zentralbibliothek
Josef-Haubrich-Hof 1
5000 Köln 1

Sehr geehrter Herr Böll,

anliegend übermittle ich den Beitrag von Herrn Brandt zum
Geburtstagsgeschenk für Heinrich Böll.

Mit freundlichem Gruß

Klaus-Henning Rosen[81]

---

81 Klaus-Henning Rosen (1938), SPD-Politiker, von
1976-1989 Leiter des Büros des SPD-Vorsitzenden Willy Brandt.

63
BRIEF WILLY BRANDTS ZU BÖLLS 65. GEBURTSTAG
Bonn, Bundeshaus, zum 21.12.1982

Lieber Heinrich Böll!

Eigentlich liegen mir Witze mehr als Sprichwörter. Ich ziehe das pure, von keinem höheren Zweck geadelte Lachen der oft penetranten Betulichkeit sinniger Spruchweisheiten vor.

Aber man hat sie nun einmal schon früh zu hören bekommen, hat sie im Kopf, ob man will oder nicht. »Wer wagt, gewinnt«, heißt es zum Beispiel. Natürlich gibt es zu jedem Sprichwort ein Gegensprichwort, und wer sie alle beherzigen wollte, käme nie aus dem Sessel hoch, weil, was er auch tun wollte, von einem Speerwald der Warnungen umringt wäre.

Es gibt sie, man hat sie in Fleisch und Blut: Wer wagt, gewinnt, heißt es. Da sie sich durchaus nicht sinnvoll ergänzen, ist nicht anzunehmen, daß jedes für sich unbedingt falsch sein muß. Vielleicht ist das Sprichwort doch nicht ganz falsch, müßte man nur zwischen Wagnis und Dummheit unterscheiden?

Sie haben ja immer wieder viel gewagt, haben sich quergelegt, sind gegen den Strom geschwommen bis heute. Vielleicht sollte das Sprichwort lauten: Wer Zivilcourage hat, gewinnt. Aber gewinnt er? Sicher ist nur, daß er verlöre, wenn er sie nicht hätte.

Gewinnt einer, der sein Gewissen, ob mit oder ohne das Bewußtsein von Wagnis, nicht auf Urlaub schicken kann? Und warum legt man sich quer, macht es sich und andern unbequem? Um der unterhaltsamen Unordnung willen?

Da Sie Künstler sind, wird vermutlich die Unordnung letzten Endes nicht Ihr Ideal sein. Ihre Allergie gegen dumpfen

Gleichschritt ist im Zweifel doch wohl eher der Ordnungsliebe zu verdanken. Denn eine Ordnung, die diesen Namen verdient, hat ja immer etwas mit Geist und Nachdenken zu tun, ist menschenfreundlich, und manchen Ruhestörer quält wohl gerade der unfaßbare Mangel an Ordnung in der Welt. Ruhe und Ordnung sind, wie man sieht, zweierlei. Und wenn sie schon zusammengehören sollen, dann müßte es Ordnung und Ruhe heißen. Solange keine Ordnung herrscht, ist Ruhe unter Umständen Komplizenschaft.

Ordnung ist der Moral verpflichtet. Sie haben sich selber einen Moralisten genannt. Und tatsächlich haben Sie nicht wenig dazu beigetragen, daß die Moral nicht auf eine übelriechende Peinlichkeit reduziert werden konnte, wie einige Ritter gegen die Sittenverderbtheit das im Schilde führen. Daß Ihr Moralismus solche Wirkung hatte, ist natürlich vor allem Ihrem Rang als Schriftsteller zu verdanken – Ihr Werk selber ist ja moralistisch. Das »Geschenk des Inhalts«, wie Sie sich einmal ausdrückten, mag nicht selten auch eine Last gewesen sein.

Ein großer und vielgeehrter Dichter: Heinrich Böll. Aber wer sein Gesicht kennt, ahnt, was er außer Feiern aushalten mußte. Er ist von der Sorte, die einen gewissen antiintellektuellen, antimoralistischen, antilibertären Haß magnetisch anzuziehen scheint, weil sie es nicht lassen kann, sich menschenwürdig zu verhalten. In ganz schlimmen Zeiten geht es dann schlecht aus für die der Sorte Böll.

Dennoch haben Sie, das alles wissend, immer wieder viel gewagt. Ich vermute, auch als Sie zum Beispiel 1972 in Dortmund vor dem Parteitag der SPD sprachen, haben Sie innerlich etwas gewagt.

Sie haben immer wieder viel gewagt, haben Sie auch viel gewonnen? Ja, schiebe ich mich vor, an Ihrer statt, weil wir viel gewonnen haben durch Sie.

Alles Gute zu Ihrem Geburtstag Ihr Willy Brandt

64
WILLY BRANDT IM VORWÄRTS ZU BÖLLS 65. GEBURTSTAG
Vorwärts, Bonn, 21.12.1982

Dank an einen Citoyen

Die Freiheit ist zum Gebrauch da. Kuschen und Stillhalten ist zuletzt die Aufgabe der Intelligenz eines Landes. Einengungen der Freiheit aber treffen sie darum besonders früh und besonders stark. So war es, und so wird es immer wieder versucht: Gängelung, Schreibverbote, Malverbote, Lagerhaft für die, die von ihrer Freiheit Gebrauch machen als Künstler, um damit auch die Freiheit aller fortzuentwickeln.

Der Staat gewährt keine Gnade, wenn er den Freigeistern den ihnen gebührenden Platz zukommen läßt. Er muß selber an Ideenreichtum und an Kritikbereitschaft ein vitales Interesse haben.

Deshalb können wir nur froh sein, wenn Künstler und Intellektuelle bei uns in den zurückliegenden Jahren bereit waren, über ihre eigentliche Arbeit hinaus auch durch politisches Engagement auf den Zustand unseres Landes einzuwirken. Darüber haben sich manche geärgert. Dafür wissen andere, daß es zu unser aller Nutzen war. Die Jahre der sozialliberalen Koalition in Bonn brachten uns, wenn ich mich nicht täusche, einen wichtigen Schritt voran auf dem Weg weg von einer peinlichen und schädlichen Ignoranz – wenn nicht gar Feindseligkeit – des Staates den Künstlern gegenüber, die sich natürlich anders verhalten und verhalten müssen als Ordnungshüter oder Aktenboten.

Und es erfüllt den Vorsitzenden der deutschen Sozialdemokraten mit Stolz, daß viele, gerade auch der hervorragenden Schriftsteller, bildenden Künstler, Musiker, Schauspieler keine politische Berührungsangst mehr zeigten, sondern im Ideal eines freiheitlichen, demokratischen Sozialismus das Ziel erkannten, das auch sie anstrebten. Es ist deutlich geworden, daß kein Gegensatz existiert zwischen Individualismus und dem Streben nach Chancengleichheit, sondern wohlbedacht ein tiefer innerer Zusammenhang. Und es besteht eben kein Gegensatz zwischen dem moralischen Gebot der Solidarität und der Freiheit des einzelnen. Die politische Erfahrung unseres Jahrhunderts hat gezeigt, aus welchen Ecken Gefahr droht, wer tatsächlich die Freiheit beseitigt. Die SPD hat den Gedanken der Freiheit in Gerechtigkeit ins Zentrum ihrer Politik gestellt. Sie vertritt ihre Politik wohlweislich ohne Absolutheitsanspruch, sie will auch niemanden vereinnahmen, der sie lieber von außen begleitet. Die Fiktion greifbarer letzter Wahrheiten hat, zumal in der Politik, schon genug Schaden angerichtet. Wir jedenfalls bilden uns nicht ein, die Weisheit mit Löffeln gegessen zu haben, auch nicht die Weisheit des demokratischen Sozialismus.

Aber politische Zersplitterung müßte eher als zur Vielfalt zur Schwäche führen. Wir fühlen uns in deutschen Landen als die große Partei der Freiheit, die sich ihre Integrität und Würde historisch erworben hat, nicht zuletzt in der Verfolgung. Und wir sind dankbar für Kritik, Ermutigungen und praktische Hilfe.

All das haben wir im Lauf der Jahre exemplarisch von jenem großen Einzelgänger erhalten, der dieser Tage seinen 65. Geburtstag feiert: Die Rede ist natürlich von Heinrich Böll.

Ein Einzelgänger, aber ein durchaus solidarischer. Sein empfindsames Gesicht läßt jeden Empfindsamen erkennen, wie viel Leid und Mitleid er durchlebt hat. Sicherlich wird nie ganz publik werden, was dieser Mann alles leistet, um Menschen zu helfen – nicht zuletzt solchen in Osteuropa. Das, aber auch sein weiteres gesellschaftliches, politisches Engagement ist ja stets der dichterischen Hauptarbeit abgetrotzt, man sollte es nicht übersehen. Er tut es nicht unüberlegt, aber ich bin sicher, daß es ihm manchmal sehr schwer wird. Ein Mann, der alleine geht, nicht um sich vom Rest abzuriegeln, sondern der so sein Bestes geben kann und sich damit auf die Seite der Moral stellt, an die Seite derer, die unter Unmoral zu leiden haben. Wir haben erlebt, wie Heinrich Böll gefeiert wurde und wie er bespuckt wurde, oft erschreckend dicht beieinander. Er sagt von Zeit zu Zeit, was andere zu sagen unterlassen. Man muß nicht immer einer Meinung mit ihm sein, um den hohen Wert seiner Auffassung von Bürgersinn zu erkennen.

Manche haben versucht, den Eindruck zu erwecken, gewisse Freigeister seines Schlages spielten sich ungebührlich in den Vordergrund, wenn sie – ohne Befehl und Rückendeckung! – deutlich ihre Meinung sagen und, indem sie darauf drücken, manchen neuralgischen Punkt überhaupt erst bewußt werden lassen. Wie lächerlich! Als ob ein Schriftsteller, zumal ein Nobelpreisträger, nicht genug Arbeit hätte und als ob er sich nicht der größten Beachtung eben dieser literarischen Produktion sicher sein könnte. Er hat es ja wohl nicht nötig, nach noch mehr Aufsehen zu schielen, er wird es eher fürchten. Und eine aufmüpfige Gesinnung, zu der auch der Leser seiner Bücher angestiftet wird, macht es immer noch schwerer nicht etwa leichter, Ehrenbürger einer deutschen Stadt zu werden, selbst wenn sie Köln heißt. Gottlob ist er es ja jetzt geworden, eine seltene und hohe Auszeichnung. Wenn es da noch eines Trostes bedurfte: Thomas Mann ging es in Lübeck seinerzeit nicht viel anders. Es ist jedenfalls wohltuend zu erleben, daß ein Mann wie er, der dem Ansehen seines Landes und seiner Stadt unendlich genützt hat, nicht nur in der Ferne geehrte wird.

»Je öffentlicher eine Person ist, desto weniger weiß man von ihr«, hat Böll einmal gesagt. Leute wie er haben sich der Verflachung zum Abziehbild aber immer entzogen. Seine Bedeutung beruht nicht zuletzt darauf, daß er stets unzweifelhaft er selber blieb, so öffentlich er auch wurde. Heinrich Böll äußert sich deutlich, aber mit Understatement. Wo er seine Gedanken zuspitzt, bricht er sie meist auch ironisch. Er trumpft nicht auf, ist nicht abgebrüht. Er spricht leise, fast zurückhaltend, sich aufzudrängeln hat er nicht nötig. Eine sehr undumme Milde geht von ihm aus und jene unzweifelhafte Moralität, die er in vielen Tageskämpfen verteidigt hat. Die, die Schindluder treiben mit Moral und Anstand, mit der Vernunft und den Rechten der Schwachen, werden von seinen leise gesprochenen Worten nur umso genauer gestellt. Aufrichtigkeit, Humor und die Fähigkeit, die Schwierigkeiten anderer aufzunehmen, kennzeichnen diesen lauteren Menschen und bedeutenden Schriftsteller.

Einen Einzelgänger nannte ich ihn. Ich fürchte, es gibt noch immer eine Tendenz, der Unabhängigkeit suspekt ist. Die es nicht leiden kann, wenn jemand sich nicht mit Haut und Haaren einer Partei verschreibt, sondern es vorzieht, mit allen Vor- und Nachteilen, die das hat, seine eigene Bahn zu nehmen. Noch mehr wird es geben, denen das alles schon viel zu weit geht, die von einem Dichter erwarten, daß er schreibt und sich sonst allenfalls aus feierlichem Anlaß zu Wort meldet, und möglichst ohne aktuelle – es sei denn, konservative – Parteinahme. Das wäre freilich nicht die Zeitgenossenschaft Bölls, die beispielhaft dafür steht, wie gut es ist, daß das geistige Leben sich nicht in a-politische Quarantäne begibt – und die Politik nicht abnabelt von der lebendigen Kultur. Nein, in unserem Verständnis sind durchaus nicht tote Dichter gute Dichter!

Über den Rang Heinrich Bölls als moderner Schriftsteller ist viel gesagt worden. Ich habe meine Hochachtung vor seiner literarischen Leistung ausgedrückt und möchte hinzufügen, daß wir froh und stolz sind, in ihm unseren wachen Zeitgenossen nicht nur zu wissen, sondern auch zu spüren. Seine Modernität wird auch darin deutlich, daß er immer wieder daran arbeitet, atavistische Gegensätze aufzuweichen und neue Mischungen anzustreben, wodurch die wahren Gegensätze um so klarer in Erscheinung treten. Das Bewußtsein von der Notwendigkeit und die Frage nach der Möglichkeit eines dritten Weges beherrscht sein Denken, aber nicht als fauler Kompromiß und fadenscheinig geklitterte Gemütlichkeit, sondern als Nutzanwendung geschichtlicher Erfahrungen; Selbstkritik und Lernfähigkeit als Voraussetzung einer Politik im Dienst der Menschen – die nicht nur für, sondern mit den Menschen gemacht werden muß, was nicht zuletzt bedeutet, daß sie in der Lage sein muß, eine Mehrheit hinter sich zu bringen.

Der Traum lautet nicht, es richtig machen zu können, aber er lautet, es besser machen zu können, nicht mehr, aber auch nicht weniger. Ohne ihn hätten wir heute keinen Acht-StundenTag, und ohne ihn setzte sich nicht langsam aber sicher die Gleichberechtigung der Frauen durch. Der dritte Weg, so verstehe ich Böll, ist der Versuch, das Gewissen endlich als Ratgeber ernst zu nehmen. Sozialdemokraten, demokratische Sozialisten gehen von einem historisch erfahrenen und verbürgten Angelpunkt eines Zusammenwirkens aller aus, die eine Politik der aktiven Menschenachtung wollen, hier im Land und im Verhältnis zu den anderen, außerhalb unserer Grenzen. Wenn sie damit Erfolg haben wollen, sind sie angewiesen auf die Unterstützung durch die Künstler und Intellektuellen, die Freigeister. Meine Bitte deshalb am Ende dieser kleinen Geburtstagsgratulation für Heinrich Böll: Lassen Sie uns alle zusammenstehen, in gegenseitigem Vertrauen und in Offenheit. Die Auseinandersetzung um die Substanz dieser Bundesrepublik hat schon begonnen. Was zusammengehört, muß auch wieder zusammenfinden. Oder haben wir etwa Zeit zu verschenken!

65
HEINRICH BÖLL an WILLY BRANDT
Hürtgenwald-Grosshau, An der Wüllheck 19, 27.5.1985

Lieber Willy Brandt,

auf Bitten aus Moskau hin, von nicht dissidierten, dort lebenden und etablierten Autoren, schreibe ich diesen Brief an Gorbatschow. Ich muss es natürlich Ihnen überlassen, ob sich die Gelegenheit ergibt, ihn zu übergeben. Ich lasse den Brief offen, damit Sie wissen, für was ich Sie als Briefträger missbrauche.

Herzliche Grüße Ihr Heinrich Böll

66
HEINRICH BÖLL an MICHAIL GORBATSCHOW
Hürtgenwald-Grosshau, An der Wüllheck 19, 27.5.1985

An den Herrn
Generalsekretär der KPdSU
Herrn Michail Gorbatschow

Sehr geehrter Herr Generalsekretär,

bestürzt, fast ungläubig, haben wir zur Kenntnis nehmen müssen, daß im Falle des verstorbenen großen sowjetischen Poeten Boris Pasternak eine sowohl russische wie sowjetische Tradition gebrochen werden soll: die Häuser oder Wohnungen von Schriftstellern als Erinnerungsstätten zu erhalten, als Museen einzurichten. Pasternaks Haus in Peredelkino soll ausgeräumt, alles, was die Erinnerung an ihn erhalten könnte, entfernt worden sein. Und nun soll das Haus auf eine Weise profanisiert werden, die mir als Bruch mit der sowohl russischen wie sowjetischen Tradition erscheint. Meine Bitte an Sie, sehr geehrter Herr Generalsekretär, die ich im Namen vieler internationaler Freunde ausspreche, und der, wie ich glaube, auch die meisten der in der Sowjetunion lebenden Autoren beistimmen werden:

Erhalten Sie Pasternaks Haus als Erinnerungsstätte an diesen großen Dichter, erhalten Sie damit eine Tradition, die ich bei meinen Reisen in der Sowjetunion bewundert habe und an der viele westliche Staaten sich ein Beispiel nehmen könnten. Ich selbst war mehrmals in Pasternaks Haus. Es wäre schmerzlich, sich vorzustellen, daß die Erinnerung an diesen Autor, dessen 100. Geburtstag in 5 Jahren gefeiert werden wird, ausgelöscht werden könnte.

Mit vorzüglicher Hochachtung Heinrich Böll[82]

---

82 Entnommen: Kölner Ausgabe, Band 23, S. 283

67
WILLY BRANDT an HEINRICH BÖLL
Vorsitzender der SPD, Bonn, Erich-Ollenhauer-Haus, 25.6.1985

Lieber Heinrich Böll,

ich komme nur kurz dazu, Ihren Brief vom 23. Mai zu beantworten.

Den für den Generalsekretär bestimmten Brief habe ich übergeben. Mir wurde gesagt, Sie würden von dort eine Antwort erhalten.

Mit herzlichen Grüßen Ihr Willy Brandt

68
ERKLÄRUNG WILLY BRANDTS ZUM TOD VON BÖLL
SPD-Pressedienst, Nr. 374/85, 16.7.1985

Mitteilung für die Presse
Zum Tode von Heinrich Böll erklärt der SPD-Vorsitzende Willy Brandt:

Der Tod Heinrich Bölls macht mich traurig. Die Trauer um einen ganz eigenen großen deutschen Schriftsteller der Nachkriegsgeschichte werden viele seiner Leser weit über unsere Landesgrenzen teilen.

Es gab keinen Bruch zwischen dem Werk des Nobelpreisträgers und seinem Leben als pazifistischem Kämpfer. In seinen Büchern – wie im öffentlichen Leben – war Heinrich Böll die

Stimme des Anstands: unbestechlich, unbeugsam, wo nötig scharf und lauter.

Der Gegenstand seines literarischen Schaffens und sein politisches Engagement war die Würde des Menschen. Von ihm wurden wir daran erinnert, was Mitmenschlichkeit bedeutet in einer oft brutalen und oberflächlichen Welt. Seine leidenschaftliche Aufrichtigkeit hat ebenso viel bewirkt, wie sein mildes Lächeln der Aufklärung.

Heinrich Böll wurde von vielen verehrt und von zu vielen in Anspruch genommen. Die Dankbarkeit, die wir diesem beispielhaften Menschen schulden, geht nun in unsere Trauer ein.

69
WILLY BRANDT über HEINRICH BÖLL
Beitrag für L'80, Zeitschrift für Literatur und Politik, Heft 36, Dezember 1985

Die Kunst des Anstands[83]

Unvergeßlich: Dieser wohltuende Mangel an Dämonie. Diese Stimme, das Gegenteil eines metallischen Organs, leise und vernehmlich auf der Menschlichkeit beharrend, dem Spießertum in die Parade fahrend. Bei alledem: schon am Klang seiner Stimme war zu spüren, wie dieser Mann Zurückhaltung übte. Zurückhaltung, jene selten werdende Form der Achtung vor anderen. Daß dieser eigentümliche Klang auch signalisierte, wie sehr Heinrich Böll eigentlich auf die Zurückhaltung anderer angewiesen war, wurde gerne überhört. Welcher ver-

---

83 *L'80*, Heft 36, Dezember 1985, S. 27-34.

schwenderische Leichtsinn, mag jetzt manch einer denken. Den Anspruch des Empfindsamen auf etwas Abstand, etwas äußere Ruhe (wo er sie in sich ohnehin nicht hat) wollte er nicht durchsetzen. Heinrich Böll war in allem von einer Freigebigkeit, die nicht selten die Grenzen dessen, was für vernünftig gilt, zu überschreiten drohte.

Zurückhaltend, gewiß, aber er konnte auch scharf werden. Doch wurde er je so scharf, wie es seiner Empörung entsprochen hätte? Die Fähigkeit zur Empörung, die Begabung sich aufzuregen, das Gegenteil von moral insanity (für ihn hingegen bestimmt nicht gesund), das gehörte auch zu seiner Freigebigkeit. Streitbar war er, konnte vermutlich hassen, aber nie hat er versucht, jemanden zu vernichten, nie hätte er eine Vernichtung »billigend in Kauf genommen«. Die eiskalten Exekutoren von Macht (die ja nicht erst bei Institutionen beginnt) suchen sich gerne hinter dem Bild von den Spänen zu verstecken, die beim Hobeln nunmal abfielen. Böll verhielt sich nie so, daß er in Gefahr gekommen wäre, diese Metapher bemühen zu müssen. Und das Bild selbst hat er vermutlich nicht akzeptiert. Der Sohn eines Kunsttischlers kannte den Unterschied zwischen Hobel und Beil.

Manches, was hierzulande immer noch oder schon wieder möglich ist, mußte ihm als arge Zumutung vorkommen. Auch Zumutungen muß man ja übrigens erst wahrzunehmen verstehen. Er nahm sie wahr und reagierte. Ein exzellenter Republikaner, denn eine erträgliche Republik kann weiß Gott mehr brauchen als den guten Willen, Gesetze zu verbessern. Skepsis, was den Wert aller Reglementierung anbelangt, tut ihr gut – Skepsis, die die Würde des einzelnen im Sinn hat. Zu fürchten braucht sich vor ihr gewiß niemand, furchterregend ist allenfalls die parfümierte Gesetzesverachtung des Zynikers; Böll war das Gegenteil eines Zynikers. Dennoch: »Ich erkannte bald, daß seinem Denken ein liberaler Zug zum Anarchischen eigen war und beendete den Dialog.« So ein Minister aus Bayern. Die Gewerkschaft der Polizei suchte den Dialog, schätzte den behutsamen Rat, als wir Anfang des Jahres im Politischen Club miteinander sprachen.

Ob nun Herzklopfen oder Naserümpfen, eben der Mangel an Zynismus trug dazu bei, daß die Hetze aus der Mentalität der Unverbesserlichen ihn immer wieder ins Fadenkreuz nahmen – keine Gemeinheit scheuend, keine Blödheit verschmähend. Sie suchten ihn als geistigen Urheber des Terrorismus zu verleumden, und sein Jackett gefiel ihnen nicht. Seine Würde vermochte das nie anzukratzen. Aber das Leben wird ihm oft sauer geworden sein. Ihm, der anderen Hoffnung machte, war die Melancholie nur zu vertraut. Günter Grass, sein und mein Freund, hat sich einst zu diesem Thema geäußert. Bölls Melancholie hätte auf das Übermaß an dummer Zumutung wahrlich verzichten können.

Aber man kam ihm nicht nur dumm, wer wurde so geliebt wie er? Er war zur Freundschaft begabt. Und man kam mit der Bitte um Hilfe zu ihm. Als ich im Mai nach Moskau fuhr, war ein handgeschriebener Brief von ihm an den ersten Mann der Sowjetunion in meiner Mappe. Das ganze Ausmaß seiner Bereitschaft, anderen zu helfen, wird erst später deutlich werden, wenn überhaupt je. Der Mann der Zurückhaltung war in solchen. Fällen nie distanziert. Die Höflichkeit, in der er seine stärkste Waffe sah, war, wie seine Stimme, nicht von metallischem Charakter. Der feine Pinkel, der die Schweinerei nicht etwa unterläßt, sondern säuberlich nach dem Comment erledigt: Bölls Gegenteil. Achtung vor den anderen fiel bei ihm mit der Selbstachtung zusammen. Ohne Zweifel, er war ein Glücksfall für unser Land: meistens höflich, stets insistierend auf dem Zweifel gegenüber fadenscheinigen Harmonien, unter deren Decke jene zu ersticken drohen, die den vermeintlichen Wohlklang stören könnten.

Bölls Genie war auch eine große Begabung zur selbständigen Wahrnehmung: Hinzusehen und sich vorstellen zu können, was das bedeutet. Er spürte die Schändung der Menschenwürde nicht mit der Nase im Wind der wechselnden Anteilnahme einer Teilöffentlichkeit auf. So bewirkte er, auch das war seine Begabung, Polarisierungen. Positive Polarisierungen, die nur zu oft Entscheidendes und seine Bedingungen durch Entscheidungen bewußt machten. Entscheidendes, das nicht nur vom Stumpfsinn des Nichtwissenwollens, von übler Harmonie der Gewissenlosigkeit vernebelt wird. Sterile Kämpfe zwischen falsch gezogenen Gräben mit bisweilen gespenstischem Verlauf können die Menschen genauso verhöhnen. Böll hatte die große Begabung, effektiv dazu beizutragen, daß die öffentliche Debatte sich nicht in lauter falschen Debatten verliert. Nicht nur die ruchlose Ruhe des Obrigkeitsstaats fordert zum Widerspruch heraus. Eine Demokratie, die den Namen verdient, lebt davon, daß sie gegen den Strich von Bequemlichkeit und Gedankenlosigkeit gebürstet wird. Nicht nur was ruht, sondern auch, was sich bewegt, ist von Verkarstungen bedroht. Selbst wo Zynismus und Opportunismus nicht das Sagen haben, bleibt die Dummheit als Gefahr, bleiben die Atavismen, die das Räderwerk der Auseinandersetzung im Leerlauf surren lassen können. Böll war das alles natürlich bewußt. Und vielleicht war es nicht einmal nur wegen seiner persönlichen Unlust, wenn er so sehr auf seine Unabhängigkeit bedacht war, wenn er sich jeden Versuch, ihn zu vereinnahmen, sich mit aller Milde, mit aller Höflichkeit verbeten hätte. Das Verbot hält an, über den Tod hinaus. Gerade die, die sich nicht schwer taten, schon zu seinen Lebzeiten in Böll den bedeutenden deutschen Schriftsteller zu erkennen, und nicht etwa einen bedeutenden Schriftsteller irgendeiner Gruppierung, werden nicht in Versuchung kommen, es zu mißachten.

Krokodilstränen, die nur den Dorn, der Böll in manchem Auge offenbar war, herausscheuern wollen, sollten erst recht unterbleiben. Dergleichen wirkt nur peinlich. Blamagen gab es genug, solange Böll noch lebte. Daß seine Bücher gegen Entschärfungsanschläge immun sind, des bin ich ohnehin gewiß. Wenn allerdings – besser spät als nie – eine aufrichtige Übereinstimmung herrschte, was die Anerkennung, Achtung, Ehrung des wichtigen Literaten und großen Deutschen Heinrich Böll anbelangt, wäre nichts verloren, sondern viel gewonnen. Daß man es nötig hat, über dergleichen nachzudenken, beruht letztlich auf jenem immer noch nicht reparierten kulturellen Defekt deutscher Politik. Ob man ihn durch Besuche bei Ernst Jünger ausräumen kann? Oder soll dem kulturellen Defekt der Politik etwa mit dem politischen Defekt der Kultur begegnet werden?

Es ist ernstlich zu fragen, ob bislang hinreichend aufgefaßt wurde, welche Bedeutung die Kunst heute in einem Land wie der Bundesrepublik Deutschland hat - oder doch haben sollte. Was sonst sollen denn die Industrien, die als Unterhaltung getarnte Entfremdung, Verhöhnung produzieren, davon abhalten, sich ihren Markt hemmungslos zu erobern? Die sich so offen als Eroberer gebärden, können es doch nur, weil sie freies Feld vor sich wähnen. Die Bedeutung der Kultur ist angesichts eines Krakens, der alles in den Schwitzkasten zu nehmen sucht, nicht im Schwinden begriffen, sie wächst vielmehr täglich. Ein Mensch, der nicht träumt, wird bald verrückt, heißt es. Träume aber sind etwas Persönliches, Authentisches, sonst machen sie selber verrückt. Und was tritt ein, wenn der Mensch nicht kritisiert, was ihm nicht paßt, wenn er nicht reflektiert, was ihn umgibt? Wenn ihm die Debatte entzogen wird? Die Kultur ist doch eben der Platz, wo das geschieht, wo Ernst und Spaß die Kräfte entwickeln, jene ungeheuerliche Albernheit und Veralberung in ihre Schranken zu weisen, die den Rohstoff Dummheit vermehren soll, der benötigt wird, damit sich die Welt ein sich noch weiter steigerndes Wettrüsten gefallen läßt, während Millionen Menschen verhungern.

Als ob die natürlichen Ressourcen an Dummheit nicht reichten. Wir in Deutschland können davon wahrlich ein Lied singen. Bei uns hat noch selten eine Karriere aufgrund von Dummheit ihr rechtzeitiges Ende gefunden. Und so ein Trottel kann gar niemand sein, daß seine Reputation darunter litte. Das war schon denen klar, die Hindenburg installierten. (Man hat gesehen, was dabei hinten herauskam.)

Dumm und gutmütig, lautet ein zu unrecht sprichwörtliches Wortpaar. In Wahrheit pflegt die Dummheit anderen Umgang. Sie ist aggressiv, rücksichtslos, vorlaut. Anbrandende Wellen unberührbarer Dummheit mußten Böll quälen, mußten seine Melancholie befruchten. Ich weiß nicht, wie man sich als Literatur-Nobelpreisträger fühlt, wenn man das Pseudonym Katharina Blüm vor den Kopf geschlagen bekommt. Man stelle sich Thomas Mann vor, von Hindenburg angeklagt, als Dr. Zauber-Berg die Schwindsucht zu verherrlichen. Die Erschütterung wäre wohl ähnlich ausgefallen, bei aller nicht nur mentalen Verschiedenheit der beiden. Nein, ich vermute, daß Böll sich nicht besonders viel aus Thomas Mann gemacht hat, umgekehrt wäre es vielleicht ähnlich gewesen. Aber in mindestens einem berühren sie sich doch, will mir scheinen, und ich halte eben dies für wichtig: Bis heute strickt die politische Rechte an dem Versuch, Thomas Mann als Unpolitischen zu fixieren. Ach, hätte sich das deutsche Bürgertum die Warnungen und Verweise dieses Unpolitischen nur zu Herzen genommen, was wäre uns allen erspart geblieben, nicht zuletzt an fadenscheinigen Exkulpationsergüssen. Ich rede vom zivilisatorischen Bündnis. Mann sah, was das angeht, viel früher scharf und überhaupt schärfer, als viele sich einbilden. Böll hat in der Bundesrepublik, viel dafür getan. Das konnte ihm so gewiß nur gelingen, weil er gutmütig war. Haben wir die aufregende Neugier und Mitmenschlichkeit, die Heinrich Böll uns als Künstler vorlebte, auch nur annähernd verarbeitet? Seine Gutmütigkeit als Künstler, als Intellektueller? Oder haben uns die, die ihn haßten, da im Verständnis überholt? Gutmütigkeit als Fundament der Kritik, Gutmütigkeit als Kondition des Künstlers in unserer Zeit, die von einem Antihumanismus überschattet ist, der seit der Nazizeit nicht mehr weicht. Für mich hatte sein Verzicht auf jeden Pomp, alle Selbstbesoffenheit, hatte seine Gutmütigkeit, die das Gegenteil von dumm war, etwas sehr Zukünftiges.

In Tschechovs Notizbuch findet sich eine Eintragung: »Der Kluge sagt: ›das ist eine Lüge, aber da das Volk ohne diese Lüge nicht leben kann, da sie geschichtlich sanktioniert ist, wäre es gefährlich, sie mit einem Mal auszumerzen; sie soll einstweilen aufrechterhalten werden, nur mit einigen Verbesserungen.‹ Und das Genie: ›das ist eine Lüge, also darf man sie nicht aufrechterhalten.‹« Die alten Lügen nicht aufrechtzuerhalten und neue Lügen nicht wachsen zu lassen, darauf beruht wohl die ästhetische wie die moralische Kraft Bölls, sein Geschmack war darin sehr klar und gediegen. Er hat damit Grundlagenarbeit geleistet, durch die unser Land wieder zu einer Literatur fand, richtiger gesagt: sich wieder eine Literatur erfand. Seine Arbeit war etwas authentisch bundesrepublikanisches. Unter den Bedingungen des gänzlichen Bankrotts und des Entstehens neuer Staatlichkeiten zweier neuer Staaten, mußte sich das »anständige Deutschland« neu zu artikulieren versuchen. Auch die Literatur konnte nicht einfach dort anknüpfen, wo die Nazis die Entwicklung abgeschnitten hatten. Das ungeheuerliche Erlebnis hatte alles verändert. Die Literatur der Bundesrepublik hat sich erstaunlich vital aufgebaut. Daß sie dabei lange zögerte, daß, was das schreibende Exil als Tradition anbot, in sich aufzunehmen, hat mancher bedauert.

Böll, wie man weiß, hat das in seinen späten Jahren ähnlich gesehen. Seine kritisch schöpferische Grundlagenarbeit hat den Blick dafür geschärft, daß längst nicht alles gesichert ist, daß die Bedrohung in immer neuer Gestalt erwächst.»Zeitgenossenschaft« wurde das genannt, gewiß, aber ich kenne auch andere Zeitgenossen. Es war klug, wach, menschenfreundlich, gutmütig nicht zu vergessen. Auch das Vergessen kann Lüge bedeuten. Wir haben einfach keine Zeit, alte Lügen neu zu erfahren, keine Zeit, uns auf den verschlungenen Pfaden verlogenen Schrotts zu bewegen. Sein Wille zur Aufrichtigkeit hatte etwas heroisch-einfaches an sich, wenn einfach das Gegenteil von simpel bedeutet. Wie enorm ist unser Bedarf an solcher Einfachheit, da wir mit staunendem Mund zusehen, wie über uns die menschheitsgefährdende Katastrophe zusammenwächst. Das Schlimmste zu verhüten, das Mögliche zu tun, es liegt doch auf der Hand, und doch will es einem oft wie die Quadratur des Kreises vorkommen. Hier begegnen sich Einfachheit und Melancholie.

Daß jene, die sich so maßlos gegen ihn wandten, nicht _einmal_ daran dachten, was er für sein Land bedeutete! Es darf einen vielleicht nicht wundern, nachdem es schließlich jene waren, die am lautesten »Deutschland« brüllten, von denen Deutschland erst zur Mordmaschine, dann zum Trümmerhaufen hinabgewürdigt wurde. Nicht trotz, sondern weil er der Antityp des Nationalisten war, konnte er für die lebendige Nation, für die Menschen, soviel leisten. Auch und nicht zuletzt, was die Wiedergewinnung, die Neugewinnung einer Achtung Deutschlands durch andere anbelangt. Es ist lehrreich, sich darüber mit Menschen aus Frankreich oder Polen, aus Rußland oder Israel zu unterhalten. Sein erster Dienst an uns bestand aber doch darin, daß er unser Selbstverständnis gefördert hat; vor der Frage, wie stehen andere zu uns, kommt die Frage, wie wir zu uns selber stehen.

Es hat nichts mit dem Versuch einer kleinlichen Vereinnahmung zu tun, wenn ich ihn als Linken charakterisieren will. Es gibt wohl noch einige Unbelehrbare, die den Linken noch immer gerne ein Pappschild mit der Aufschrift umhingen: vaterlandslose Gesellen. Im Gegenteil: Ich hoffe, ich weiß, Heinrich Böll gehört keiner politischen Fraktion, sondern Deutschland, der deutschen Kultur und der Weltliteratur. Links in dem hier gemeinten Sinn betrifft nicht die Zugehörigkeit zu irgendeiner Gruppe, sie ist eher eine psychologische Kategorie. Nicht nur die SPD, auch die CDU des Ahlener Programms, die FDP von Freiburg oder die alternative Friedens- und Umweltbewegung, gleichviel, wo man sich noch am ehesten heimisch fühlt, das hat mit dieser Kategorie von links wenig zu tun. Es folgt daraus, daß sich Linke nicht durchweg einig sein müssen. So gab es genug Kontroverses im Lauf der Jahre, auch zwischen Böll und dem Vorsitzenden der SPD. Am stärksten hat sich mir jedenfalls die hilfreich-kritische Weggenossenschaft eingeprägt, auf die ich mich stützen konnte, als wir uns – unzulänglich genug – auf den Weg der Reformen begeben hatten.

Manchmal mag ich recht gehabt haben, oder jedenfalls auch recht. In anderen Fällen hat nur er recht gehabt. Das gilt nicht nur für den als Radikalenerlaß in die Geschichte eingegangenen Unfug. Doch abgesehen davon oder von Einzelheiten des friedenspolitischen Engagements: Es wird immer wieder Konstellationen geben, in denen sich Notwendigkeiten und Möglichkeiten einem, der ein politisches Amt hat, anders darstellen als einem unabhängigen Geist, zumal einem Künstler. Das kann sogar zu Streit führen, warum nicht. Aber darin vermag ich nichts Schlechtes zu sehen.

Schriftsteller sind kein Akklamationscorps, und dafür sollte man ihnen dankbar sein. Ihnen ist es ganz wesentlich zu verdanken, wenn die Öffentlichkeit nicht verödet. Böll imponierte mir immer durch die Art, in der er Privatheit und Öffentlichkeit aufeinander bezog. Er blieb eigentlich immer privat, war ja schon insofern nie eine »Institution«. Und eben dadurch verschaffte er sich und anderen, für die er sprach, eine Öffentlichkeit. Es war nicht nur die Quantität der Öffentlichkeit, sondern auch ihre Qualität, die er so beeinflußte. Wer immer mit Heinrich Böll zu tun hatte, wird sein immenses Gedächtnis bestaunt haben. Eine Gesellschaft müßte von allen guten Geistern verlassen sein, wenn sie ihre Literatur, die ja unter anderem auch materialisiertes Gedächtnis ist, nicht zur Selbstverständigung nutzen wollte.

Wenn man über Böll nachdenkt, hat man es immer mit zweierlei zu tun: Mit dem Künstler, der etwas macht, aus eigenem Interesse, eigener Freude am Machen, und mit dem Fürsprecher. Beides gab es für sich wie auch verschmolzen. Und letztlich ist die Trennung wohl albern, denn gerade der ohne Rücksicht auf irgendetwas spielende Künstler, ist ja auch ein Aktivist der Freiheit. Und Bölls Meinung, Ästhetik und Moral seien kongruent, hat mir nach mehreren Seiten hin zu denken gegeben.

In der Tat, die Empfindung eines Künstlers, so wie die Welt sich entwickelt, sei der Zusammenhang von Ästhetik und Moral schlichtweg gegeben, kann ich nur zu gut verstehen. Und Adornos Diktum, nach Auschwitz könne man keine Gedichte mehr schreiben? Es war zugleich einleuchtend wie auch überwindenswert. Heinrich Böll hat uns einen Weg gezeigt, wie wir darüber hinausgelangen können, ohne es zu vergessen.

70
GÜNTER GRASS: ALS HEINRICH BÖLL BEERDIGT WURDE
Erinnerung an die Beerdigung von Heinrich Böll im Juli 1985 in *Die Zeit*, 20.5.2009

Im Sommer 1985 trugen wir den friedfertig streitbaren Freund zu Grabe, der den Heuchlern in Kirche und Politik nichts durchgehen ließ.

Er zählte zehn schreckliche, revolutionswirre, angeblich goldene Jahre mehr als ich. In den 50ern wurden mir, zumeist geliehen, seine frühen Romane und Erzählungen greifbar: *Der Zug war pünktlich* – *Wo warst Du, Adam?*, die Kurzgeschichten, später *Haus ohne Hüter*. Ich las ihn, wie ich auch Wolfgang Koeppens, Arno Schmidts Romane las, neugierig, auf der Suche nach eigener Sprache. Mehr noch als mir muß ihm jenes Jahrzehnt der Erfolg verheißenden Verdrängung, in dem Konrad Adenauer, der »Arisierer« jüdischer Banken Abs und der Kommentator der Rassengesetze Globke Seit an Seit standen, zuwider gewesen sein. Vorbildlich wurde mir Heinrich Böll erst später als jemand, der sein Dafür und Dagegen öffentlich machte, der notfalls vom Manuskript abließ und sich draußen, wo immer Gegenwind herrschte, oft leidenschaftlich aussprach. Geliebt, ja, im Ausland verehrt, gab er vielen Lesern und Zuhörern Orientierung und einen Begriff von Freiheit, der sich nicht auf die Marktwirtschaft beschränkte. Vielleicht war er deshalb einer Meute von Politikern und deren Claqueuren verhaßt, bis zu seinem Todestag am 16. Juli 1985.

Sommerzeit, Ferienzeit. Wie oft bei traurigem Anlaß ergab sich, als uns die Nachricht von Bölls Tod erreichte, eine Situation, die nicht ohne Komik war. Im Süden Portugals, wo meine Frau und ich, wie immer um diese Jahreszeit, Abstand zum Vaterland suchten, lieh ich mir von einem befreundeten Galeristen einen schwarzen Anzug, der mir nicht maßgerecht sein wollte, mich aber dennoch, und sei es schlotternd, kleiden mußte.

Der Flug nach Köln war schnell gebucht. Tomas Kosta, der Verleger vom Bund-Verlag, der die Zeitschrift *L'80* verlegte, deren Herausgeber Heinrich Böll, Carola Stern und ich waren und als dessen Redakteur Johano Strasser zeichnete, holte mich ab. Wenn ich mich recht erinnere, fand die Trauerfeier zwar in einem kirchlichen Raum, aber nicht nach katholisch üblichem Ritual statt, wenngleich ein Priester sprach. Er redete eher freundschaftlich, hielt jedenfalls keine Himmel und Hölle beschwörende Predigt.

Böll hatte Vorsorge getroffen. Er, der Mitte der 70er Jahre gemeinsam mit seiner Frau Annemarie aus der Kirche als »Körperschaft des öffentlichen Rechts« ausgetreten war, hing dennoch dem katholischen Glauben an. Er war gegen, ja, er verachtete die Amtskirche und deren Machenschaften. Ihn deshalb, wie damals üblich, als Linkskatholiken einzuordnen, wäre unzureichend gewesen; sein Verständnis christlichen Seins war radikaler, als es sich Linke, etwa ich, jemals träumen ließen und freier, als es dieser oder jener Papst erlaubt hätte. Nicht nur, daß er, geprägt von Kriegserfahrungen, Pazifist war, vielmehr galt ihm, bei aller Lust an polemischer Zuspitzung, die Nächstenliebe als erstes Gebot. Gleich danach kamen die Gnade der Vergebung und radikal praktiziertes Mitleid: lauter Ladenhüter in einer mehr und mehr vom Konsum und dem permanenten Konkurrenzkampf bestimmten Gesellschaft.

So viel war zu erkennen, ließ er hören, doch welche Zweifel ihn bewegten, ist nur im Erzählfluß seiner Bücher zu finden, manchmal direkt, oft zwischen den Zeilen, und immer wieder in jener Spielart von Humor versteckt, der sich in Wohnküchen nährt.

Mir, dem es bereits in jungen Jahren nicht allzu schwer gefallen war, vom katholischen Glauben und dessen Zwangsvorstellungen zu lassen und später der Amtskirche durch Austritt die Kirchensteuerzahlung zu verweigern, ist Bölls bewußt ketzerische Nachfolge Christi immer dann nahe gewesen, wenn er den gesalbten Heuchlern ans Zeug ging. Und das tat er so glaubensstreng, daß er zu Zeiten der Inquisition gut fürs Feuer gewesen wäre. Doch andererseits blieb er mir fern, weil ich ohne Glauben auskam und im Überirdischen nichts zu suchen wußte, mir versprach das Irdische ausreichend viel Lust und Mühsal.

Was uns näher brachte, war der Zweifel am Bestehenden. Unsere Sache war die Ablehnung jeder totalitären Besitznahme, sie mochte sich auf den Kommunismus oder den Kapitalismus berufen. Trotz gegensätzlicher Positionen und der dadurch entstehenden Distanz zwischen ihm, dem Parteifernen, und mir, dem Sozialdemokraten, fanden wir etwas Gemeinsames bei der Herausgabe unserer Zeitschrift, die einige Jahre nach 1968 gegründet wurde, dem Jahr, in dem der sowjetische Panzerkommunismus in Prag den letzten Versuch der Reform eines verrotteten Systems niedergewalzt hatte. *L'76*, später *L'80* wollte den emigrierten Reformern ein Forum bieten. Ihrem vergeblichen Bemühen gemäß sprach sie sich für einen »demokratischen Sozialismus« aus.

Er verachtete alle Mächtigen, die keine Scham kennen

In jenen Jahren hofften wir noch, es stünde in einer geteilten, jeweils ein »K« zum Dogma erhebenden Welt, ein dritter Weg offen. Wir ahnten nicht, daß sich nach dem Ende der kommunistischen Zwangsherrschaft die vermeintlichen Sieger der Geschichte neuerlichen Zwängen in Gestalt der Pseudoideologie des Neoliberalismus unterwerfen würden, diesmal global und mit Folgen, die erst gegenwärtig den Kollaps eines asozialen Systems zeitigen. Doch wußte Heinrich Böll schon damals von dessen Brutalität, als er, um Willy Brandts Politik zu unterstützen, gegen seine Gewohnheit Partei ergriff und im Oktober 1972 während des SPD-Parteitages in Dortmund sprach: »Es gibt nicht nur eine Gewalt auf der Straße, Gewalt in Bomben, Pistolen, Knüppeln und Steinen, es gibt auch Gewalt und Gewalten, die auf der Bank liegen und an der Börse hoch gehandelt werden.« In diesem Zitat sprach er seine Verachtung aller Macht und aller Mächtigen aus, die keine Scham kennen.

Draußen war Sommer. Wir verließen den kirchlichen Raum, in dem ein Priester freundlich über weißnichtmehrwas gesprochen hatte. Ich in meinem schwarzen geliehenen, dem schlotternden Anzug. Und nun geschah etwas, das Heinrich Böll gemäß war und gewiß allen, die als trauernde Freunde seinen letzten Weg begleiten wollten, unvergeßlich geblieben ist: vor dem Sarg, der im Schrittempo gefahren wurde, der Familie und dem langen Zug der Freunde spielten Zigeuner Melodien, die melancholisch verwehten und doch wie zum Tanzen waren.

Wahrscheinlich ist die Wegstrecke von der Kirche und Kapelle zum Friedhof Bornheim bei Köln eher kurz gewesen; mir aber will sie erinnert lang gedehnt vorkommen. Jedenfalls höre ich noch immer die Musik der Sinti. Ein Klang, der von Leid wußte und dennoch froh machte. Das ist sein Wunsch gewesen, ich will nicht sagen, sein letzter.[84] Ein Hinweis des friedfertig streitbaren Mannes, der – vermute ich – gern leidend, mitleidend ein früher Christ gewesen wäre, doch zornig wurde, wenn ihm die späten Sachwalter des Glaubens als Priester in den Blick gerieten. So steht es im *Brief an einen jungen Katholiken* zu lesen, den Böll 1958, also zur Zeit des Wirtschaftswunders, den Hohepriestern ins Stammbuch geschrieben hat: »...Sie alle sind einsichtig und intelligent genug, um zu wissen, daß die Fast-Kongruenz von CDU und Kirche verhängnisvoll ist, weil sie den Tod der Theologie zur Folge haben kann; es ist doch einfach nur peinlich, nichts anders als peinlich, wenn man Stellungnahmen von Theologen zu politischen Fragen liest; das ist stramm auf Bonn gezielt und spürt hinter jedem Satz einen Eifer, der aufs Schulterklopfen wartet.«

---

[84] Die Wahrnehmung von Günter Grass entspricht nicht der Realität. Die musikalische Begleitung war nicht der letzte Wunsch von Heinrich Böll, sondern Wille seiner Familie.

Dieses schlichte und doch genaue, weil aus Kenntnis des rheinisch-katholischen Miefs getroffene Urteil steht mir beispielhaft für viele jener Gegenreden, die Heinrich Böll während Jahrzehnten allein deshalb für notwendig hielt, weil es ihm »peinlich« war und wohl auch als gotteslästerlich galt, daß eine Partei den Namen Christus mißbrauchte, indem sie das C in ihrem Firmenschild plakatierte, sich ihre Mitglieder Christdemokraten nannten.

Und ihn, den man schon damals »Moralist« schimpfte, den man mit heute üblich gewordener Wegwerfgeste unter dieser Kategorie immer noch abbuchen möchte, ihn, den Verletzlichen, den nichts und schon gar nicht der Nobelpreis für Literatur davor schützte, in den Produkten eines übermächtigen Pressekonzerns fortwährend diffamiert und bis in sein Sterbejahr hinein verletzt zu werden, ihn, den solidarischsten aller Schriftsteller, der sich bis zuletzt für weltweit verfolgte Schriftsteller, manchmal sogar bis zu deren Freilassung, eingesetzt hatte, trugen wir zu Grabe. Im Sommer 85. Um diese Zeit lag die von der Regierung Kohl angekündigte »geistig-moralische Wende« wie Mehltau auf dem Land.

Die Söhne, Lew Kopelew, Günter Wallraff und ich trugen den Sarg. Unter den vielen, die gekommen waren und ums Grab standen, mir bekannte Gesichter. Auch ließ sich sein Personal vermuten: etwa Leni Pfeiffer aus *Gruppenbild mit Dame,* eine Frau von 48 Jahren in Hauskleidung, leicht ergrautes, sehr dichtes, blondes Haar. Oder jener junge Mann namens Hans Schnier, der von sich selbst sagt: »Ich bin ein Clown, offizielle Berufsbezeichnung: Komiker, keiner Kirche steuerpflichtig...« Oder der Soldat Feinhals aus dem frühen Roman *Wo warst Du, Adam?,* den zum Schluß, als er die weiße Fahne am Haus seines Vaters sieht, noch die letzte, die siebte Granate trifft: »Er rollte im Tod auf die Schwelle des Hauses. Die Fahnenstange war zerbrochen und das weiße Tuch fiel über ihn.«

Unwahrscheinlich, daß übers noch offene Grab Reden gehalten wurden, wenn aber doch, ist mir kein Wort davon geblieben. Vielleicht habe ich mich, bereits während wir den Sarg trugen, dann vorm offenen Grab, an unsere letzte Begegnung erinnert. Meine Frau und ich besuchten ihn im Krankenhaus. Er versuchte, den Anlaß seines temporären Aufenthaltes – das nicht heilenwollende Raucherbein – zu verharmlosen, und erzählte uns, wie es ihm immer wieder gelungen sei, mit restlich verbliebenem Charme von den Nachtschwestern Zigaretten zu schnorren. Erst gegen Ende unseres Besuchs gab er zu erkennen, was ihn mehr kränkte als seine Herzschwäche, das Raucherbein, die Zuckerkrankheit. Es sind die bösartigen Verletzungen in den Zeitungen des Springer-Konzerns gewesen, denen er seit Jahren ausgesetzt war. Der Unflat der Schlagzeilen. Der Vernichtungswille einer Horde von Berufszynikern, die sich Journalisten nannten. Was ihm widerfuhr, hatte auch ich ausreichend erfahren. Doch mich berührte kaum, was in der *BILD*-Zeitung oder der *Welt am Sonntag* an Lügen zu Papier gebracht wurde. Hatte ich doch einen Prozeß gewonnen, den ein Dutzend und mehr Springer-Journalisten wegen eines von mir gesprochenen Fernsehkommentars in der Sendung *Panorama* gegen mich geführt hatten. Welch ein Triumph! Nichts ist vergnüglicher, als gegen die sich allmächtig aufspielenden Hersteller der öffentlichen Meinung einen Prozeß zu gewinnen.

Heinrich Böll blieb dieser Triumph versagt. Er wehrte sich in Reden, Leserbriefen, Artikeln. So im Jahr '72, als sich eine Rote-Armee-Fraktion anmaßte, in Selbstüberschätzung Krieg gegen den ihr verhaßten Staat zu führen. Er meinte, daß »freies Geleit für Ulrike Meinhoff« zu einem fairen Prozeß und dem Ende der um sich greifenden Hysterie führen könnte; ein frommer, vielleicht allzu naiver Wunsch.

Daraufhin wurde er zur Zielscheibe übelster Unterstellungen. Unter der Überschrift *Man muß zu weit gehen* schrieb er in Abwehr nicht endenwollender Verdächtigungen, die ihn zum Komplizen des Terrors zu machen versuchten, gegen Schluß eines Artikels: »Und zu allerletzt eine Bitte an die Herren im Hause Springer: mich aus dem Vertrag zu lösen, der mich via Verlagskonzentration und via Zweitrecht aus einem harmlosen Ullstein-Autor zu einem Springer-Ullstein-Autor gemacht hat. Es trennen uns Welten, Mauern, Schießbefehle. Ich habe viele Makel, diesen Makel, ein Springer-Autor zu sein, möchte ich nun endlich loswerden.«

Am gültigsten hat Heinrich Böll das bis heutzutage so nichtswürdige wie Ekel erregende Journalismusverständnis insbesondere der BILD-Zeitung in literarische Form gebracht, indem er den Roman? oder die Erzählung?, ich meine, die Novelle *Die verlorene Ehre der Katharina Blum* schrieb. Sie trägt den Untertitel *oder: Wie Gewalt entstehen und wohin sie führen kann.* Als wir ihn zu Grabe trugen, war ich mir mit Blick auf seine Frau Annemarie sicher, den 1968 während der letzten Tagung der Gruppe 47 beschlossenen Boykott der Springer-Presse fortzusetzen, bis sich die Konzernspitze zu einer öffentlichen Entschuldigung gegenüber der Familie Böll entschließen würde. Das ist bis heute nicht geschehen. Die gegenwärtigen Machthaber – der Chef der *BILD*-Zeitung voran – glauben noch immer, im Besitz eines Freibriefes zu sein, der ihnen erlaubt, zu diffamieren und zu verletzen, wie Heinrich Böll bis hin in sein Todesjahr diffamiert und verletzt wurde.

LITERATURVERZEICHNIS

Heinrich Böll. Werke. Kölner Ausgabe. Kiepenheuer & Witsch. Köln, insbesondere Band 18 und Band 23.

Arnulf Baring. Machtwechsel. Die Ära Brandt-Scheel. Deutsche Verlags-Anstalt. Stuttgart 1982.

Peter Brandt. Mit anderen Augen. Dietz-Verlag. Bonn 2013.

Rut Brandt. Freundesland. Erinnerungen. Hofmann und Campe. Hamburg 1992.

Willy Brandt: Berliner Ausgabe. Dietz-Verlag. Bonn 2000-2009.

Willy Brandt: Draußen. Schriften während der Emigration. Kindler. München 1966.

Willy Brandt: Verbrecher und andere Deutsche. Ein Bericht aus Deutschland 1946. Dietz-Verlag. Bonn 2008.

Horst Ehmke. Mittendrin. Von der großen Koalition zur deutschen Einheit. Rowohlt. Berlin 1994.

Frank Grützbach Hg.: Heinrich Böll: Freies Geleit für Ulrike Meinhof. Ein Artikel und seine Folgen. Kiepenheuer & Witsch. Köln 1972.

Hans-Dieter Heumann. Hans-Dietrich Genscher. Die Biographie. Ferdinand Schöningh. Paderborn. München. Wien. Zürich 2012

Martin Kölbel Hg.: Willy Brandt und Günter Grass. Der Briefwechsel. Steidl Verlag. Göttingen 2013.

Peter Merseburger. Willy Brandt. 1913-1992. Visionär und Realist. Deutsche Verlagsanstalt. Stuttgart 2002.

J. H. Reid. Heinrich Böll. Ein Zeuge seiner Zeit. dtv. München 1991.

ÜBER DEN AUTOR

Norbert Bicher
geb. 1951, Journalist, war u. a. Parlamentskorrespondent der Westfälischen Rundschau, war Pressesprecher der SPD-Bundestagsfraktion und Sprecher des Bundesverteidigungsministers Peter Struck.

QUELLENVERZEICHNIS

Die Herkunft der verwendeten Texte ist im jeweiligen Dokument genannt. Die archivalischen Fundorte der Briefe sind:

Heinrich-Böll-Archiv, Köln:
  Dokumente 19, 20, 23, 25, 28, 30

Archiv der sozialen Demokratie / Willy-Brandt-Archiv, Bonn:
  Dokumente 1, 2, 3, 4, 5, 7, 8, 9, 12, 14, 16, 18, 21, 22, 24, 32, 54, 55, 56, 57, 59, 62, 63, 65, 67

Archiv der sozialen Demokratie / Herbert-Wehner-Archiv, Bonn:
  Dokumente 26, 31, 48, 51

Archiv der sozialen Demokratie, Bonn / NL Gustav Heinemann:
  Dokument 27

Archiv der sozialen Demokratie, Bonn / NL Helmut Schmidt:
  Dokumente 37, 40, 41, 47, 57, 58, 60, 61

Archiv der sozialen Demokratie, Bonn / NL Gerhard Jahn:
  Dokument 49

Herbert-und-Greta-Wehner-Stiftung, Dresden:
  Dokumente 29, 52

RECHTENACHWEIS

Wir danken allen Rechteinhabern ausdrücklich für ihre freundliche Unterstützung.

Verlag Kiepenheuer & Witsch, Köln:
Dokumente 1, 2, 3, 5, 6, 8, 10, 11, 12, 13, 15, 16, 17, 19, 20, 23, 24, 25, 29, 30, 32, 33, 34, 35, 36, 38, 39, 41, 42, 44, 45, 50, 52, 56, 57, 59, 60, 65, 66

Dr. Brigitte Seebacher / Willy-Brandt-Archiv, Bonn:
Dokumente 4, 7, 9, 14, 18, 43, 46, 54, 55, 62, 63, 64, 67, 68, 69

Greta Wehner / Herbert-Wehner-Archiv, Bonn:
Dokumente 26, 48, 51

Greta Wehner / Herbert-und-Greta-Wehner-Stiftung, Dresden:
Dokumente 29, 52

Archiv der sozialen Demokratie, Bonn:
Dokumente 27, 37, 40, 41, 47, 49, 53, 57, 58, 60, 61

Steidl Verlag, Göttingen:
Dokumente 21, 22, 70

Familie Genscher:
Dokumente 28, 31

BILDNACHWEIS

Coverbild:
Jupp Darchinger / Archiv der sozialen Demokratie

S. 77 [1971-09-05 a],
S. 78 [1971-09-05 b]:
Dr. Brigitte Seebacher / Willy-Brandt-Archiv, Bonn

Seite 93 [1972-01-25],
Seite 199 [1978-05-14]:
Samay Böll, boell-fotos.com, Köln

S. 194 [1977-12-21]:
Greta Wehner / Herbert-Wehner-Archiv, Bonn